모바일-AP IDEC 플랫폼 센터 시리즈 2

Software Developement for Mobile Devices

모바일 디바이스를 위한 소프트웨어 개발 방법

이론 및 구현

김철홍 | 김종면 | 정성우 | 황인태 공저

홍릉과학출판사

머리말

우리나라가 첨단 전자제품과 자동차 제품으로 세계 시장을 주도하는 것은 더 이상 새로운 일이 아닙니다. 미래에도 선진국들과의 경쟁에서 뒤쳐지지 않기 위해서는 스마트폰과 같은 최첨단의 고부가가치 제품들을 지속적으로 개발해야 합니다. 모바일 디바이스인 휴대폰은 우리나라 수출 품목 중 반도체, 자동차에 이어 단일 품목 순위 3위를 차지하고 있을 정도로 매우 중요한 수출 품목입니다.

모바일 디바이스의 지능화, 감성 중심의 제품화와 같은 시대적 변화가 급속하게 요구되는 환경에서 이에 대응하는 소프트웨어 기술 개발 없이는 국제경쟁에서 도태될 수밖에 없는 현실입니다. 미래의 모바일 디바이스는 우리의 일상생활에서 가장 빈번히 사용되는 통신기기, 정보입력기기, 데이터 저장기기, 엔터테인먼트 기기, 주변 환경 제어기 등으로 역할이 더욱 증대될 것입니다. 모바일 디바이스의 경쟁력을 향상시키기 위해서는 기기에 맞는 임베디드 소프트웨어 개발이 필수적입니다.

임베디드 소프트웨어는 정보가전부터 차량, 로봇, 산업, 의료기기 등의 다양한 제품에 내장되어 다양한 컴퓨팅 파워를 구현하게 하는 요소로 모바일 AP의 활용도를 높이기 위해 필수적으로 요구되는 핵심기술입니다. 임베디드 소프트웨어는 모바일 AP를 탑재하는 하드웨어에 새로운 기능을 부여하여 고부가가치를 창출하고 있습니다. 이와 같은 상황에서 모바일 디바이스 소프트웨어 설계에 관련된 이론적인 내용과 실제 개발 사례들을 중심으로 시스템 소프트웨어 및 응용 소프트웨어 개발 실습 내용들을 포함하는 이 책이 독자들에게 큰 도움이 될 수 있기를 희망합니다.

끝으로 이 책이 나오기까지 지대한 도움을 주신 모바일-AP IPC 센터에 진심으로 감사드립니다.

차례

Chapter 1

안드로이드 기반 모바일 멀티성경 어플리케이션 구현 및 활용

1 안드로이드 들여다보기

- 다양한 마켓에서 강력한 영향력을 행사할 수 있는 최초의 오픈 소스 MobilePhone Application
- 구글(Google) 제품이지만, 그 보다는 오픈 핸드셋 얼라이언스(Open Handset Alliance)에서 주도하는 제품

1.1 안드로이드 플랫폼

Platform

- 모든 실행 파일, 라이브러리, 툴 체인 등을 포함한 OS를 의미함
- Android SDK에 있는 에뮬레이터는 안드로이드가 제공하는 많은 컴포넌트 중 하나임

Android 특징

- Linux Kernel을 이용하여 하드웨어와의 인터페이스 제공
- 여러 제조사에서 개발된 폰에서 실행 가능
- 어플리케이션은 자바로 작성

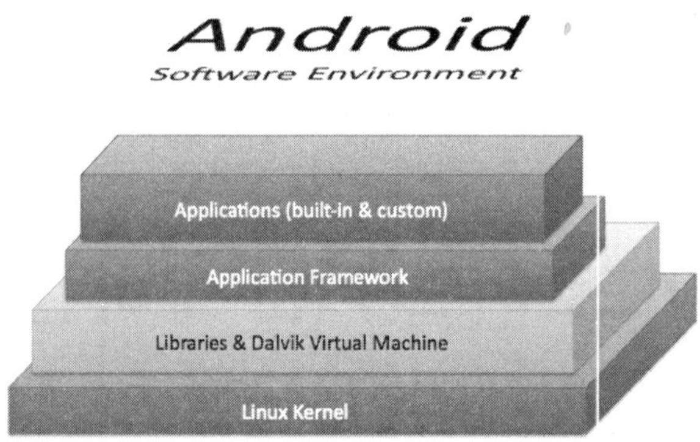

그림 1-1 안드로이드 소프트웨어 환경

달빅(Dalvik) 가상 머신 기반 실행환경

- Dalvik : 프로세스, 메모리, 파일시스템 등을 관리하는 Linux Kernel 위에서 Android Application을 적절히 실행되도록 만들어주는 가상 머신
- 효율성과 리치(Rich) 프로그래밍 환경의 필요성, 지적재산권 관련 제약 문제 해결의 필요성을 다룬 대표적 사례
- Android의 자바 환경은 Rich Application Platform을 제공함과 동시에 뛰어난 접근성 보장
- 메모리 사용에 제한이 있는 Mobile Phone에서 Application 성능은 최고

Dex File

- 최상 단계의 코드 환경은 Java이기 때문에 JVM의 라이선스를 Sun Microsystem(사)가 가지고 있으나, Dex File의 등장으로 JVM이 가지는 라이선스로부터 자유롭게 소스의 수정이 가능해짐
- Java Source로부터 Compile된 Java Byte Code가 Dex File로 변환됨
- 논리적으로 Java Byte Code와 동일함

1.2 안드로이드의 시장 점유율

- 시장조사기관 IDC에 따르면 2012년 2분기 전체 스마트폰 시장에서 안드로이드 운영체제 스마트폰이 68.1%의 시장 점유율을 기록했고, 같은 기간 애플의 iOS는 16.9%를 기록

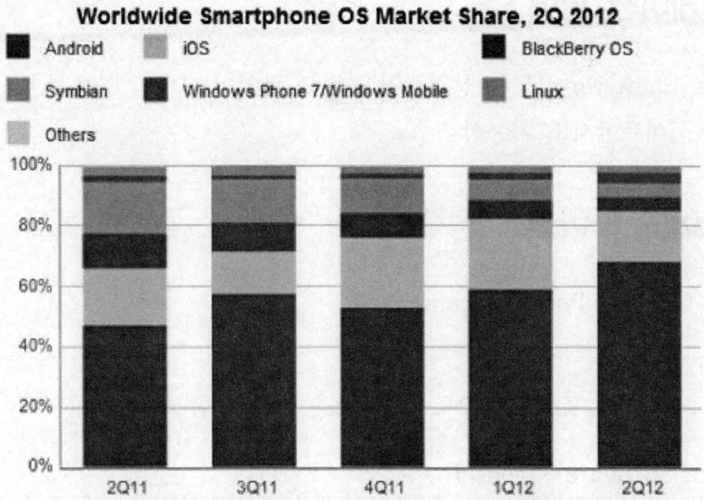

그림 1-2 2012 2분기 전 세계 OS별 판매율

• 스트레트지 애널리틱스의 2012년 2분기 분석보고서에 따르면 전체 점유율에서 과반수를 차지함

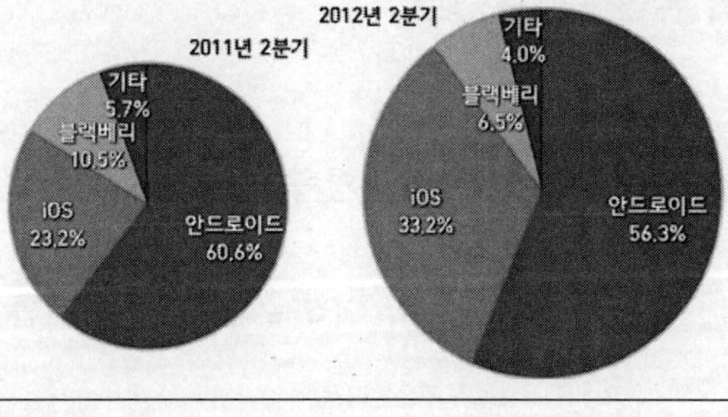

그림 1-3 미국 스마트폰 OS 시장 점유율

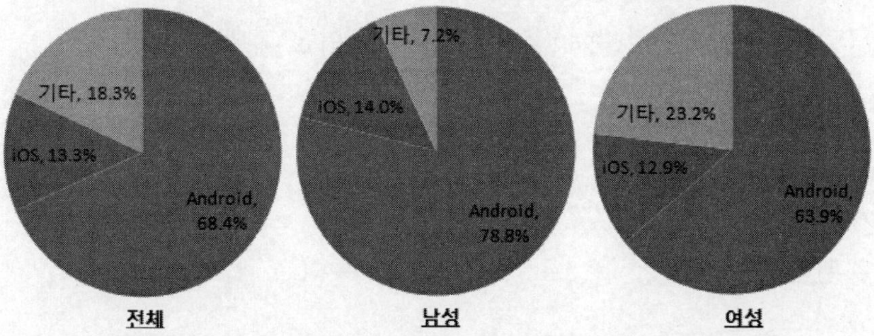

그림 1-4 국내 스마트폰 사용자들의 OS 점유율(출처 : 두잇서베이)

1.3 어플리케이션 판매

Free Software, Shareware, 또는 상업적인 것과 상관없이 다양한 곳에서 배포할 수 있으며 심지어 자신의 사이트에서도 가능함

1.4 안드로이드 라이센스 정책

GPL(GNU General Public License)

- Linux Kernel의 오픈 소스 정책
- 안드로이드도 Linux Kernel이므로 이 정책을 따라야 함

ASL(Apache Software License)

- Apache Software License이며 상업적인 부분을 배려하는 라이센스 정책
- 오픈 소스 정책의 목표와 상업화의 균형을 맞추는 데 초점을 둠
- 안드로이드 플랫폼은 Kernel과 다르게 이 정책을 따름
- 안드로이드 제품 개발자에게 금전적인 보상을 하기 위함

1.5 안드로이드의 주요 컴포넌트

Linux Kernel

- 프로세스, 메모리, 파일시스템 관리 등 운영체제의 핵심 기능과 하드웨어 추상화 계층 (HAL)을 제공
- Wi-Fi, Bluetooth, 터치스크린, 카메라, GPS 수신 및 가속도 센서

표준 라이브러리

- Webkit 기반의 브라우저 기능
- SQLite를 사용한 손쉬운 SQL 데이터베이스 접근 지원
- 2D, 3D, SGL 애니메이션 OpenGL ES와 같은 뛰어난 그래픽기능 지원

다양한 서비스 관리자

- Activity와 View 관리
- 전화기능 관리
- 윈도우 관리
- 자원 관리
- 위치기반 서비스 관리

런타임 기능 지원

- 리눅스 커널의 달빅(Dalvik) 가상 머신으로 안드로이드 어플리케이션 실행 환경 제공

1.6 안드로이드 생명주기

Active, Running

- 사용자가 직접 사용하는 상태로써 Stack의 최상단에 위치하면서 화면상에서도 최상단에 위치, 사용자와 직접 상호작용을 함

Paused

- 사용자에게 보이며, 위쪽에 다른 Activity가 있지만 화면을 다 가리지 않고 반투명한 상태이며, 실행상태이지만 시스템에 의해 종료될 수 있음
- 사용자와 직접적인 상호작용은 없음

Stopped

- 사용자에게 보이지 않고 시스템은 언제든 종료할 수 있음

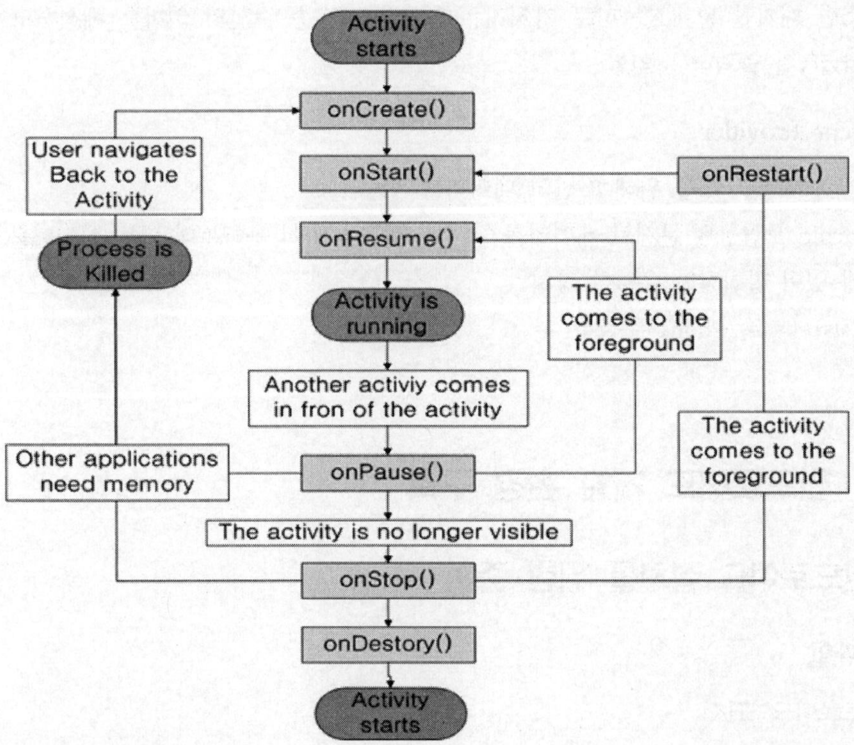

그림 1-5 안드로이드 생명주기 플로 차트

1.7 안드로이드 구성요소

Activity

- User Interface를 구성하는 기본 단위
- Window와 유사한 개념으로 생각하되 정확하게 같지는 않으며 Window 보다는 더 큰 개념
- 눈에 보이는 화면 하나가 Activity이며 여러 개의 View로 구성
- Application은 여러 개의 Activity를 가지며 그 중 어떤 것을 먼저 출력할지 지정

Service

- UI가 없어 사용자 눈에 직접적으로 보이지 않으며 Background로 무한히 실행
  예 MP3 Player, 네트워크 감시, Background 계산 등
- UI가 없으므로 사용자의 명령을 받아들일 수 있는 Activity와 연결해서 사용

Broadcast Receiver

- 시스템으로부터 전달되는 방송을 대기하고 신호 전달 시 수신하는 역할
  예 battery 상황, 네트워크 상황 등
- 신호만 대기할 뿐 UI를 따로 가지지는 않으므로 방송 수신의 의미를 해석하고 적절한 Activity만 출력하는 역할

Content Provider

- 다른 Application을 위해 자신의 데이터를 제공
- Android 보안상의 문제로 데이터를 함부로 접근을 하지 못하는데 이는 데이터를 공유하는데 있어 합법적인 유일한 장치
  예 Database, Phone 주소록

2 안드로이드 개발 환경 구축

2.1 안드로이드 설치를 위한 준비

설치파일

- 안드로이드 SDK
- Eclipse Build
- JDK Version 6(1.6) 이상

JDK 다운 및 설치

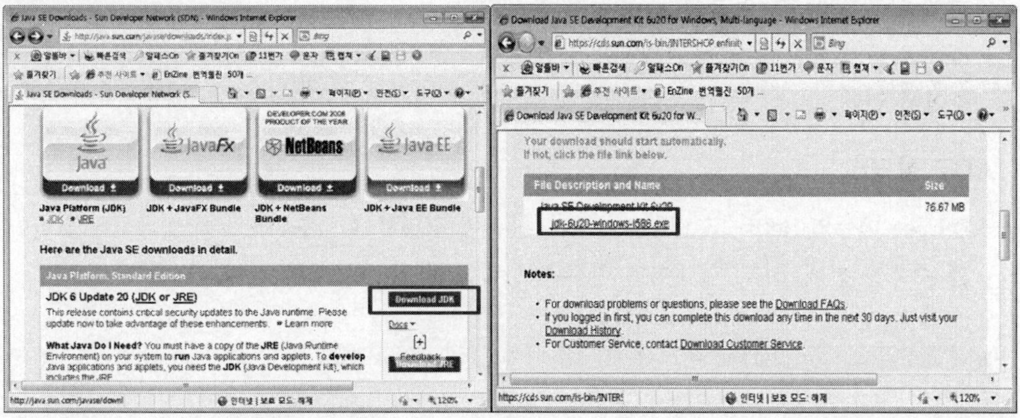

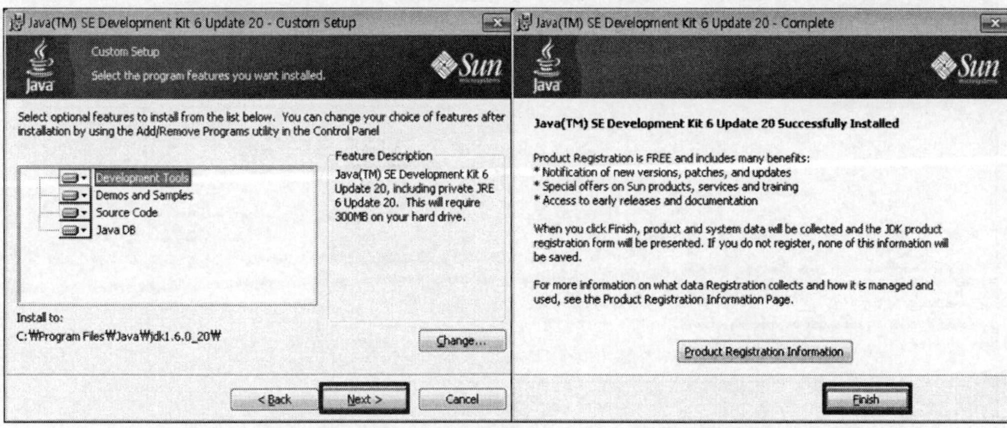

– 파일을 다운로드 받은 후 설치한다(기본폴더 경로 및 사용자임의 경로).

다운 및 설치 Eclipse

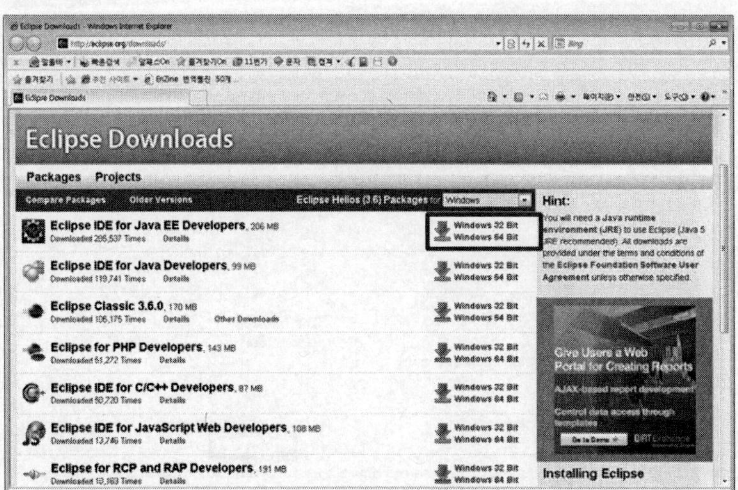

- 파일 다운로드 후 임의의 폴더에 설치한다. 기본적으로 Eclipse는 설치라는 개념이 아닌 파일 압축 해제 후 바로 사용 가능하다.
- Eclipse를 실행한 후에 플러그인인 ADT(Android Development Toolkit) 업데이트를 해 주어야 한다.

ADT 설정

- Eclipse 메뉴의 Help_ Install New Software를 클릭한 후, 아래와 같이 업데이트를 확인할 주소를 선택한 후, 업데이트 항목을 선택한 후 Next를 클릭한다.

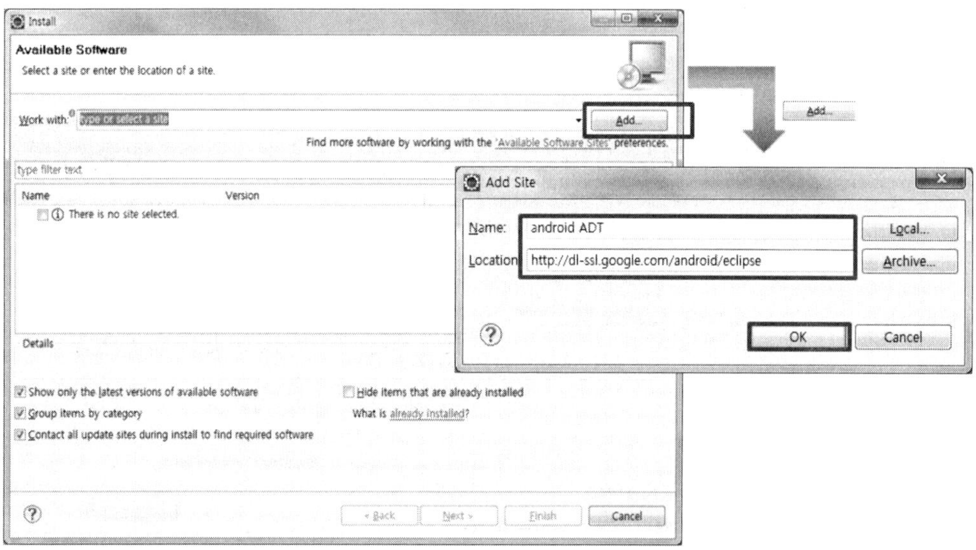

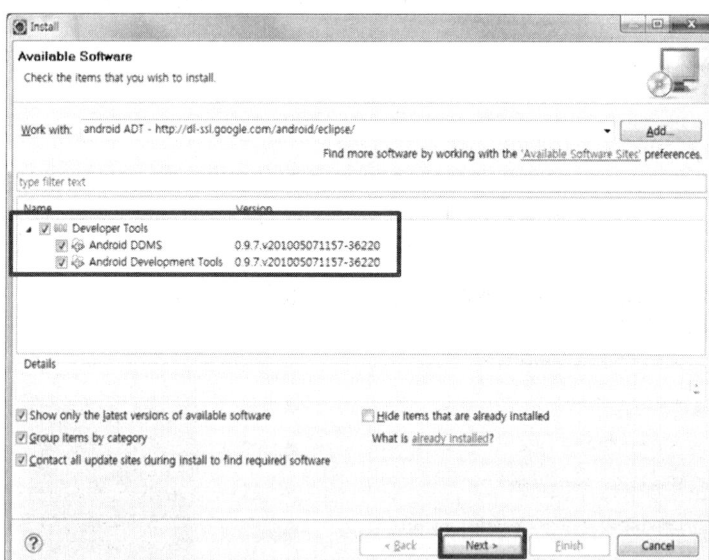

- Next를 클릭한다.

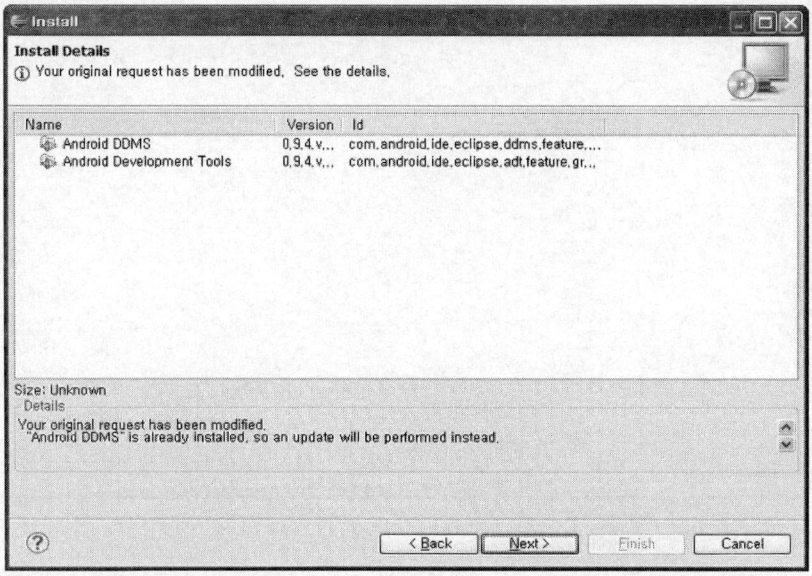

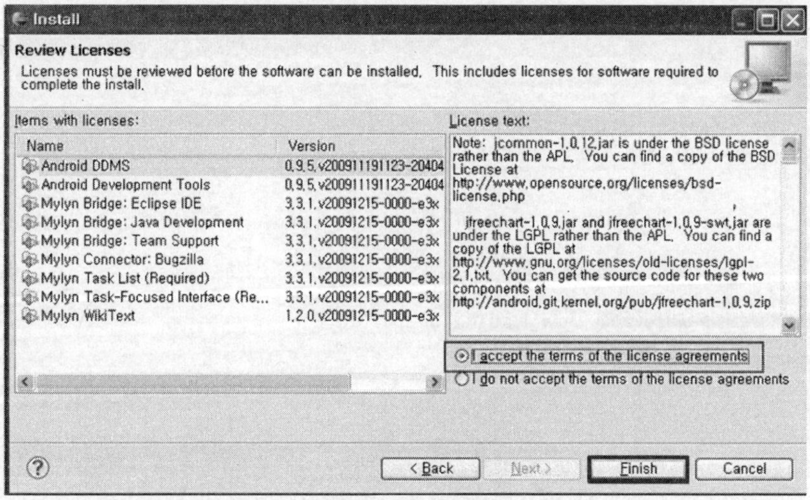

- 약관 동의 절차에서는 동의 선택 후 Finish 버튼을 클릭한다.

업데이트가 끝나고 나면, 다음과 같이 Eclipse를 재시작해야 한다는 메시지가 뜨게 된다. Yes를 눌러 재시작한다.

재시작 한 뒤 Eclipse에서 안드로이드 SDK의 경로를 지정해주어야 한다. 다음 그림과 같이 경로를 설정한다(이때 경로는 Android sdk 설치 폴더이다).

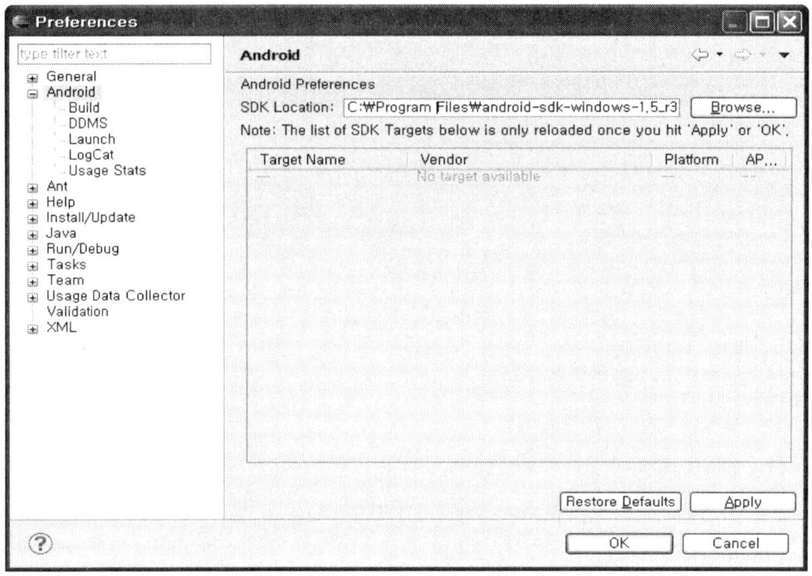

Android SDK 다운 및 설치

Eclipse [Window-preference]

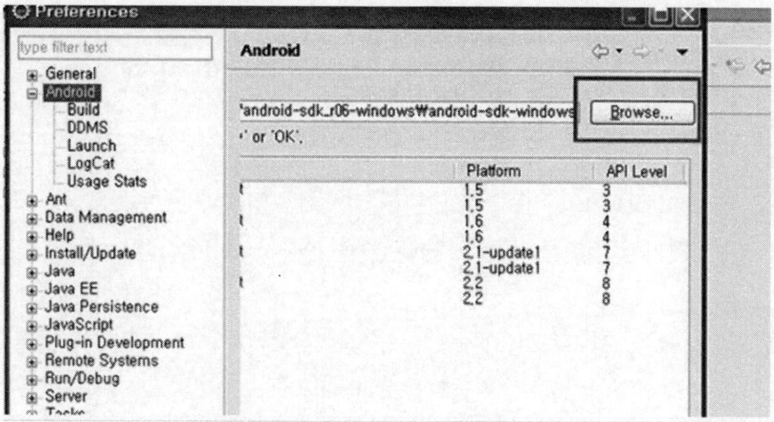

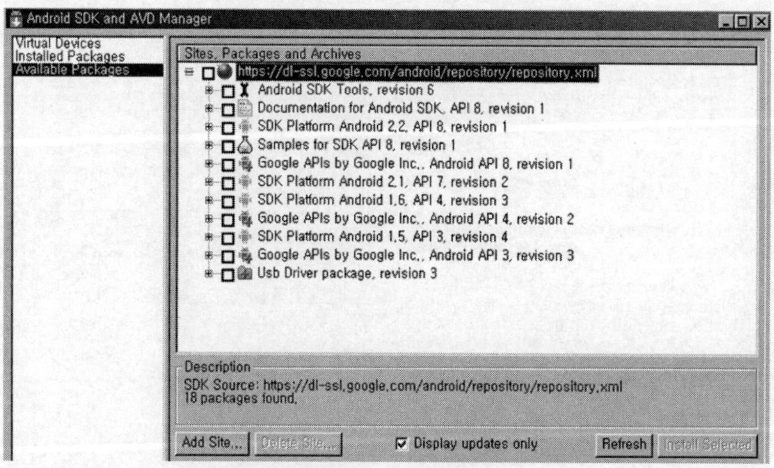

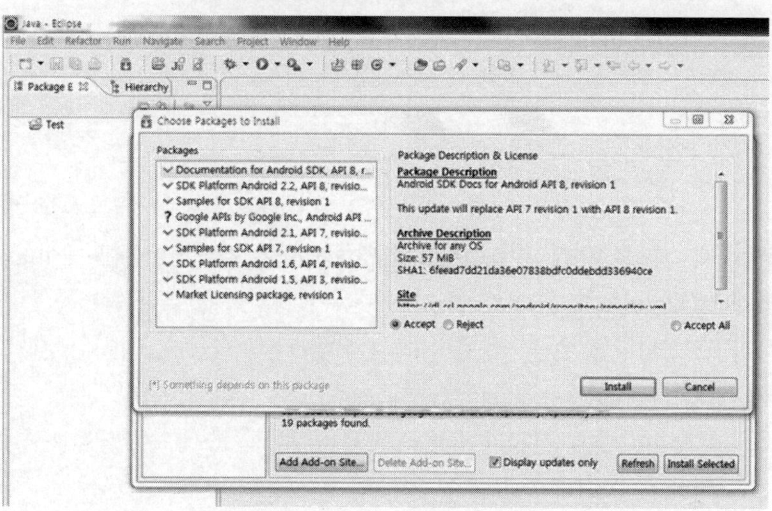

가상 디바이스 생성

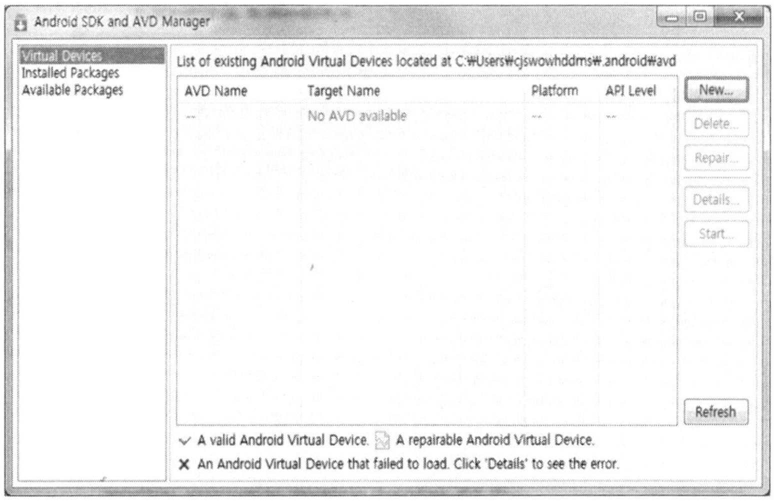

- Name 및 Target의 레벨을 정해주고 Create AVD 버튼을 누른다.

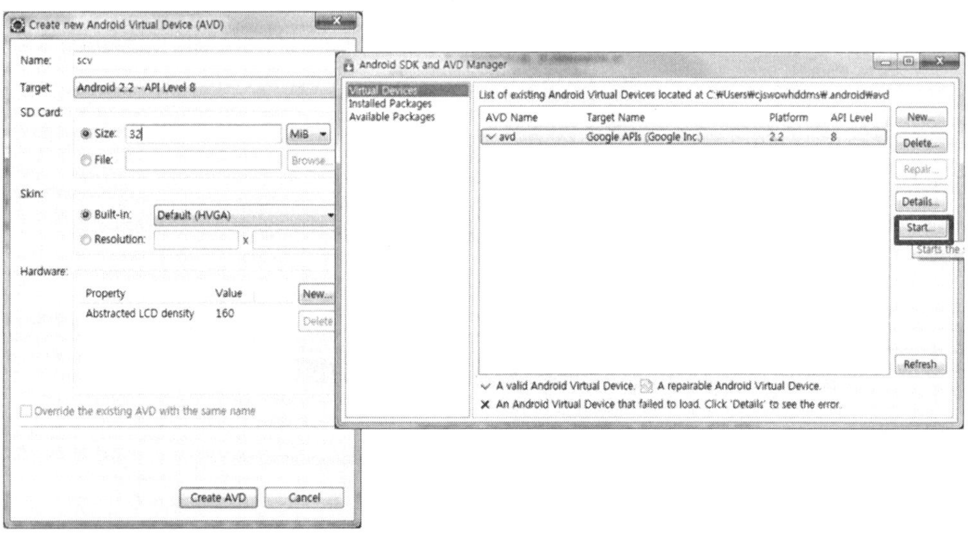

- 메뉴 파일에서 Run을 시킨 후 Android Application을 선택하여 에뮬레이터를 구동하면 프로그램이 실행된다.

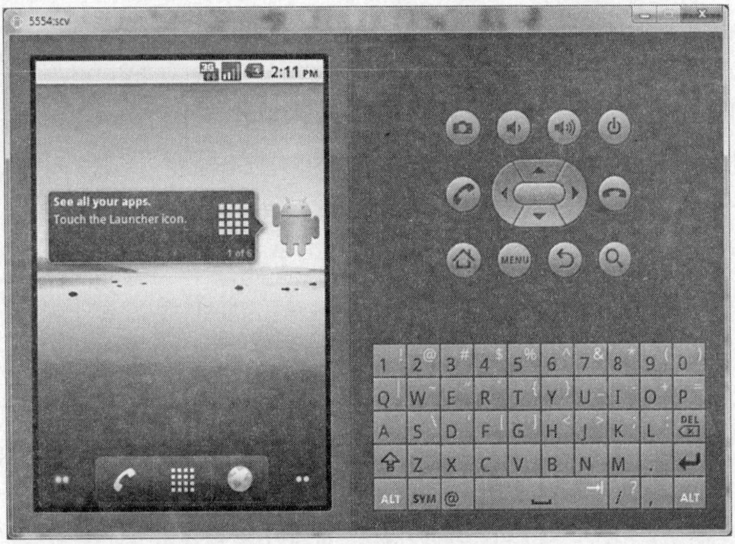

3 멀티성경

3.1 왜 멀티성경이 필요한가?

통화나 단문메시지 위주로 사용되던 휴대폰이 최근 스마트폰 및 태블릿폰 보급의 활성화로 인하여 어플리케이션 중심의 디지털콘텐츠 기기로 전환되고 있다. 다양하고 많은 기능의 어플리케이션들이 휴대기기에 내장될 수 있게 되면서 디지털콘텐츠의 개발 및 활용 또한 중요시 되고 있다. 1896년 우리나라 최초의 전화를 시작으로 유선 선로 기반의 유선전화부터 선이 없는 무선전화에 이르기까지 통신단말기기는 비교적 빠른 시간 내에 많은 변화를 이루며 발전해 왔다. 초기의 음성통화 기능뿐이던 단말기기는 휴대기기로 진화하며 단문메시지를 시작으로 컬러이미지, 동영상 등을 전송할 수 있기에 이르렀다. 특히 통화나 단문메시지 위주로 사용되던 휴대폰이 최근 스마트폰 및 태블릿폰 보급의 활성화로 인해 어플리케이션 중심의 디지털콘텐츠기기로 전환되고 있다.

예전에는 문서로 저장되던 많은 정보들이 정보화시대를 거치며 디지털화되고 콘텐츠화 되어 보다 손쉽게 사용되도록 재가공되고 있다. 재가공된 정보들은 스마트폰을 위한 어플리케이션으로 변화하면서 다양한 기능들로 서비스 되었고, 무선인터넷이 휴대기기에서 자유롭게 서비스되기 시작하면서 언제 어디서나 정보서비스를 이용하고 콘텐츠화된 정보들을 다양한 형태로 배포할 수 있게 되었다. 이러한 많은 기능의 어플리케이션들이 휴대기기에 내장될 수 있게 되면서 디지털콘텐츠의 개발 및 활용 또한 중요시 되고 있다. 디지털콘텐츠는 인터넷과 디지털 환경의 도래에 따라 경제적으로 가치 있는 디지털 재산이 되고 있다. 디지털 콘텐츠 산업은 지식정보화 시대에 기술과 지식 집약적인 산업으로 핵심적 미래 산업이 될 것이다. 일반적으로 디지털 콘텐츠는 어원적 측면에서 「디지털+콘텐츠」라는 합성어적 의미와 사전적 측면에서 「충족시키거나 즐겁게 하다」는 의미를 모두 반영한 것이다.

전 세계의 기독교인은 22억 명을 넘어섰고 아시아에서만 3억 명이 넘는 기독교인이 있으며 이들은 모두 성경을 이용하는 사람들이다. 하지만 성경책은 무겁고 부피 또한 크기 때문에 항상 휴대하기엔 불편하다. 이러한 문제를 해결 하는 방법으로, 스마트폰이 가진 정보의 콘텐츠화와 휴대성을 활용하여 성경의 정보가 컨텐츠화 된 스마트폰용 어플리케이션 서비스를 개발하고자 한다.

이를 위해선 어떠한 스마트폰 플랫폼에서 개발할 것인지가 중요한데, 현재 영향력 있는 스마트폰의 운영체제로는 아이폰 OS와 안드로이드 OS, 심비안 등이 있다. 2007년 안드로이드 OS가 오픈 소스로 공개되고 빠른 속도로 플랫폼이 업데이트되어 새로운 기능들이 추가되면서 사용자들의 불편함이 점차 줄어들게 되었다. 하지만 플랫폼의 버전마다 사용할 수 있는 기능이 조금씩 다르며 모든 휴대전화의 버전이 동일하지 않기 때문에 안드로이드를 사용하는 모든 사용자가 모두 같은 기능을 사용할 수는 없는 단점이 있다. 이 어플리케이션은 성경책이 기본적으로 가지는 일차원적인 문자 정보들과 성경책이 제공할 수 없는 멀티미디어 정보들인 찬송가의 반주음악과 각 구절들을 읽어주는 독음 기능을 함께 제공 할 수 있도록 하였으며, 성경 내용을 세계 각국의 다양한 언어로 제공하여 사용자들이 외국어 공부와 성경 공부를 함께 할 수 있는 이점을 가지도록 설계한다. 또한 외국어 공부를 위해 사전 DB를 구축하여 사용자가 읽고 있는 구절 중 원하는 단어의 뜻을 알기 위해서 특정 메뉴로 들어가서 검색하거나 일일이 단어를 입력해야 하는 불편함 대신 읽던 구절을 한 번의 터치로 원하는 뜻을 화면에 보여주어 시스템의 사용성을 높일 수 있도록 설계한다.

3.2 기존엔 이러한 어플리케이션이 없었는가?

스마트폰 이전의 소프트웨어

스마트폰 이전의 모바일 성경 제품은 개별 통신사에서 서비스 되고 있다. SK 텔레콤의 성경 어플리케이션은 굿뉴스(www.catholic.or.kr)라는 사이트에서 다운로드가 가능하지만 성경을 모두 내려 받을 경우 통신료가 비싸다는 단점이 있다. 그래서 이 서비스는 카톨릭폰이라는 폰에 성경이 내장된 채로 출시도 되었다. 이는 이 서비스 사용을 위해서는 폰을 구입하거나 통신료를 내야한다는 결과를 가져 오게 된다.

KTF 통신사에서는 디지털 바이블이라는 서비스를 시작하였다. 이 서비스는 외장메모리 안에 성경 정보가 들어있어 사용을 위해서는 이 칩을 구매하여야 한다. 이 칩은 구매를 위한 비용과 구매한 칩을 폰에 넣고 인터넷에 연결해 프로그램을 다운 받는 방식으로 폰에 설치를 하여야 사용할 수 있다는 단점이 있다.

이 서비스들은 특정 통신사에 종속적이다. 어플리케이션이 별도의 칩이나 특정 휴대폰 기기에 내장 되어있어 소프트웨어에 하드웨어가 종속적인 불편함도 가지고 있다. 또한 소비자들의 가격에 대한 부담과 특정 기기에서만 사용할 수 있는 제품의 경우 휴대폰의 디자인의 선택폭이 좁아진다는 단점이 있다.

안드로이드용 소프트웨어

안드로이드 시장에서는 현재 성경 어플리케이션이 개발된 것이 iveBible 하나인 것으로 조사되며, 기능으로는 TTS 엔진을 사용한 독음 기능과 영어, 불어, 스페인어 성경을 지원 한다는 장점을 가지고 있다.

하지만 한글을 지원하지 않아 한국 국적의 사용자들이 안드로이드 폰에서 성경을 활용하기에 상당한 불편을 가지고 있다. 또한 단어의 뜻을 확인할 수 없어 영어 단어를 확실히 모르는 사람들이 읽기에 부적합한 것으로 보인다.

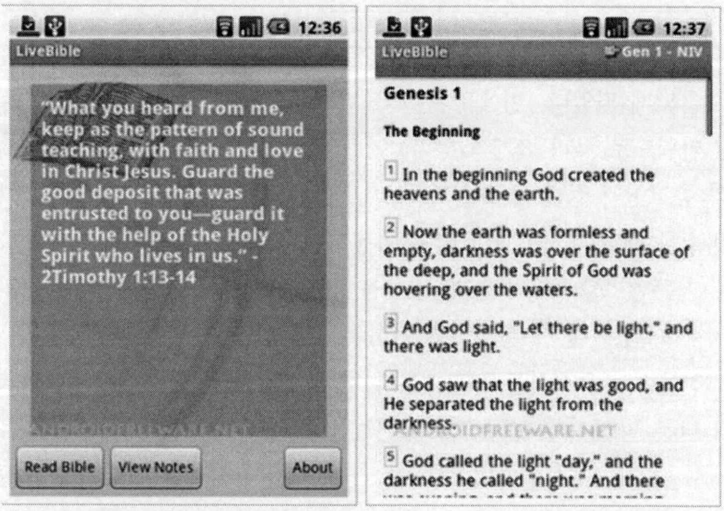

그림 1-6 안드로이드용 LiveBible v1.3.2

〈아이폰용 소프트웨어〉

아이폰 시장에는 현재 상당량의 성경 어플리케이션이 개발되었고, 또한 개발 중인 제품들도 있다. 아이폰 성경 어플리케이션의 대부분이 읽기와 검색의 기능을 제공하고 있으며, 디자인적으로도 안드로이드 어플리케이션들에 비해서 상당히 높은 퀄리티를 보이고 있다. 공통된 기능들은 대부분 비슷하지만 사용자들에게 가장 고려되는 것은 동일한 기능이라도 얼마나 편리하게 사용할 수 있느냐와 보기 쉽고 사용하기 쉬운 디자인이다.

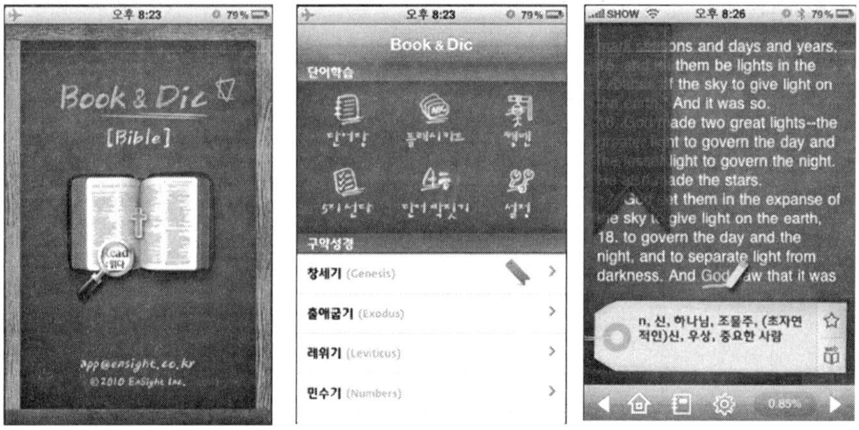

그림 1-7 아이폰용 대표적인 앱 Book & Dic

3.3 멀티성경의 개발이 필요한 이유?

휴대 단말 기술의 발전으로 인한 스마트폰들이 출시되면서 모바일 환경의 콘텐츠들이 매우 빠른 속도로 보급되게 되었다. 이에 IT는 하드웨어와 소프트웨어를 뛰어넘어 콘텐츠라는 아이디어가 핵심 키워드로 자리 잡게 되었다. 이런 콘텐츠적인 정보가 중요하게 생각되고 있는 지금, 우리나라 종교인의 절반 이상이 기독교임을 생각해 볼 때 이러한 넓고 고정적인 수요층을 가지는 서비스를 개발한다면 보다 많은 이용자를 확보할 수 있다. 그렇다면 기독교인들을 대상으로 '어떠한 콘텐츠를 제공하는 것이 좋을 것인지에 대해 고민을 해본 결과, 기독교인들이 기도를 하거나 교회를 갈 때 항상 챙겨야하는 물건인 성경에 대한 정보들을 콘텐츠화하는 것이다. 기독교인들이 중요시하는 성경책은 너무 무겁기 때문에 휴대하는데 불편함을 느끼고 있었지만 달리 다른 방법이 없었던 기독교인들을 위하여 대부분의 사람들이 항상 소지하고 있는 '휴대폰에서 성경을 제공한다면' 이라는 가정 하에서 설계를 진행한다. 제공할 콘텐츠를 결정한 후 정해야 할 것은 어떤 기반에서 서비스를 제공할 것인가이다. 따라서 최근 가장 이슈가 되고 있는 아이폰 OS와 안드로이드 OS 중 완전한 오픈 소스인 무료 모바일 플랫폼의 장점을 가지고 있는 안드로이드 OS를 개발 플랫폼으로 설정한다. 또한 기독교를 믿는 많은 사용자들이 모바일기기를 이용해 시간과 장소에 구애받지 않고 성경 정보를 제공받을 수 있고 신학공부를 하는 많은 학생들에게도 신앙 활동의 편의성을 제공하게 될 것이다. 이러한 성경 어플리케이션은 커다란 시장성과 높은 예상사용자 인구로 인해서 다른 소수의 사용자들을 위해서 개발되는 핸드폰 어플리케이션에 비해서 높은 경쟁력이 있고, 차후에 이를 응용한 다른 종교용 어플리케이션을 위한 발판이 될 수 있을 것이다. 개발된 어플리케이션은 성경 어플리케이션이 가져야 하는 기본적인 기능들인 성경 내용을 읽어주는 독음 기능, 원하는 구절을 검색 할 수 있는 검색 기능, 영어 성경을 읽다 모르는 단어를 저장해 놓는 단어장 기능을 모두 제공해준다. 차별화되는 기능으로는 기존의 어플리케이션이 성경 텍스트에 한정적이었던 반면에 멀티성경은 찬송가 반주와 가사를 제공하므로 사용자가 꼭 필요로 하는 기능들을 포함하고 있다. 또한 성경 공부와 영어 공부를 동시에 할 수 있도록 설계되어, 성경을 보면서 모르는 영어 단어를 검색할 수 있는 사전 기능도 포함되어 있다.

아직 안드로이드에서는 문장의 Drag 기능이 포함되지 않았기 때문에 문장 속에 있는 특정 단어를 인식하지 못하는 단점이 있다. 하지만 아이폰은 이러한 문장 속 단어 인식 기능을 지원 하므로 Book & Dic 이라는 어플리케이션은 문장 속의 단어를 클릭하면 그 뜻이 아래에 출력되는 기능을 포함하고 있다. 이 어플리케이션은 안드로이드에서 지원하지 않는 문장 속 단어 인식 기능을 지원하도록 하는 메소드를 포함하고 있다. 때문에 어플리케이션 내 문장 속의 단어를 클릭할 시에 클릭 된 단어에 음영을 주어 어떤 단어가 클릭 되었는지 한눈에 알 수 있게 하며, 화면 하단에는 해당 단어의 뜻이 팝업 된다.

	기존 어플리케이션		멀티성경
운영체제	안드로이드	아이폰	안드로이드 OS
사용 가능 언어	영어, 불어, 스페인어	다양한 언어 지원	한글 / 영어
공통 기능	독음	독음, 검색, 단어장	독음, 검색, 단어장
차별되는 기능	×	영어단어 게임들	찬송가 반주 & 가사 제공, 사전 검색 기능
단점	단어인식 불가	텍스트에 한정적	×
장점	×	단어 인식	단어인식 구현

아이폰의 어플리케이션의 장점을 포함하고 안드로이드 어플리케이션의 단점을 개선하여 안드로이드 사용자로 더 나은 서비스를 제공하며, 기존의 성경 어플리케이션들이 가지고 있는 각각의 기능들을 모두 통합하여 제공하고 추가적으로 기존 어플리케이션에 없던 기능인 찬송가 반주와 가사를 제공함으로써 기존 사용자와 아직 성경 어플리케이션을 사용해보지 않은 기독교인들에게 보나 나은 사용성과 유용성을 제공한다.

이러한 멀티성경 소프트웨어는 다른 기기 구입 없이 안드로이드폰 OS가 설치된 스마트폰이면 어플리케이션 설치만으로도 간단히 사용이 가능하다. 차후 이에 덧붙여 기독교 방송과 연계하여 기독교 방송의 속보나 뉴스정보들을 사용자에게 실시간으로 제공하는 어플리케이션의 발전 방향도 생각해 볼 수 있다. 또한 이러한 시스템구조는 E-book이나 타 종교들을 위한 응용프로그램 개발에 응용할 수 있어서 발전 가능성이 매우 크다.

또한 지금은 한글/영어 성경만 지원하지만 다른 언어의 성경 정보만 구해지면 바로 업데이트가 가능하다. 또한 기존의 어플리케이션들이 제공하지 않던 멀티미디어적 콘텐츠들을 제공함으로써 사용자들에게 더 높은 만족감을 충족시킬 수 있다.

4 멀티성경의 구성 및 설계

4.1 시스템 구성

개발 환경

영향력 있는 스마트폰의 운영체제로는 아이폰 OS과 안드로이드 OS, 심비안 등이 있다. 멀티성경 어플리케이션 개발에서는 완전한 오픈 소스인 무료 모바일 플랫폼으로 개발자나 단말기 제조사들은 라이선스 비용을 낼 필요없이 응용프로그램을 개발할 수 있다는 장점이 있는 구글폰의 운영체제인 안드로이드를 사용하였다.

안드로이드 응용프로그램 구성 요소

활동(Activity)	응용 프로그램들이 수행하는 기능
뷰(View)	응용 프로그램의 배치(레이아웃)의 결정
의도(Intent)	시스템에게 응용프로그램의 계획을 전달
서비스(Service)	사용자 상호작용 없는 배경처리
알림(notification)	사용자에게 어떤 일을 알림

표는 안드로이드 응용프로그램 구성과 작동에 핵심적인 역할을 하는 요소들이다. 안드로이드 응용프로그램은 과제(task)들의 집합이다. 응용프로그램이 수행하는 과제를 안드로이드에서는 활동(Activity)이라고 부른다. 한 화면마다 하나의 Activity를 구성하고, 다른 Activity들로의 활동 전환이 가능하다. 활동의 전환은 Intent 객체를 통해서 가능하며, Intent 객체를 통해 다음 화면에 특정한 값을 전달해 줄 수도 있다.

안드로이드 운영체제는 한 시점에 단 하나의 Activity 객체들만이 Foreground에서 실행될 수 있다. Activity는 응용프로그램에서 하나의 화면을 지칭하며, 사용자에게 View와 Event 응답으로 이루어진 인터페이스를 제공한다. Activity들은 활동 스택(Activity Stack)이라는 자료구조에 담겨져 관리된다. 모든 Activity는 화면 전체를 사용하되 Activity Stack에 쌓여 있어 현재 작업하고 있는 Activity만이 화면에 보이게 된다. 이 때 History Stack은 각 응용프로그램마다 하나씩 존재하므로, 모든 응용프로그램의 실행상태는 보존된다.

안드로이드는 다음과 같이 화면을 구성하는 .xml과 화면의 이벤트나 입력과 화면 출력을 컨트롤 하는 java 파일로 이루어져있다. 이들의 대응 관계는 대부분 1:1이나 설계에 따라서 다대일(多 : 1)이나 관계를 가지지 않는 파일 또한 존재하게 된다.

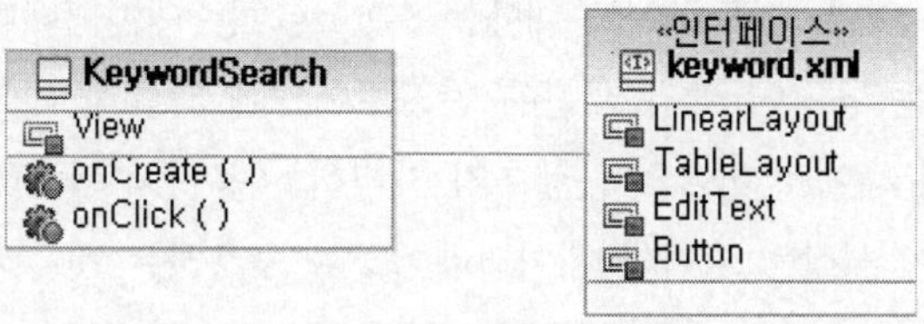

그림 1-8 java 파일과 xml 대응

구현한 어플리케이션은 Android 플랫폼으로 Java 언어 기반이며, SDK와 Eclipse를 개발툴로 사용하게 되는데 이는 모두 무료로 배포되고 관련 API를 제공하기 때문에 개발자들에게 편리한 환경을 제공해준다. 특히 안드로이드는 컴포넌트 기반이기 때문에 재사용이 용이하고 컴포넌트를 교체하여 자신만의 컴포넌트를 만들 수 있다는 장점으로 젊은 층의 개성을 표현하기에 적합하다고 할 수 있다.

S/W 사양으로는 안드로이드 플랫폼을 개발할 수 있도록 해주는 JDK1.6, Eclipse, Android SDK가 필요할 것이며, 이 툴들은 프리웨어이기 때문에 추가의 비용 없이 편리하게 사용할 수 있다.

시스템 구성

멀티성경 어플리케이션의 프로토타입 시스템 구성은 다음과 같다.

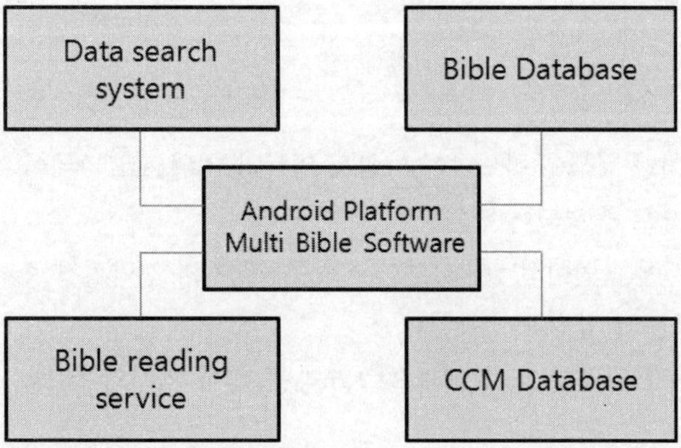

그림 1-9 프로토타입 시스템 구성도

중앙의 멀티성경 소프트웨어가 사용자의 입력에 따라 주변의 하위 기능들을 연결해주는 매개체가 되어 사용자의 요청에 대한 처리를 하게 되는 구조이다.

안드로이드에서 응용프로그램이 자료를 저장하고 관리하는 방식은 다양하다. 성경의 내용들은 정보의 갱신이 거의 일어나지 않고, 사용자에 의한 추가나 삭제의 요소가 없기 때문에 정적 정보라고 할 수 있다. 안드로이드 내에는 SQLite라는 데이터베이스가 내장 되어 있다. 하지만 성경의 정보는 용량이 많기 때문에 안드로이드에 영속적 데이터베이스로 설계하여 저장한다면 스마트폰 내에서 하나의 콘텐츠가 차지하는 용량이 과도하게 많아지게 된다. 다른 방법으로 시스템이 시작될 때마다 데이터베이스를 구축하는 것은 시간이 너무 오래 걸리기 때문에 사용자가 바로 시스템을 사용할 수 없게 된다. 이러한 단점을 해결하기 위해서 어플리케이션 내에 각국의 성경 데이터와 사전을 정적 파일 리소스로 포함한다. 이러한 원시 파일을 추가하는 것은 안드로이드 데이터베이스로의 변환이 바람직하지 않은(설령 가능하다 할지라도) 커다란 기존 데이터 소스(사전 같은)를 위한 훌륭한 대안이다.

전체 시스템 구성도를 내부적 구조가 보이게 확장한 구성도로 포함하는 내용은 아래와 같다.

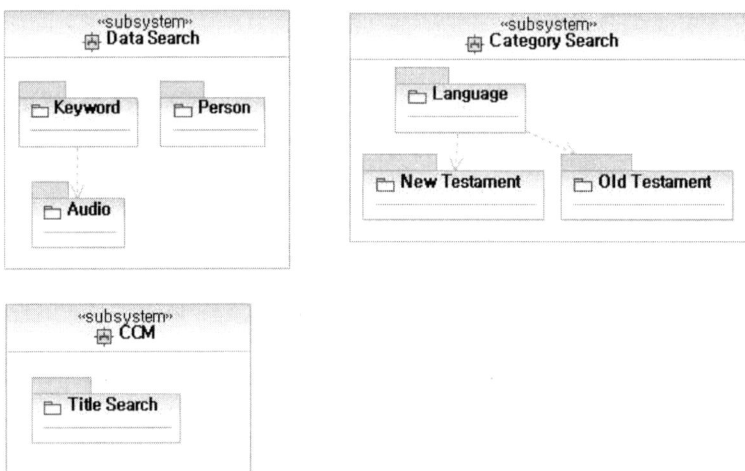

- **데이터 검색** : 어떤 검색을 하느냐에 따라서 인물과 키워드로 나뉘어 검색되며 그 내용은 텍스트와 음성으로 출력되어 진다.
- **카테고리 접근** : 처음 언어선택이 이루어지고 구약성경과 신약성경 중 하나를 택하고 선택한 언어로 나오는 성경을 볼 수 있다.
- **찬송가** : 사용자가 입력한 노래 제목으로 노래를 찾아 가사와 MR을 출력한다.

최종 시스템 구성

초기의 DB는 정적 리소스를 사용하여 내부적으로 .txt 파일을 포함하고 있었지만, 이는 검색 기능에서 파일을 열고 닫는 시간으로 인해 검색의 속도가 현저하게 느려지는 경향이 있다. 이를 해결하기 위해서 안드로이드에 내장되어 있는 SQLite 데이터베이스를 사용한다. 이 데이터베이스를 사용하여 언어별 성경 정보를 저장하는 Bible database와 외국어 성경을 공부하기 위해 선택한 단어의 뜻을 보여주기 위한 Dictionary database, 그리고 찬송가의 가사 정보와 파일의 위치, 제목들을 저장하고 있는 Hymn database를 설계한다.
사용자의 요청에 따라서 database에 검색 구조로 접근하거나 카테고리 방식으로 접근이 되며, 이러한 접근을 위해서 database의 Adapter가 connection을 유지하고 있다.
데이터베이스에서 가져온 구절들을 읽어주는 성경 독음 서비스 또한 설계 되었지만 이는 안드로이드 SDK 2.0에서 내부적으로 추가된 TTS(Text To speech) 엔진을 사용하므로 시스템 구조에서는 제외한다. 안드로이드 TTS 엔진은 영어, 불어, 독일어, 이태리어, 스페인어 등을 지원한다. 아직까지는 한글을 지원하지 않기 때문에 한글 성경을 읽어주지는 못한다. 구현부에서는 사용자의 선택에 의해 데이터베이스에서 가져온 영어 성경 데이터를 음성으로 바꾸어 출력하도록 설계한다.

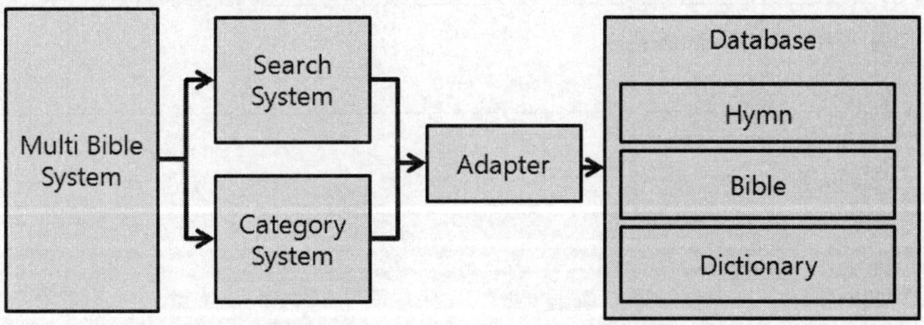

그림 1-10 전체 시스템 구성도

시스템 제어 흐름

다음 그림은 시스템의 제어 흐름을 보여주고 있으며, 처음 어플리케이션 실행 시 로고화면이 나오고 화면을 터치하게 되면 메인 화면으로 넘어간다. 메인 화면에는 4개의 이미지 버튼이 있고 각 버튼은 그 하위 메뉴로 연결되어 있어서 클릭 이벤트로 하위메뉴로 화면이 전환된다. 데이터 검색과 카테고리 검색, 찬송가 검색과 도움말 화면 등 하위 메뉴의 출력이 끝나면 흐름은 이전 Activity로 넘어가게 된다.

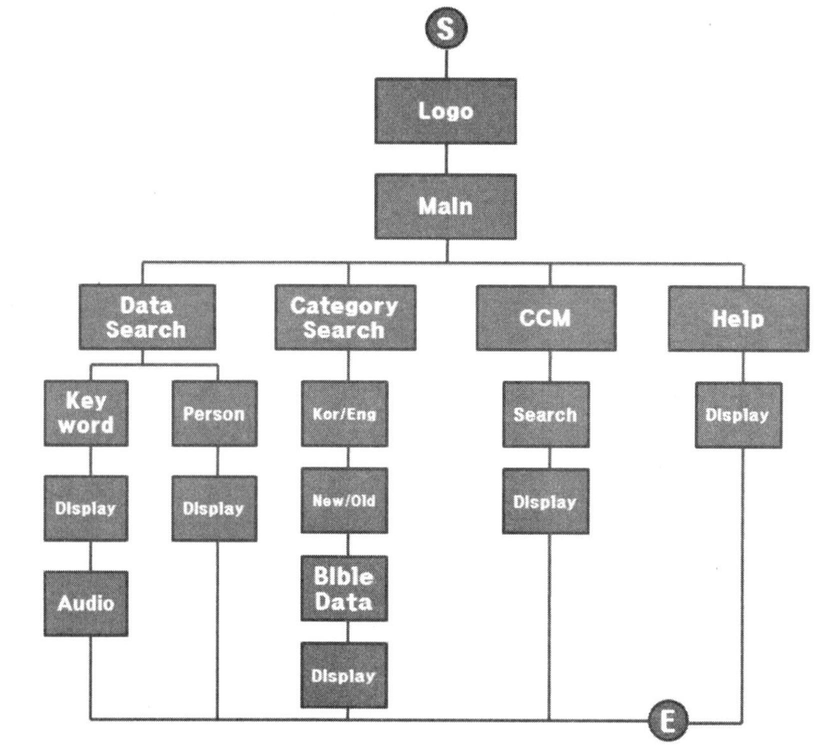

그림 1-11 시스템 제어흐름도

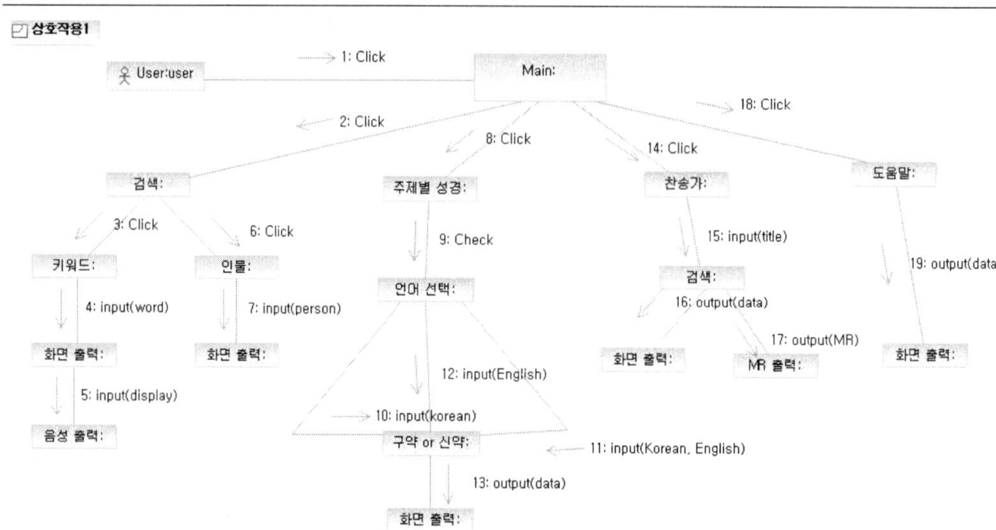

그림 1-12 시스템 인터페이스 구성도

시스템은 대부분 클릭 이벤트로 화면 전환이 이루어지며 화면 전환 시 넘겨주는 데이터는 간단한 인덱스나 데이터 구별을 위한 문자열 정도이다. 사용자는 하위메뉴들까지는 별도의 데이터 입력없이 클릭만으로 진행이 가능하며 하위메뉴는 사용자들이 개별적으로 원하는 정보들을 입력하거나 선택하여야 한다. 입력이나 선택 정보는 다음 페이지를 구성하는데 필요한 용도이므로 정해진 입력의 조건에서 벗어나게 되면 다음 페이지로 넘어가지 않고 틀린 입력이라는 것을 화면상에 표시하여 준다.

데이터 흐름

아래 그림은 사용자가 프로그램을 실행하면서부터 서비스를 종료하기까지의 데이터 흐름을 보여주고 있으며 사용자의 선택에 따라 어떠한 상태로 흘러가는지를 보여주고 있다.

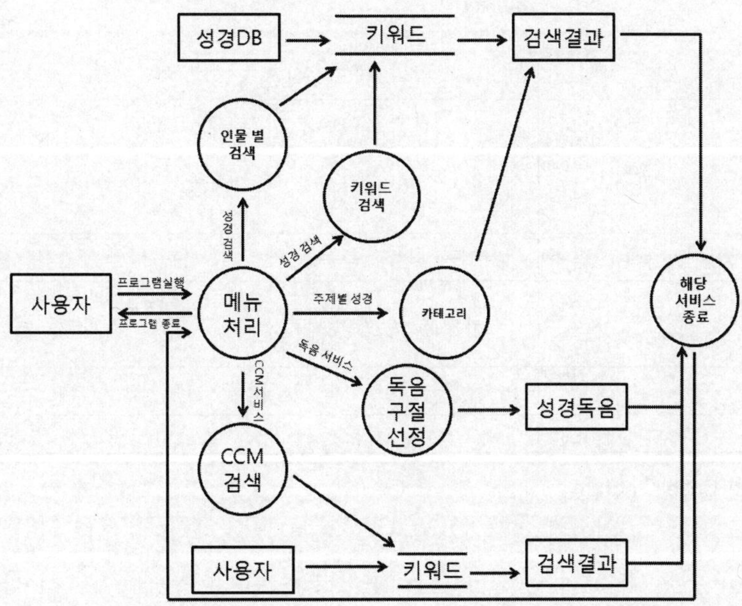

그림 1-13 데이터 흐름도

아래 그림은 사용자의 선택에 따른 시스템의 전체 흐름을 보여주고 있으며 데이터 흐름도에 비해서 어떤 데이터가 입력으로 들어가고 어떤 데이터가 출력으로 나오는지를 좀 더 확실히 알 수 있도록 그려져 있다.

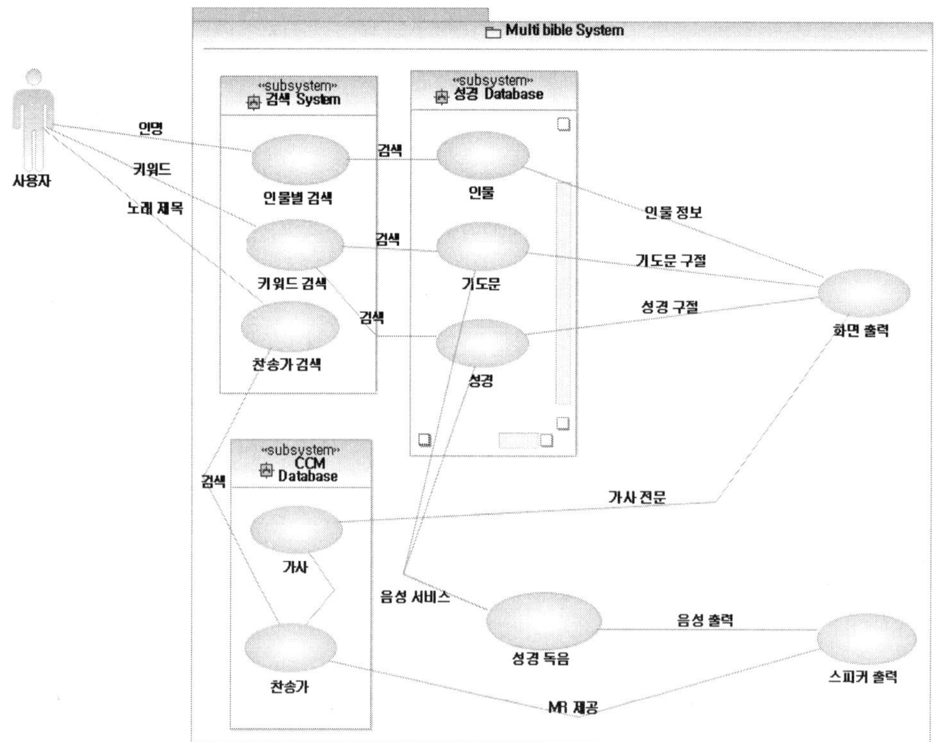

그림 1-14 Use Case Diagram

Sequence Diagram은 시간의 흐름에 따라 각 객체간의 동작과 협업을 명확히 살펴 볼 수 있다.

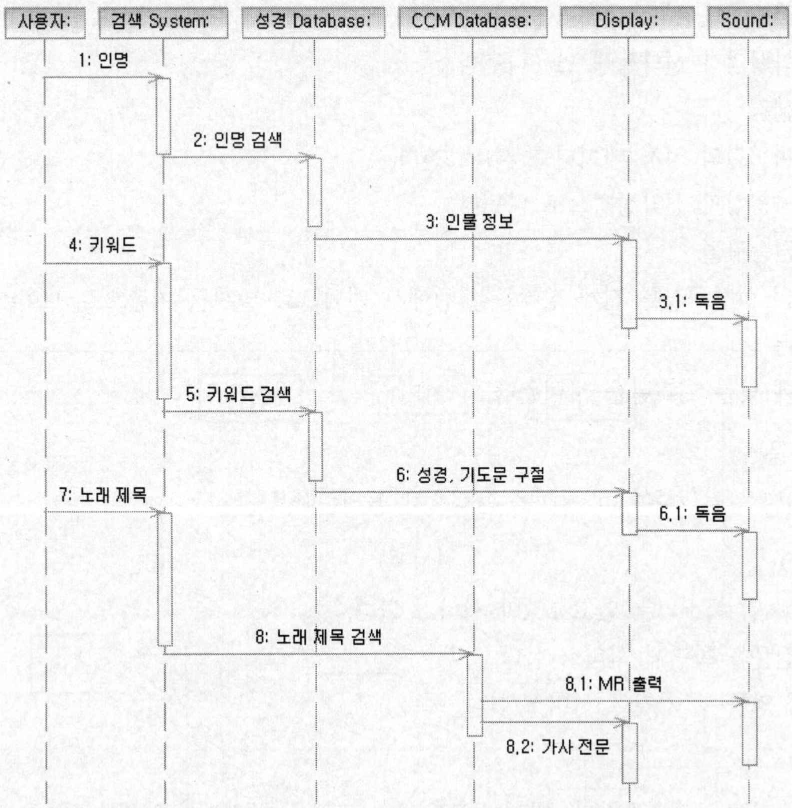

그림 1-15 Sequence Diagram

기능 설계

〈성경 검색〉

① 키워드 검색

- 검색창이 나오고 하단에 한글키패드가 나오며 영어로도 입력을 할 수 있다.
- 특정한 사건에 대한 키워드가 입력되었을 때, 해당 사건에 대한 정보가 화면에 출력된다.
- 영어 문장일 경우 단어를 클릭하면 뜻이 하단에 출력된다.

② 인물 검색

- 검색한 인물에 대한 약력을 보여준다.
- 약력 화면 하단의 단추를 누르면 자세한 정보가 화면에 출력된다.

〈주제별성경〉

카테고리 검색 구조로 큰 카테고리에서 작은 카테고리로 접근한다.

① 한글성경

- 한글버전의 성경 데이터를 서비스한다.
- 구약성경과 신약성경으로 나뉜다.

② 영어성경

- 영어버전의 성경 데이터를 서비스한다.
- 구약성경과 신약성경으로 나뉜다.

③ 성경암송구절

오늘의 성경구절을 전체 성경구절 중에서 랜덤으로 날짜를 기준으로 보여준다.

④ 기도문

상황에 맞는 기도문을 보여준다.

〈성경독음〉

카테고리별로 검색하여 각 구절을 음성으로 들려준다.

〈찬송가〉

- 노래방처럼 목소리는 없고 MR만 서비스 한다.
- 가사 전문을 화면에 서비스 한다.
- 한글과 영어 두 가지로 서비스 한다.

〈 북마크〉

- 책갈피 기능을 서비스한다. 마지막으로 보던 구절을 기억하여 서비스한다.
- 검색으로 찾은 구절이나 카테고리 접근 구절을 저장하여 쉽게 찾아 볼 수 있다.

〈도움말〉

- 각 메뉴와 버튼들의 기능과 사용 예제를 보여준다.
- 제작자, 프로그램 버전정보. 최근 업데이트 정보를 보여준다.

4.2 Class Diagram

전체 Class Diagram

시스템의 전체 클래스들의 연관 관계를 보여준다.

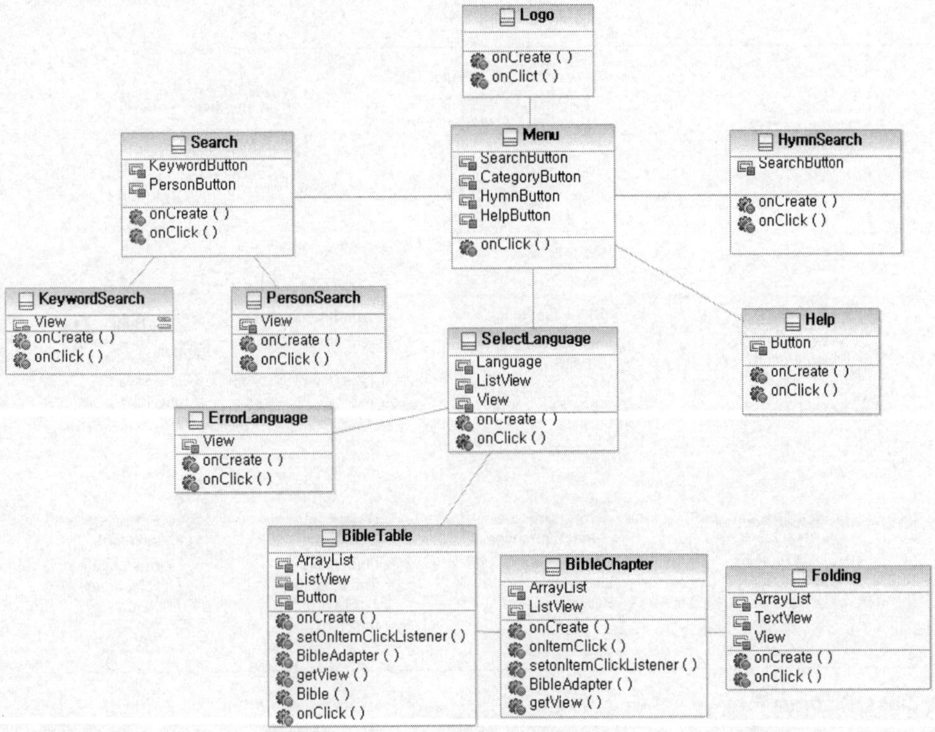

Class Diagram

Main Menu Class Diagram

모든 클래스는 하나 이상의 .xml 파일과 매칭 되어 화면을 구성한다. xml이 화면을 구성하고 그 화면에서 발생하는 이벤트들을 .java 파일에서 처리하게 된다. 메인 메뉴에는 4개의 버튼이 있어서 그 버튼의 클릭에 따라 하위 메뉴로의 이동이 이루어진다. 각각의 하위 클래스들도 각 화면을 담당하는 .xml 파일과 연관되어 있다.

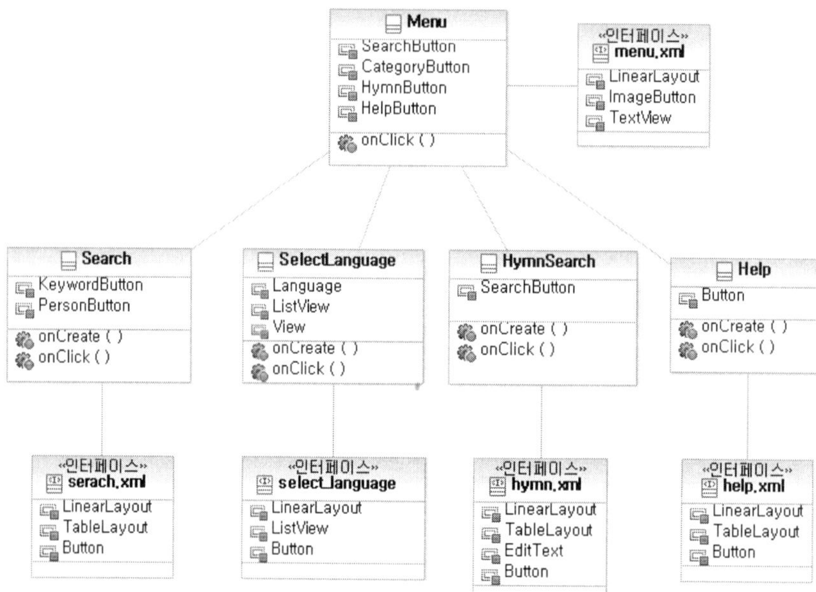

Class Diagram

Keyword Search

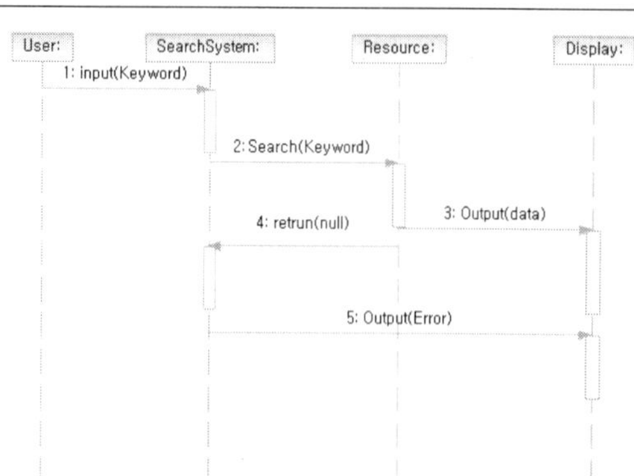

Sequence Diagram

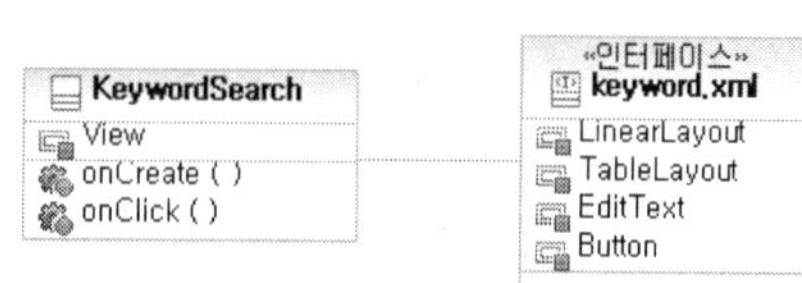

Class Diagram

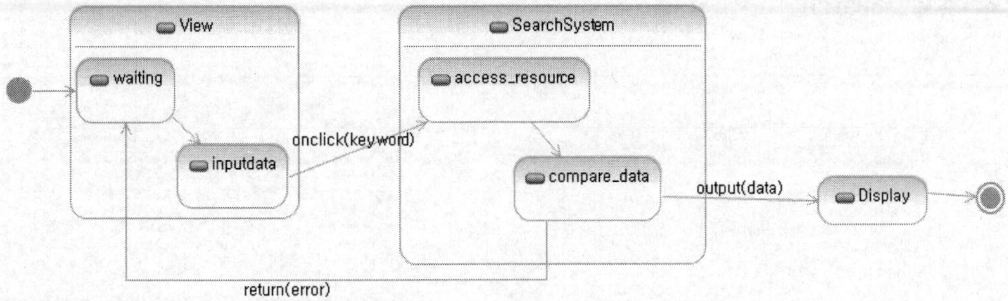

State Diagram

Person Search

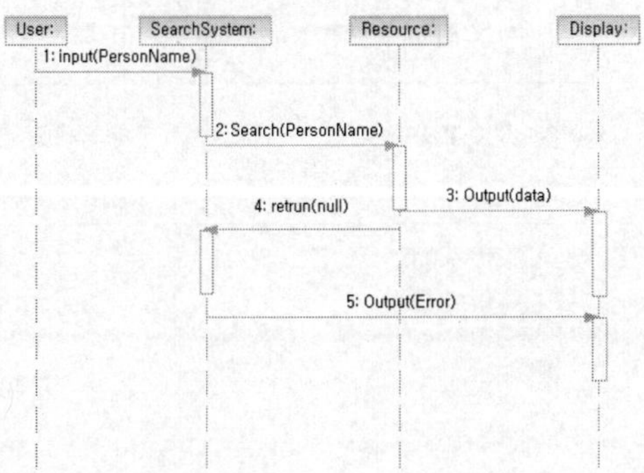

Sequence Diagram

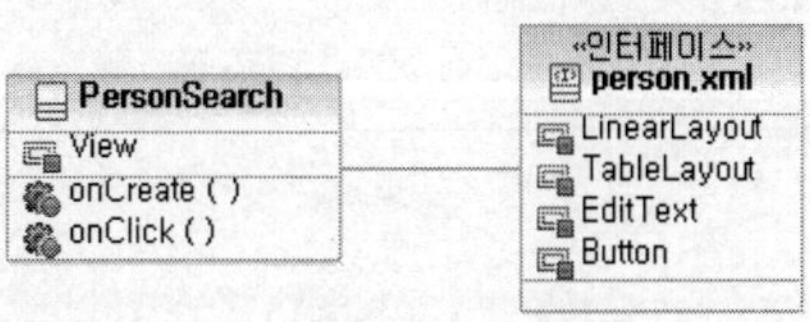

Class Diagram

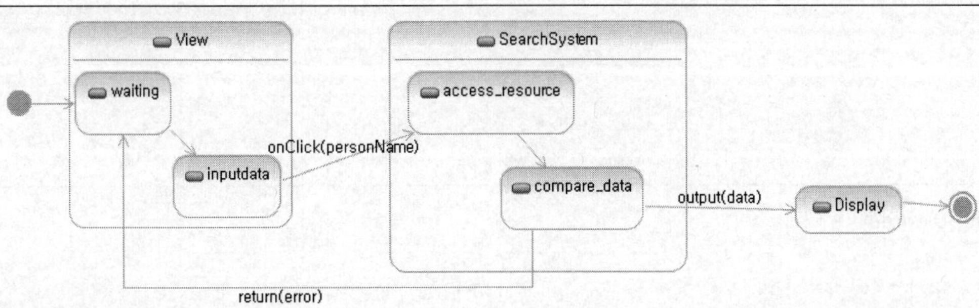

State Diagram

Category Search

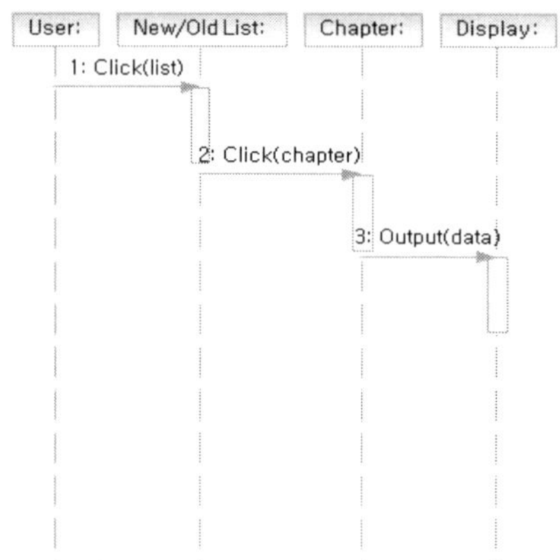

Sequence Diagram

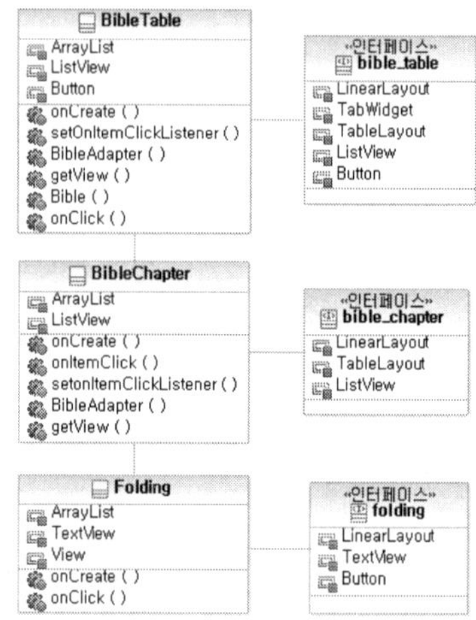

Class Diagram

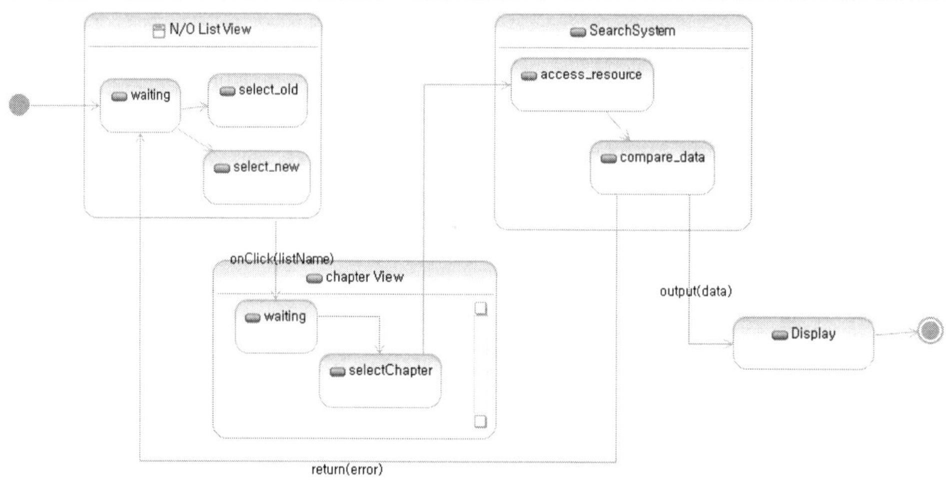

State Diagram

Audio

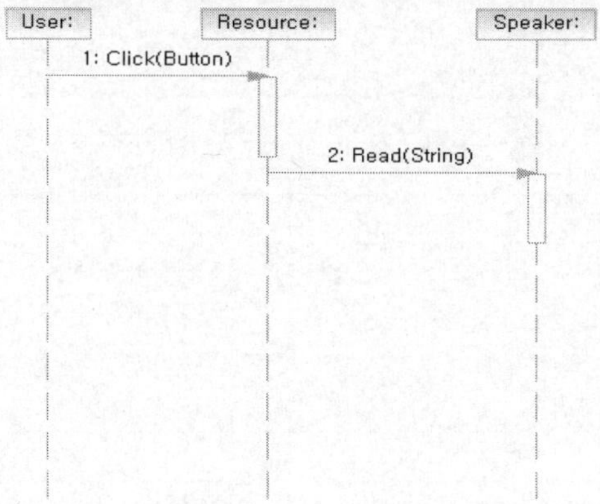

Sequence Diagram

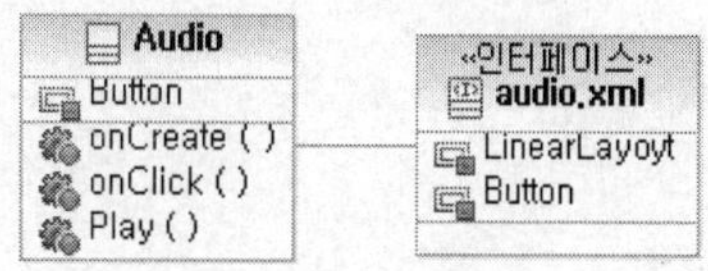

Class Diagram

State Diagram

Language

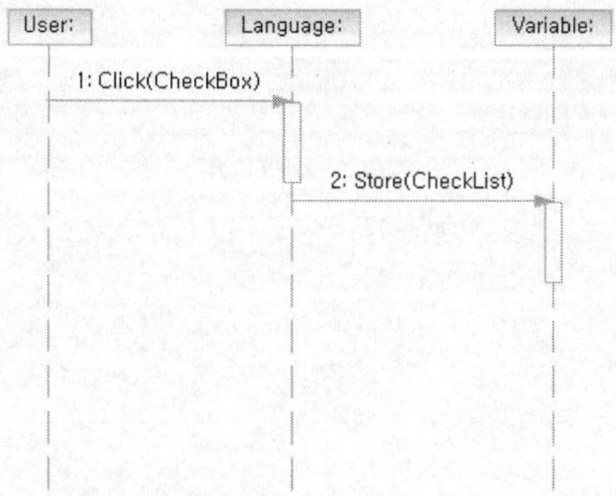

Sequence Diagram

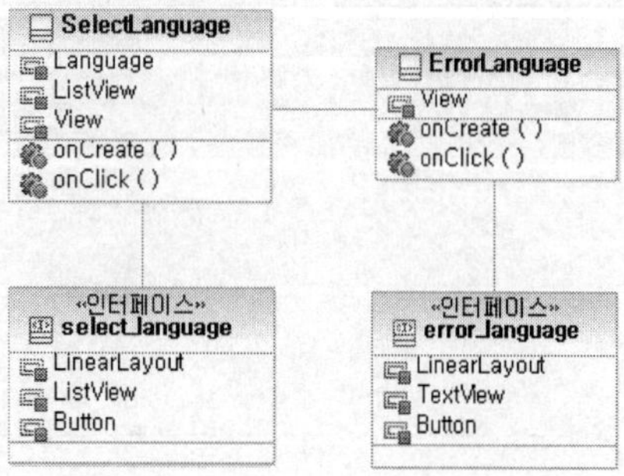

Class Diagram

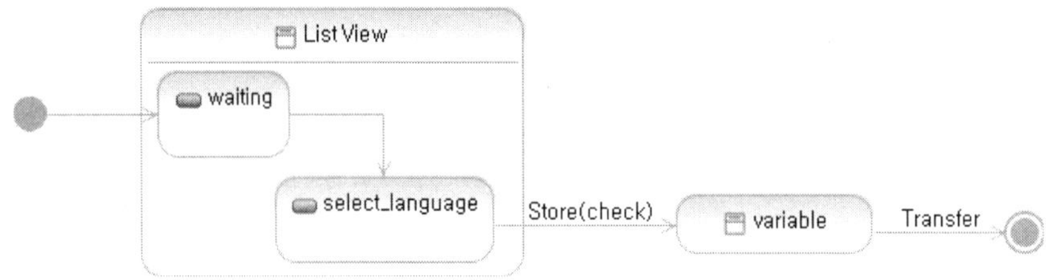

State Diagram

찬송가

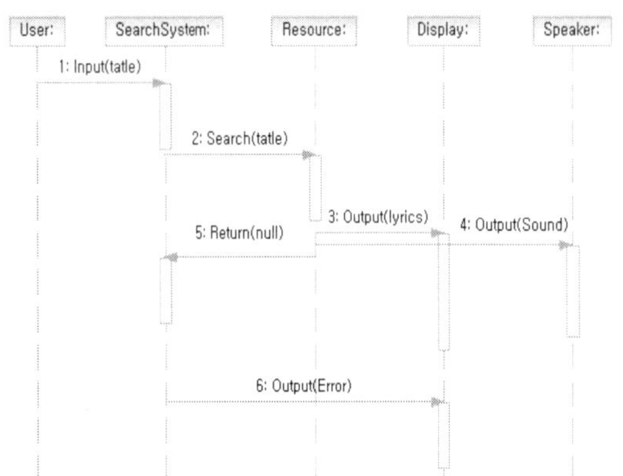

Sequence Diagram

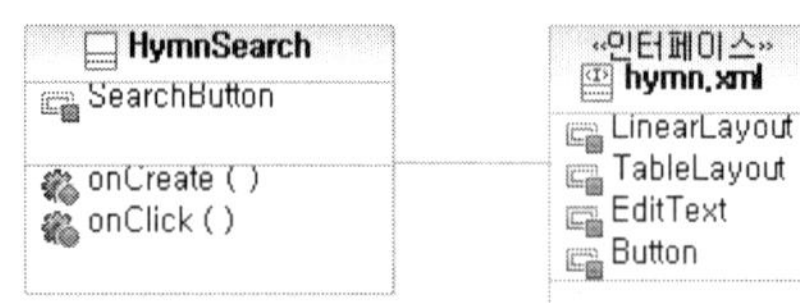

Class Diagram

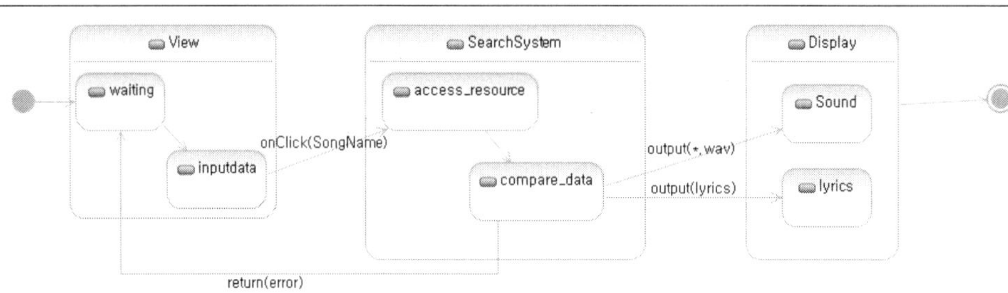

State Diagram

4.3 함수/모듈별 기능

Function	키워드검색
Description	사용자가 입력한 단어를 성경 데이터베이스에서 찾아 보여준다.
Inputs	사용자가 입력한 단어
Source	사용자의 의한 입력
Outputs	키워드가 들어간 성경 문구들을 보여준다.
Destination	사용자 화면
Requires	성경 데이터베이스
Pre-condition	성경 데이터베이스에 입력된 키워드가 있어야 한다. 특수 문자가 포함되어 있어서는 안 된다.
Post-condition	취소버튼을 누르거나 검색된 내용에서 링크검색을 실행한다. 검색아이콘을 누른다.
Side-effects	없음

Function	인물검색
Description	사용자가 입력한 단어를 성경 데이터베이스에서 찾아 보여준다.
Inputs	사용자가 입력한 단어
Source	사용자에 의한 입력
Outputs	키워드가 들어간 인물의 약력을 보여준다.
Destination	사용자 화면
Requires	성경 데이터베이스
Pre-condition	성경 데이터베이스에 입력된 키워드가 있어야 한다. 특수 문자가 포함되어 있어서는 안 된다.
Post-condition	취소버튼을 누르거나 검색된 내용에서 링크검색을 실행한다. 검색아이콘을 누른다.
Side-effects	없음

Function	다중 언어 성경 서비스
Description	한글과 영어 버전의 성경 정보를 화면에 표시하여 준다.
Inputs	사용자가 선택하는 카테고리
Source	터치스크린에서의 메뉴선택
Outputs	선택한 언어의 성경을 구약, 신약별로 보여주고 목차별로 보여준다.
Destination	사용자 화면
Requires	성경 데이터베이스
Pre-condition	카테고리를 따라 가야 한다.
Post-condition	취소버튼을 누르거나 검색된 내용에서 링크검색을 실행한다.
Side-effects	없음

Function	성경 암송 서비스
Description	매일 다른 성경구절을 화면에 출력하여 보여준다.
Inputs	메뉴선택
Source	터치스크린에서의 메뉴선택
Outputs	랜덤으로 결정된 성경구절을 보여준다. 같은 날짜에는 하나의 성경구절만 보여준다.
Destination	사용자 화면
Requires	성경 데이터베이스
Pre-condition	메뉴를 선택한다.
Post-condition	취소버튼을 누른다.
Side-effects	없음

Function	기도문
Description	상황별 기도문을 화면에 출력하여 보여준다.
Inputs	메뉴선택
Source	터치스크린에서의 메뉴선택
Outputs	선택한 상황의 기도문을 출력한다.
Destination	사용자 화면
Requires	성경 데이터베이스
Pre-condition	카테고리를 따라 간다.
Post-condition	취소버튼을 누르거나 검색된 내용에서 링크검색을 실행한다.
Side-effects	없음

Function	성경 독음
Description	검색으로 나온 구절이나 암송, 기도문을 음성으로 읽어 준다.
Inputs	독음 아이콘 클릭
Source	터치스크린에서의 메뉴선택
Outputs	음성으로 출력
Destination	모바일 기기의 스피커
Requires	응용 어플리케이션
Pre-condition	화면에 구절이나, 암송, 기도문이 표시되어 있어야 한다.
Post-condition	취소버튼을 누른다.
Side-effects	없음

Function	찬송가
Description	찬송가를 MR 버전으로 들려준다. 가사전문을 화면에 출력한다.
Inputs	원하는 찬송가 선택
Source	터치스크린에서의 찬송가 선택
Outputs	스피커로 찬송가 화면으로 가사 출력
Destination	모바일 기기의 스피커 사용자 화면
Requires	찬송가 데이터베이스
Pre-condition	찬송가 메뉴를 선택한다.
Post-condition	취소버튼을 누른다.
Side-effects	없음

Function	북마크
Description	검색으로 나온 구절이나 암송, 기도문을 보관하여 사용자의 입력 시 화면에 출력한다.
Inputs	검색으로 나온 구절이나 암송, 기도문의 화면에서 북마크 아이콘 선택.
Source	사용자의 검색에서 나온 구절이나 암송 구절, 기도문
Outputs	내장 메모리에 저장되고, 저장되었다는 메시지를 화면에 출력.
Destination	내장 메모리
Requires	가용 메모리
Pre-condition	화면에 구절이나, 암송, 기도문이 표시되어 있어야 한다.
Post-condition	취소버튼을 누른다.
Side-effects	없음

Function	도움말
Description	각 메뉴와 버튼들의 기능과 사용 예제를 보여준다. 제작자, 프로그램 버전정보. 최근 업데이트 정보를 표시한다.
Inputs	도움말 아이콘 클릭
Source	터치스크린에서의 메뉴선택
Outputs	각 메뉴와 버튼들의 기능과 사용 예제를 보여준다. 제작자, 프로그램 버전정보. 최근 업데이트 정보를 표시한다.
Destination	사용자 화면
Requires	설정된 도움말
Pre-condition	도움말 메뉴를 선택하여야 한다.
Post-condition	확인, 취소버튼을 누른다.
Side-effects	없음

4.4 데이터베이스 구조

언어별 성경 정보를 저장하는 Bible database

구절 정보	구절 내용
001/001:001	시초에 하느님(여호와)이 하늘과 땅을 창조하셨다 …
…	…

외국어 성경을 공부하기 위해 선택한 단어의 뜻을 보여주기 위한 Dictionary database

단어	뜻
a	영어 알파벳의 첫째 …
…	…

찬송가의 가사 정보와 파일의 위치, 제목들을 저장하고 있는 Hymn database

노래 제목	가사	파일 제목
001 만복의 근원 하나님	1절 : 만복의 근원 하나님…	HYMN-001
…	…	…

4.5 주요 기능에 대한 흐름도

Keyword Search

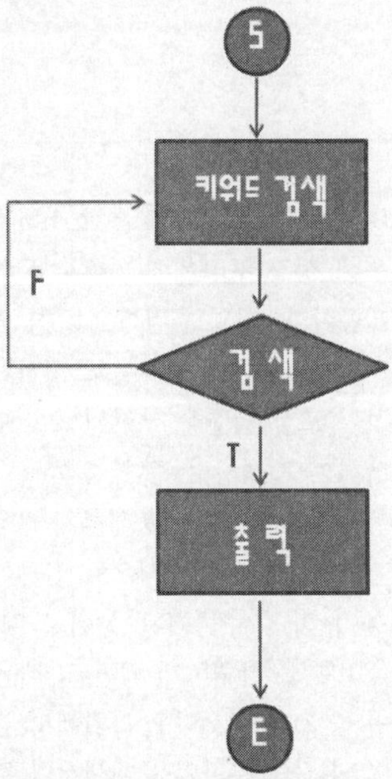

사용자가 입력하는 키워드를 통한 검색으로써, 전 성경 구절에서 입력한 키워드와 일치하는 부분을 검색하여 화면에 리스트 뷰 형식으로 보여준다. 검색결과가 많으면 각각에 대해 [한글 성경에서 몇 건 검색], [영어 성경에서 몇 건 검색] 등 언어별로 나뉜 검색결과를 리스트 형식으로 출력하고, 그 리스트를 클릭하면 그 언어에 따라 다시 결과를 출력하여 보여준다.
그러고도 결과가 일정 수 이상이라면 [창세기전에서 몇 건 검색], [고린도 전서에서 몇 건 검색]과 같이 권 별로 나뉘어 화면에 다시 출력하고 사용자의 클릭 이벤트를 기다린다.
사용자가 특정 권을 클릭하게 되면 그 내용에 대한 검색결과를 화면에 출력하여 준다.

Person Search

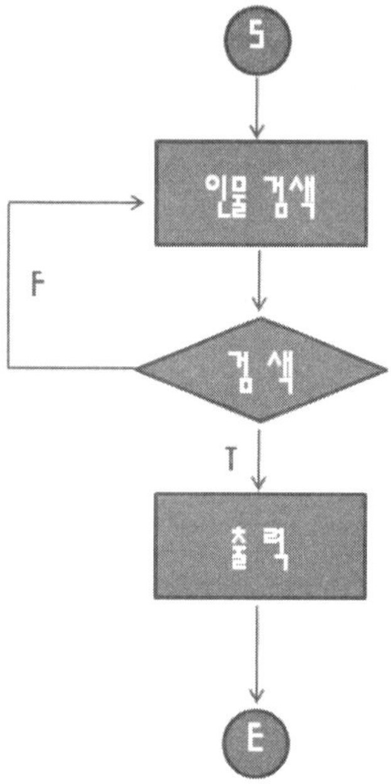

성경에 나오는 인물들에 대해 검색하는 서비스이다. 성경 속에 기록된 인물의 이름을 입력하면 그 인물에 대한 자료를 찾아 화면에 보여주게 된다. 인물의 그림과 그 인물에 대한 간략한 정보가 표시된다. 동일 인물이 있을 경우 리스트 형식으로 나뉘어 사용자의 클릭 이벤트를 기다리게 된다.
사용자가 리스트 중 하나를 선택하게 되면, 그 인물에 대한 검색결과를 화면에 출력해 주고 하단에 "더 자세한 정보를 원하십니까?"라는 버튼을 표시 한다. 사용자가 버튼을 클릭하면 무선 인터넷을 통한 Google 검색을 결과 화면 내에서 웹 브라우저를 통해 보여준다.

Audio

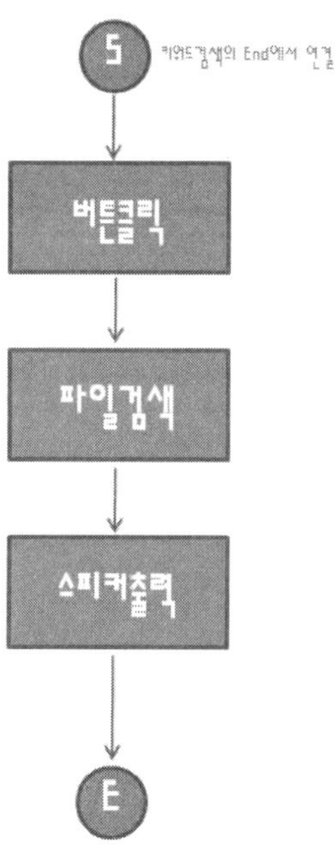

시력이 좋지 않거나 눈의 피로를 호소하는 사람들을 위해 성경 구절을 읽어주는 독음 서비스를 제공한다. 키워드 검색을 통한 결과 화면에서 하단의 독음 버튼을 클릭하게 되면, 그 절이 포함된 장을 저장된 오디오 파일을 검색하여 재생시켜 준다.
카테고리별 접근에서도 이는 동일하게 적용되어, 사용자가 카테고리 방식으로 접근한 성경의 내용이 화면에 출력된 상태일 때, 하단에 독음 버튼을 클릭하게 되면 그 내용이 포함된 장을 저장된 오디오 파일에서 검색하여 그 장의 오디오 파일을 재생시켜 준다. 오디오 파일은 정적 리소스로 어플리케이션에 포함되어 있다.

Category

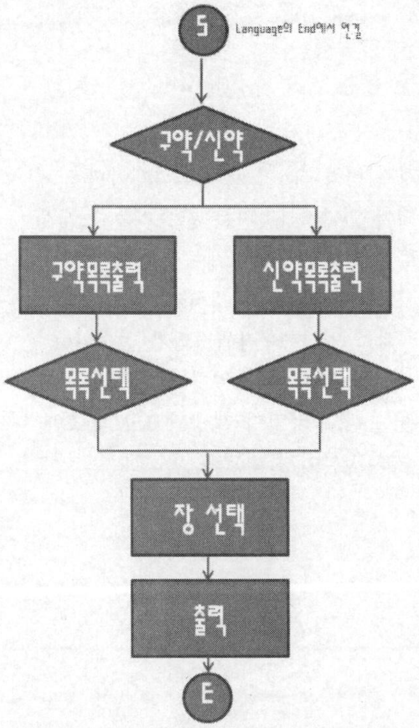

성경 전문에 대해 카테고리별 접근을 하는 방식이다. 첫 화면에는 구약과 신약으로 나눠진 탭이 존재하여 원하는 탭을 선택한다. 선택된 탭의 아래에는 선택된 구약이나 신약의 권들이 출력되게 된다. 출력할 화면이 많다면 두 페이지로 나뉘어 출력될 수도 있다.

따라서 사용자는 페이지를 넘겨서 자신이 원하는 권을 찾아 클릭하게 되면 그 권의 내용이 화면에 출력된다. 예를 들어 구약성격의 창세기절을 읽고 싶다면 카테고리를 따라 구약 → 창세기를 누른다. 그러면 해당 성경 전문이 화면에 출력되는 방식이다.

Language

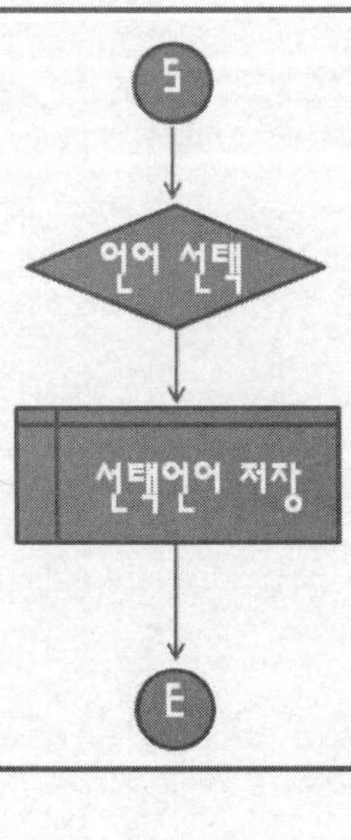

하나의 어플리케이션으로 다양한 언어의 성경을 서비스하는 데 중점을 두고 있으므로 이 기능은 각국의 다양한 언어를 선택하는 부분이다. 초기에는 한국어와 영어를 서비스 할 예정이며, 추후 일본어와 프랑스어 등 세계 각국의 언어를 추가로 구현할 예정이다.

사용자는 체크박스를 통하여 다양한 언어들 중 원하는 몇 개의 언어를 선택 할 수 있고, 선택한 언어에 따른 다양한 버전의 성경이 표시된다. 사용자는 같은 구절을 선택한 다양한 나라의 언어로 볼 수 있을 것이다.

찬송가 Search

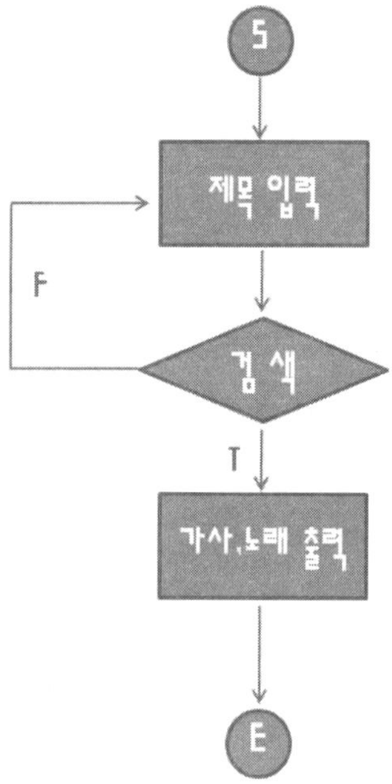

찬송가가 정적 리소스로 어플리케이션 안에 포함되어 있다. 사용자는 찬송가를 노래제목으로 검색하면 어플리케이션은 그에 맞는 해당 오디오 파일을 재생시켜 준다.
검색결과가 없다면 "검색결과가 없습니다." 라는 문장을 화면에 출력한다. 검색결과가 있다면 오디오 파일이 재생되고 이때 화면에는 가사전문이 출력된다.

5 멀티성경의 구현

5.1 단어 구분 및 인식 알고리즘

단어 구분 및 인식 알고리즘의 동작

기존의 안드로이드 라이브러리에서는 단어를 개별적으로 인식할 수 있는 서비스가 제공되지 않아 사용자들이 문장 전체 혹은 문단 전체를 선택할 수 밖에 없었다. 이를 해결하기 위해 동적 객체 생성을 통한 단어 구분 및 인식 알고리즘을 제안한다.

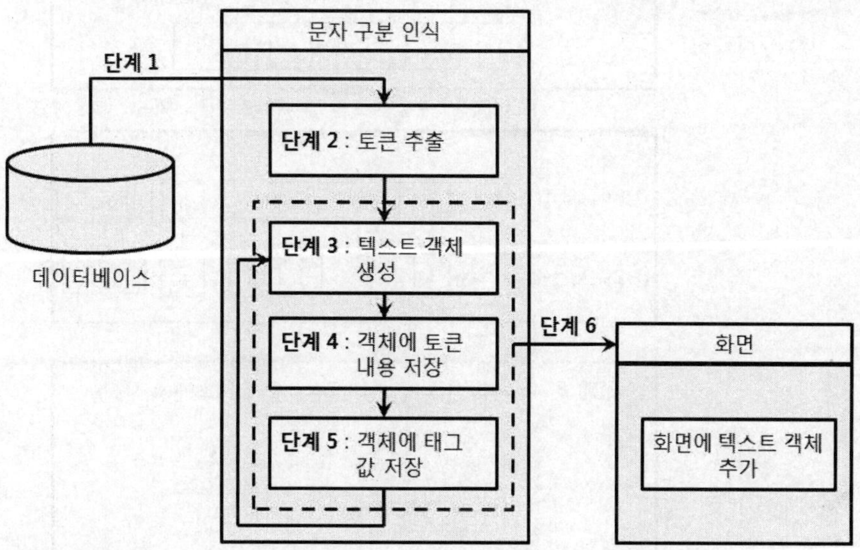

그림 1-16 제안한 알고리즘의 단어 구문 인식 과정

그림 1-16은 제안한 단어 구분 및 인식 알고리즘의 블록도이다. 다음은 알고리즘의 진행 단계를 보여준다.

(1) 성경 데이터베이스의 성경 구문을 공백을 기준으로 토큰 추출
(2) 하나의 토큰에 대해 텍스트뷰 객체를 동적으로 생성
(3) 생성된 텍스트 객체의 텍스트값으로 토큰을 저장
(4) 텍스트값에서 쉼표나 따옴표 등의 특수문자로 재토큰화
(5) 재토큰화 되어 실제 단어형태를 텍스트뷰 객체의 태그값으로 저장
(6) 사용자의 터치를 인식하도록 텍스트뷰 객체에 터치 이벤트 리스너를 등록
(7) 메인 뷰에 택스트뷰 객체를 추가
(8) (2)~(7)번 과정이 토큰의 수만큼 반복

이 알고리즘에서 텍스트뷰 객체는 화면에 내용 출력을 위한 값인 텍스트 부분과 사전적 의미 검색을 위해 저장되는 값인 태그 부분으로 구성된다. 각각의 텍스트뷰 객체들은 모두 터치 이벤트로 캡슐화되고 화면에 출력되는 텍스트값과 실제 사용되는 단어의 형태인 태그값을 모두 가지고 있게 된다. 이는 사용자에게 화면에 나타나는 문장 구조의 변화없이 화면에 출력될 부분과 실제 인식되어야 할 단어 부분을 구별되도록 하기 위한 것이다.

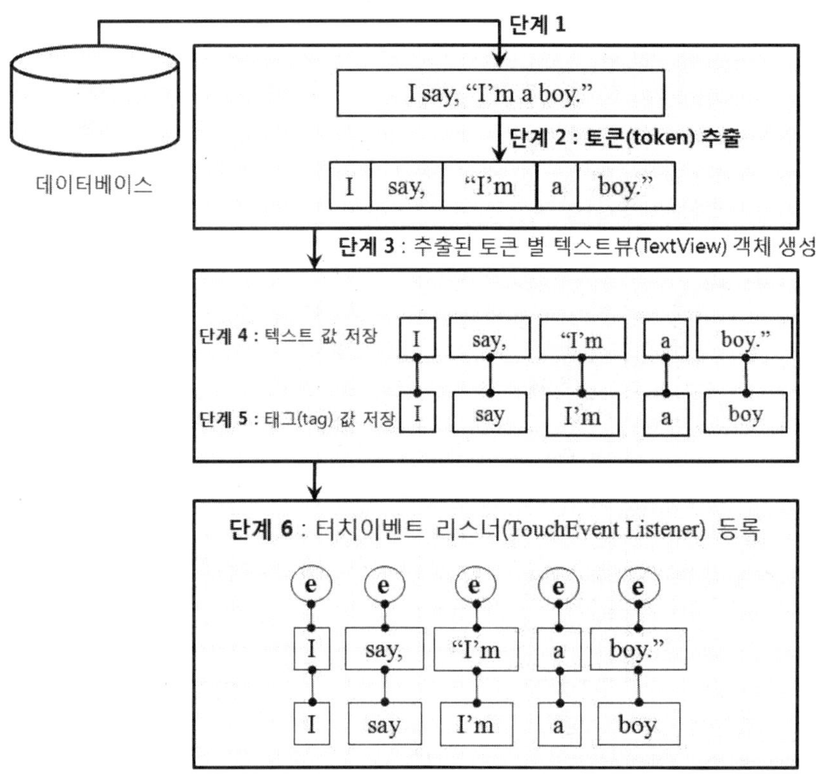

그림 1-17 제안한 알고리즘을 이용한 단어 구분 및 인식 과정의 예

그림 1-17은 제안한 단어 구분 및 인식 알고리즘을 실제 문장에 적용하여 알고리즘이 어떻게 동작하는지에 대한 예를 보여준다. 「I say, "I'm a boy."」라는 문장에서 공백을 기준으로 토큰화 하였을 때 추출되는 토큰들은 「I」, 「say,」, 「"I'm」, 「a」, 「boy."」로 구분된다. 추출된 토큰들은 동적으로 생성된 안드로이드 텍스트뷰 객체의 텍스트값으로 저장되는데, 이는 화면에 출력되는 문장의 내용을 그대로 보존하고자 함이다. 하지만 실제 단어 인식에 사용되어야하는 값은 특수문자가 제외된 실제 인식 가능한 단어의 형태를 가져야하므로, 앞서 설명한 바와 같이 특수문자를 기준으로 재토큰화한다. 즉 텍스트뷰 객체의 태그값으로는 「I」, 「say」, 「I'm」, 「a」, 「boy」가 각각 저장된다.

단어 구문 인식기법의 구현

제안한 단어 구분 및 인식 알고리즘은 사용자가 별도의 입력없이 단어를 터치하는 것만으로 해당 단어를 인지할 수 있도록 한다. 그림 1-18과 그림 1-19는 제안한 단어 구분 및 인식 알고리즘 구현을 위한 프로그램의 일부를 보여준다.

```
/* 단어 구문 추출 함수 */
public void Token(LinearLayout parentView, String originalText)
{
  /* 원본문자열 토큰 추출 */
  StringTokenizer Tok =
  new StringTokenizer(originalText, " -");

  parentView.removeAllViews();
  // 토큰의 개수만큼 반복
  while(Tok.hasMoreTokens())
  {
  // 안드로이드 텍스트 객체 동적 생성
  TextView childText =
             new TextView(this);
  String temp = Tok.nextToken();
  // 보이는값으로 토큰 저장
  childText.setText(temp);

  // 토큰에서 특수문자 제외
  StringTokenizer Tok2 =
  new StringTokenizer(temp," ,)(-'\".!:;");
  // 실제 단어 형태를 태그값으로 저장
  childText.setTag(Tok2.nextToken());
  // 터치이벤트 리스너 등록
  childText.setOnClickListener(touch);
  // 텍스트객체를 화면에 추가
   parentView.addView(childText);
   }
}
```

그림 1-18 토큰 추출 및 터치 이벤트 리스너 등록

그림 1-18은 문자열에서 추출한 단어에 터치 이벤트 리스너 등록을 하기 위한 프로그램의 일부이다. StringTokenizer() 메소드를 사용하여 문자열에서 공백 및 특수문자를 기준으로 문자열의 토큰을 추출한다. TextView() 메소드는 텍스트뷰 객체를 생성하고 앞서 추출된 토큰들을 setText() 메소드와 setTag() 메소드로 텍스트값과 태그값으로 저장한다. 터치 이벤트 리스너 등록과 텍스트 객체를 화면에 출력하기 위해서는 setOnClick Listener() 함수와 addView() 함수를 각각 이용하였다.

```
// 단어를 터치했을 때 반응하는 함수
public OnClickListener touch = new OnClickListener() {
  public void onClick(final View v) {
  Cursor Dic;
  String plural = "";
  // 터치한 단어의 태그값을 가져옴
  String word = v.getTag().toString();
  // 터치한 단어의 배경색을 노란색으로 바꿈
  v.setBackgroundColor(0xFFffff00);
try{
  // 사전DB에 터치된 단어 검색
  Dic = DicDB.Dic_SearchWord(word);
  Dic.moveToFirst();
  // 검색결과 출력
  Toast.makeText(getApplicationContext(),
  Dic.getString(1),
  Toast.LENGTH_SHORT).show();
  }catch(Exception e){
  try{
  /* 사전에서 검색되지 않았을 시 에러 처리 */
  plural = word.substring(word.length()-1,word.length());
/* 마지막 캐릭터를 잘라왔을 때 s로 끝난다면
 복수형일 경우 등의 예외처리 */
      if(plural.equals("s"))
      {
        Dic = DicDB.Dic_SearchWord(word.substring(0,word.length()-1));
Dic.moveToFirst();

Toast.makeText(getApplicationContext(), "["+Dic.getString(1)+"]의복수형",
Toast.LENGTH_SHORT).show();
      }
...
    }catch(Exception e1){
Toast.makeText(getApplicationContext(), "검색결과 없음",
Toast.LENGTH_SHORT).show();
    }
  };
      // 일정시간이 지나면
  Handler mHandler = new Handler();
  Handler.postDelayed(new Runnable() {
      public void run() {
      // 배경색을 흰색으로 돌아오게 함
        v.setBackgroundColor(0xFFffffff);
      }
    }, 2000);    // 2초 후에 변환
  }
};
```

그림 1-19 단어 구분 및 인식 알고리즘의 구현 : 터치 이벤트 처리

그림 1-19는 문자열에서 단어를 터치하였을 때 발생하는 이벤트 처리를 위한 프로그램의 일부로, 문자열에서 단어를 터치할 경우 터치된 단어를 사용자에게 시각적으로 알리기 위해 단어의 음영을 노란색으로 2초간 보여준다. 또한 터치된 단어의 사전적 의미를 취득하기 위해 터치된 단어의 태그값을 Dic_SearchWord() 함수의 입력으로 사용하여 사전 데이터베이스에서 해당 단어의 존재여부를 검색한다. 해당 단어가 사전에서 검색될 경우 단어의 사전적 의미를 화면 하단에 나타내고, 검색되지 않을 경우는 선택된 단어가 복수형인 경우의 상황 등을 고려하여 단어 끝에 's' 혹은 'es'를 제거하는 등의 처리를 통해 처리된 단어 내용을 다시 사전 데이터베이스에서 검색한다. 이와 같은 처리를 통해서도 단어가 검색되지 않을 경우 검색결과가 없다는 내용을 화면 하단에 출력하도록 하였다.

5.2 멀티성경 시스템

멀티성경 어플리케이션의 구성

구현한 멀티성경 시스템은 그림 1-20과 같이 사용자의 선택에 따라 성경 구문 검색, 다중 언어 성경, 찬송가 검색 및 듣기 기능을 수행한다. 사용자가 사용할 언어는 다중 선택이 가능하도록 하여 한 화면 내에서 동시에 여러 가지 언어의 성경을 볼 수 있다. 이를 위해 각국의 언어로 구성된 성경 데이터베이스와 찬송가 데이터베이스 및 사전 데이터베이스를 구축하였다.

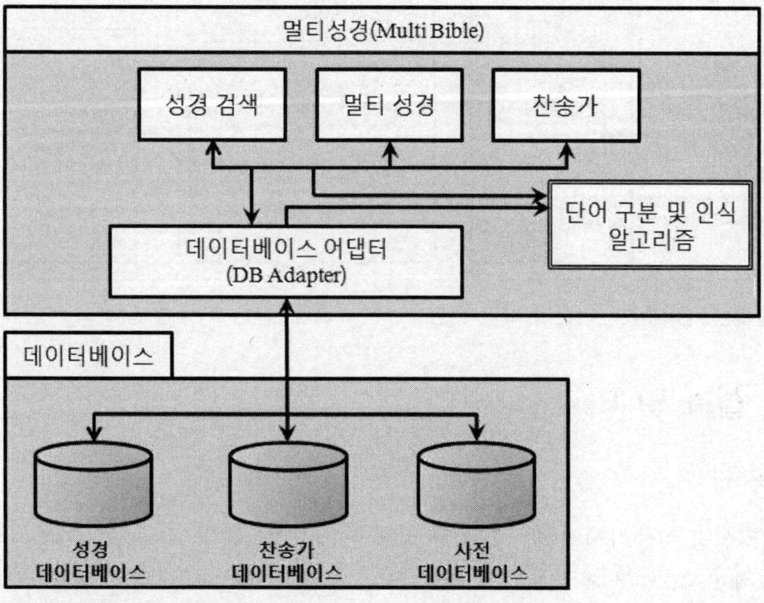

그림 1-20 멀티성경 어플리케이션의 전체 시스템 구성

개발한 멀티성경 어플리케이션의 정보들은 정보의 갱신이 빈번히 일어나지 않으면서 사용자에 의한 내용의 추가나 삭제가 거의 발생하지 않는 정적인 정보라고 할 수 있으나, 어플리케이션 실행을 위해 요구되는 내부 SQLite 데이터베이스를 어플리케이션에 포함한다면 휴대기기에서 하나의 어플리케이션이 차지하는 용량이 과도하게 커지게 된다. 이를 해결하기 위해 어플리케이션과는 별도로 SD(secure digital) 카드에 데이터베이스를 구축하여 사용하였다. 이때 데이터베이스의 원활한 접근을 위해 데이터베이스 어댑터(DB Adapter) 객체가 프로그램이 실행되는 동안 데이터베이스의 연결을 유지하고 접근에 대한 응답을 수행하며, 사용자 요청에 대한 응답은 단어 구분 및 인식 알고리즘을 통해 화면에 출력된다.

멀티성경의 화면 전환

그림 1-21은 멀티성경 어플리케이션의 화면 전환 과정을 보여준다. 화면 전환은 대부분 터치 이벤트 기반으로 이루어지며, 화면 전환 시 매개변수는 간단한 인덱스나 데이터 구별을 위한 문자열 정도이다. 사용자는 하위 메뉴까지 추가적인 데이터의 입력없이 간단한 터치만으로 화면 전환을 할 수 있으며, 하위 메뉴에서는 사용자가 개별적으로 원하는 정보를 입력하거나 선택하여야 한다. 입력이나 선택 정보는 다음 페이지를 구성하는데 필요한 정보로 활용되므로 정해진 입력의 조건에서 벗어나게 되면 다음 페이지로 이동하지 않고 잘못된 입력이라는 문구가 화면에 출력된다.

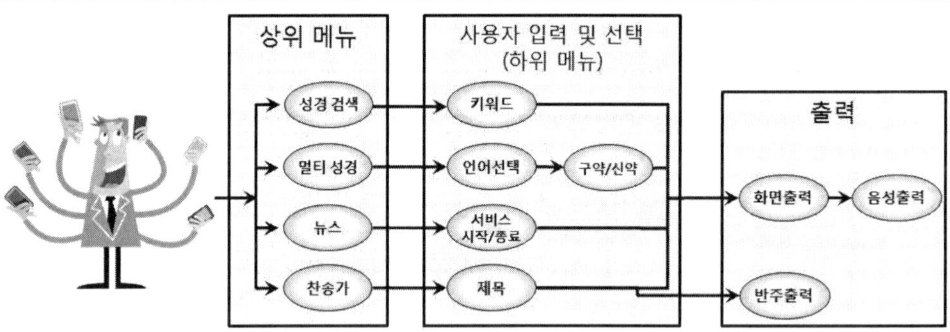

그림 1-21 멀티성경 어플리케이션의 화면 전환

5.3 구현 결과 및 비교

구현 결과

개발된 멀티성경 어플리케이션은 기존의 성경 어플리케이션이 요구하는 기본적인 기능들인 성경 구절 제공, 각 구절을 읽어주는 독음 기능, 원하는 구절을 검색하여 볼 수 있도록 하는 검색 기능을 모두 제공한다. 화면에 나타나는 성경 문구를 읽어주는 독음 기능을 제공하기 위해 안드로이드 SDK에 포함된 TTS(Text to Speech) 엔진을 사용하였다. TTS 엔진은 영

어, 불어, 독일어, 이태리어, 스페인어, 한국어 등의 텍스트를 읽어주는 기능을 지원한다. 이를 이용하여 성경 데이터베이스에 있는 각국의 성경 데이터 중 TTS가 지원하는 언어는 사용자의 선택에 따라 음성으로 출력하는 기능을 제공한다. 이와 더불어 개발한 멀티성경 어플리케이션은 실시간 뉴스 정보를 추가적으로 제공한다.

(a) (b) (c)

그림 1-22 멀티성경 어플리케이션.
(a) 멀티성경 어플리케이션의 메인 화면,
(b) 단어 구분 및 인식 알고리즘의 동작 결과,
(c) 다중 언어 성경 서비스 실행 화면

그림 1-22는 멀티성경 어플리케이션의 실행 결과로, 그림 1-22(a)는 성경 검색, 멀티성경, 찬송가 검색, 뉴스 기능을 제공하는 멀티성경 어플리케이션의 메인 화면을 보여준다. 그림 1-22(b)는 안드로이드 플랫폼에서 동작하는 단어 구분 및 인식 알고리즘의 실행 결과로, 사용자가 단어를 터치하면 해당 단어에 2초간 음영을 넣어 어떤 단어가 선택되었는지를 보여주는 동시에 선택된 단어에 해당하는 사전적 의미가 화면 하단에 나타나는 것을 보여준다. 개발한 멀티성경 어플리케이션은 기존의 성경 어플리케이션과는 달리 여러 언어로 작성된 성경 구절을 한 화면에 나타낼 수 있으며, 그림 1-22(c)는 영어 성경과 한글 성경의 특정 구절을 한 화면에 나타낸 결과를 보여준다.

또한 기존의 성경 어플리케이션의 경우 다양한 언어의 성경을 서비스하더라도 하나의 언어의 성경을 선택하게 되면 해당 언어의 성경만이 화면에 출력되었기 때문에 두 국가의 성경 내용을 비교하면서 볼 수 없다는 단점이 있다. 하지만 멀티성경 어플리케이션은 사용자가 여러 언어의 성경을 다중 선택할 수 있도록 하여 한 화면에서 여러 언어의 성경을 비교해 볼 수 있도록 하여 어플리케이션 사용자에게 더 나은 서비스를 제공할 수 있는 기반을 구축하였다.

시스템 기능 비교

표 1-1 안드로이드 기반 단어 인식 기능과 제안하는 단어 인식 기술의 특징 비교

	안드로이드 인식 기술		제안하는 인식 기술
SDK 버전	2.2 이하	2.3 이상	모든 버전
TextView 단어인식	×	○	○
버전 적용 범위	×	제한적	제한 없음
인식 방법	×	롱 터치 (Long Touch)	탭 (Tap)

안드로이드는 출시된 지 2년 만에 5번에 걸쳐 업데이트 되었으며, 이를 통해 많은 버그가 수정되고, 부족한 기능에 대해 지속적인 개선이 이루어지면서 그 완성도를 높여가고 있다. 이러한 이유로 SDK 버전마다 사용할 수 있는 단어 인식 기능이 조금씩 다르기 때문에 모든 버전에서 적용 될 수 있는 기술이 필요하다. 표 1-1은 기존의 안드로이드 SDK 버전별로 제공되는 단어 인식 기능과 제안하는 단어 인식 기술의 비교를 보여준다.

안드로이드 SDK 2.2 이하의 버전에서는 단어 인식 기술이 제공되지 않아 단어를 일일이 입력해야 하는 불편함이 있다. 이를 개선하기 위해서 SDK 2.3 버전부터 단어 인식 기술이 제공되기 시작하였으나 안드로이드 웹뷰(WebView) 등의 기본적으로 제공되는 일부 어플리케이션에서만 사용이 가능하다. 기업이나 개인 개발자들이 개발한 어플리케이션에 단어 인식 기술을 서비스하기 위해서는 개발자들이 SDK 2.3 버전 이상에서 안드로이드 API에서 제공하는 단어 인식 메소드를 사용하여 어플리케이션을 개발하여야만 한다. SDK 2.2 이하의 버전에서는 안드로이드 API에서 제공하는 단어 인식 기능을 사용할 수 없게 되어 단어 인식 서비스를 제공받을 수 없다.

제안하는 인식 기술에서는 SDK 버전의 제한없이 모든 안드로이드 OS에서 사용 가능하도록 단어 구분 인식 기술을 설계 및 구현하였다. 또한 인식 방법을 가볍게 터치하는 Tap 방식으로 구현하여 SDK 2.3 이상에서 제공되어지는 글자 인식 방법과 중복되지 않도록 하여 사용자에게 두 기능을 모두 사용할 수 있도록 하였다.

5.4 구현 결과

안드로이드 SDK 2.2 이하의 라이브러리에서 지원하지 않던 단어의 터치 인식 기능을 지원하기 위해 하나 혹은 그 이상의 문자열을 단어별로 구분하고 각 단어들이 터치를 인식하도록 하여 화면에 동적으로 배치하는 단어 구분 및 인식 알고리즘을 제안하여 구현하였다. 문자열을 구문별로 분석하여 동적으로 생성되는 문자 객체를 화면에 보이는 텍스트값과 실제 단어

값인 태그값을 구분하여 저장함으로써 사용자에게 화면에 나타나는 문장구조의 변화없이 단어의 터치를 인식하고 실제 단어를 인지할 수 있도록 한 것이다. 통신사에서는 휴대전화의 기종에 따라 플랫폼 버전의 업데이트를 제한한다. 이러한 이유로 사용자의 안드로이드 휴대전화 플랫폼 버전에 따라 사용할 수 있는 기능이 달라진다. 제안한 방법은 사용자들이 휴대전화의 안드로이드 플랫폼 버전에 상관없이 단어 구분 인식 기술을 사용할 수 있도록 하여 다양한 언어의 성경 구절을 보면서 모르는 단어를 간단히 터치하는 것만으로도 해당 단어의 사전적 의미를 확인할 수 있다. 이를 통해 사용자는 단어를 검색하는데 소비되는 시간을 절약할 수 있게 되었다.

향후 제안한 단어 구분 및 인식 알고리즘을 라이브러리화시켜 개발자들이 자신의 어플리케이션에 사용할 수 있다. 또한 텍스트뷰 객체를 동적 생성을 통하여 배치하는 특성을 이용하여 터치를 통해 인식된 단어를 문장 속에서 순서를 재배치하는 등의 기능을 추가할 수 있다.

6 멀티성경의 활용

6.1 멀티성경 실행방법

일반 데스크탑에서 에뮬레이터를 이용하여 사용 시

제공된 소스를 실행하기 위해 메뉴의 File → New → Other에서 Android Project를 클릭한다. 새 창이 뜨면 이때 contents에서 두 번째 메뉴인 Create project from existing source를 선택한 후 소스 폴더가 있는 경로를 지정한다. 그리고 Build Target에서 Android 1.5를 체크하고 Finish를 클릭한다.

메뉴파일에서 Run을 시킨 후 Android Application을 선택하여 에뮬레이터를 구동하면 프로그램이 실행된다.

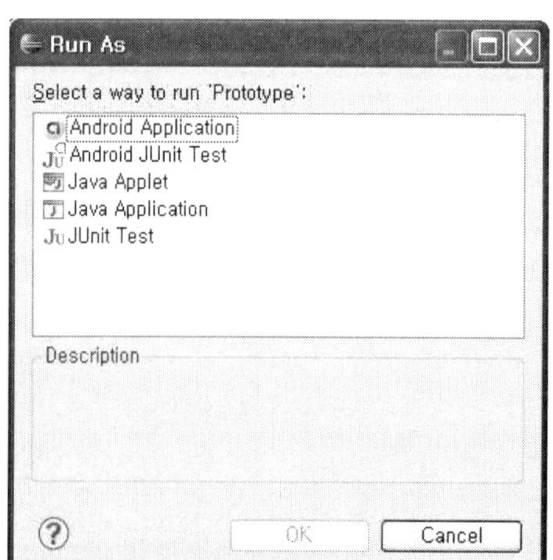

실행

	- 핸드폰의 전원을 켠다. - OS 부팅까지 잠시 기다린다.

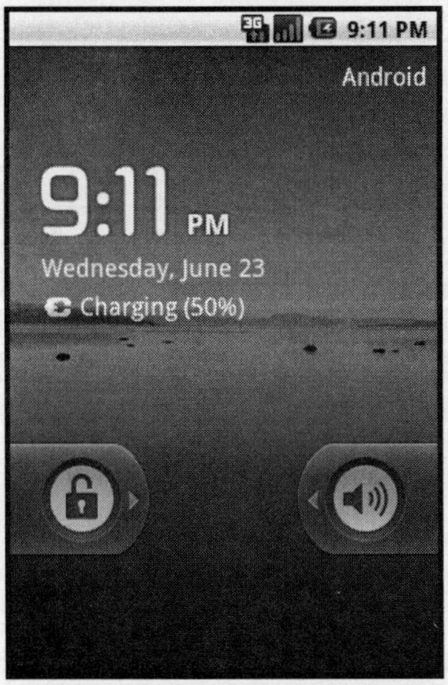	- 부팅이 끝난 후 다음과 같은 초기화면이 보이면 휴대폰 중앙의 MENU 버튼을 길게 눌러 Screen lock을 해제시킨다. - MENU 버튼을 눌러 lock을 해제시키지 않으면 휴대폰의 기능을 사용할 수 없으므로 유의한다.

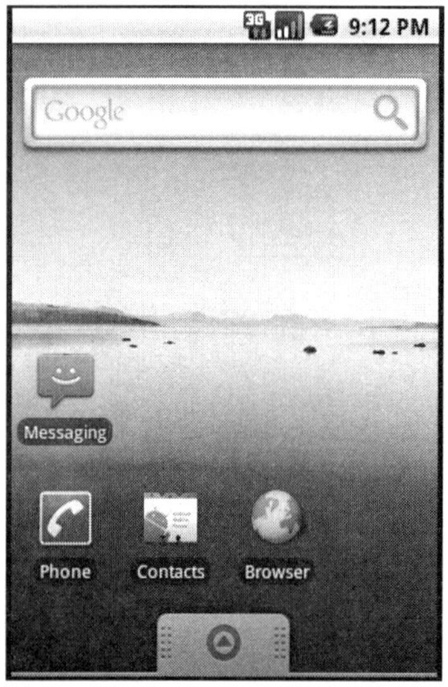

- lock 해제 후 보이는 화면이다.
- 기본적으로 3~4개의 주 아이콘만 배치되어있다. 다운받은 Multi Bible을 실행시키기 위해서 MENU버튼 위의 화살표 모양을 터치한다.

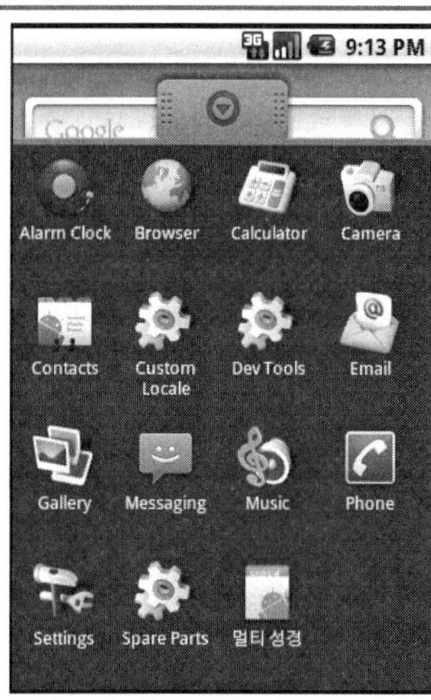

- 화면과 같이 Multi Bible 아이콘을 터치하여 프로그램을 실행한다.

사용 방법

– Logo

– 프로그램 실행 시 로고 화면이다.

– 화면을 터치하거나 확인 버튼을 누를 시 메인메뉴 화면으로 넘어간다.

– 메인화면

– 메인메뉴 화면이다.

① 번 버튼을 누르면 성경 검색 페이지로 넘어 간다.
② 번 다중 언어로 된 성경서비스를 받을 수 있다.
③ 번은 찬송가를 검색해서 찬송가 듣기와 가사 보기가 가능하다.
④ 번은 도움말을 보여준다.

– 추후 새로운 기능의 추가로 메뉴의 내용은 변경될 수 있다.

- 검색 메뉴

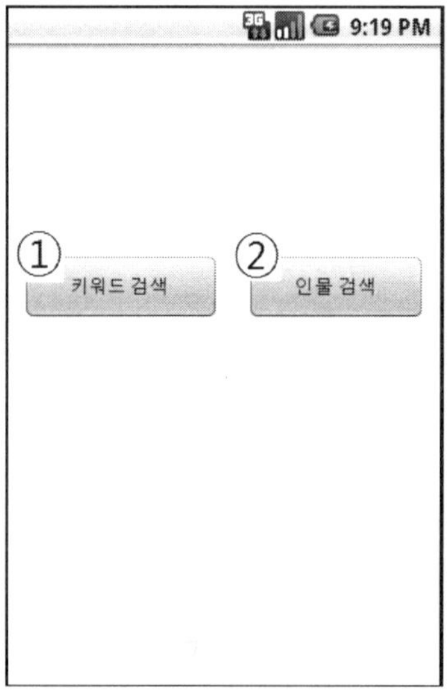

- 성경 검색 버튼을 눌렀을 때 화면이다.

① 키워드로 성경을 검색하여 결과를 출력해준다.
② 인물 이름으로 검색을 진행할 수 있다.

- 원하는 기능을 선택해 버튼을 클릭하면 된다.

- 키워드 검색

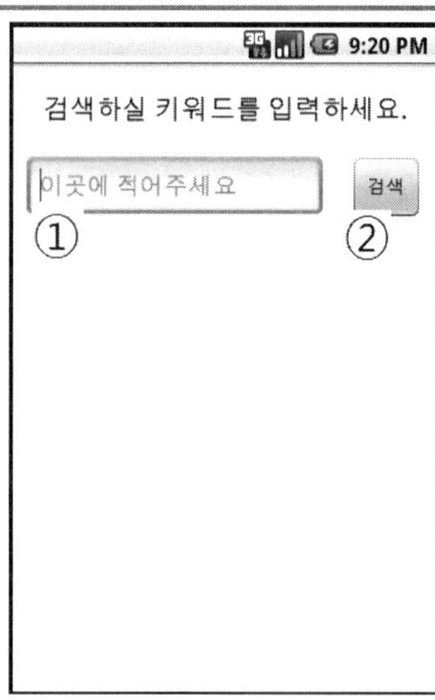

- 키워드 검색 시 Display창에 검색어를 입력할 수 있는 ① (TextBox)와 ② (검색버튼)이 보여진다.

- 검색할 키워드를 입력하고 검색 버튼을 누르면 해당 키워드로 검색을 시작한다.

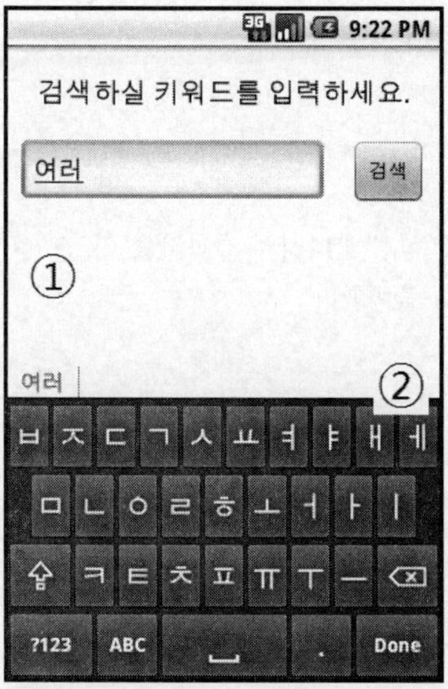

- 여러 (TextBox)에 입력한 키워드에 따라 Database에서 검색한 결과를 화면에 출력한다.

① 결과가 출력될 위치이다.
② 사용자가 입력하는 QWERT 키보드이다.

- 키워드 검색결과

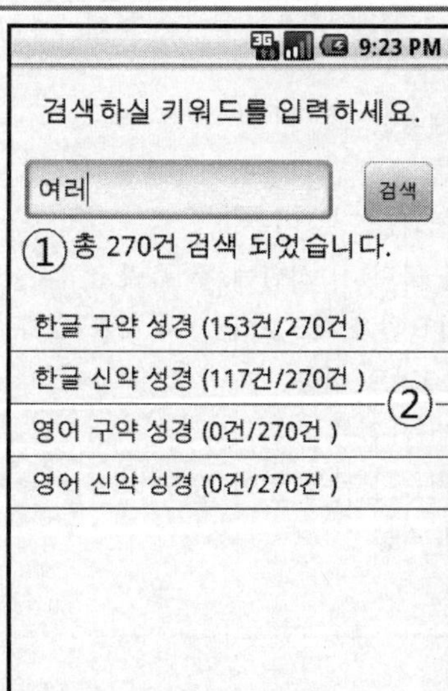

- 여러 (TextBox)에 입력한 키워드에 따라 Database에서 검색한 결과의 수를 화면에 출력한다.

① 총 검색된 결과값의 수
② 각각의 성경에서 검색된 값의 수

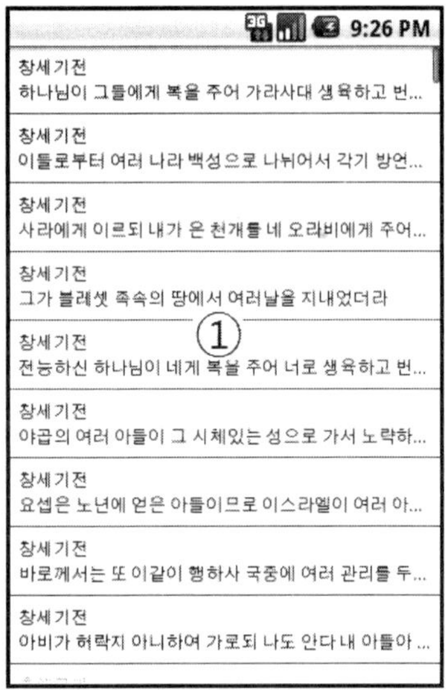

- 선택한 성경에 따라서 결과값을 리스트형 식으로 출력한다.

① 권의 이름과 구절의 첫머리 부분이 같이 출력되는 화면

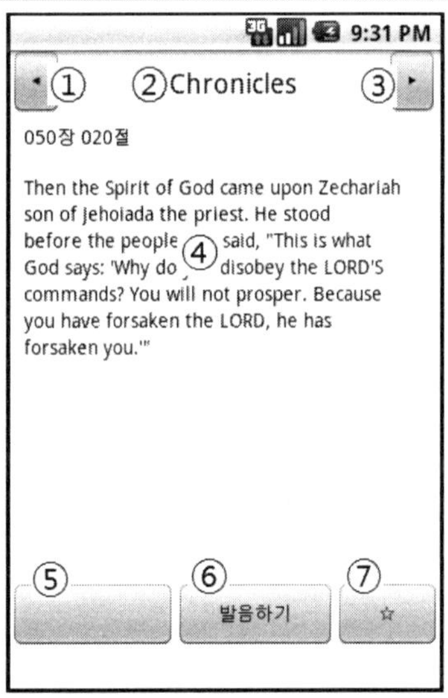

- 선택한 구절에 따라서 결과값 출력

① 이전 결과값으로 이동
② 권 이름 출력
③ 다음 결과값으로 이동
④ 단어를 클릭 시 하단에 뜻 출력
오른쪽이나 왼쪽으로 드래그 시 다음 결과나 이전 결과로 이동
⑤ 아직 기능 없음
⑥ 독음 기능 본문을 읽어 줌
⑦ 북마크 기능

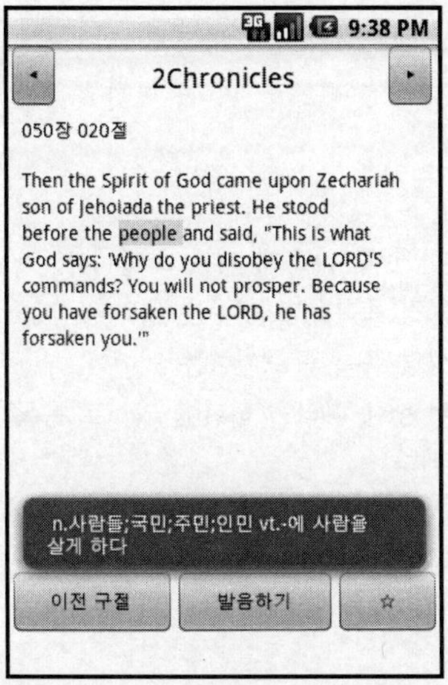

- 선택한 단어를 인식하여 클릭한 단어에 음영을 넣어주고 하단에 그 뜻을 출력
- 2초 뒤에 원상태로 돌아감

- 멀티성경

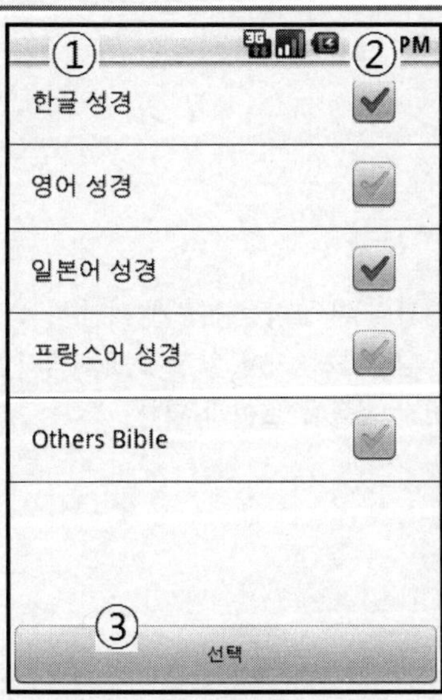

- 멀티성경이란 이름에 맞는 각국의 다양한 언어로 성경을 볼 수 있게 하는 서비스이다.

① 사용할 수 있는 언어가 리스트에 표시된다.
② 언어의 사용 유무를 나타내는 화면이다. 다중 언어 선택이 가능하다.
③ 선택 버튼을 누르면 선택된 언어가 저장되어 다음 화면부터는 선택한 언어로 표시된 성경이 표시된다.

- 구약성경 목차

- 언어 선택 후 나오게 되는 화면이다.
① 구약성경 목록을 보여주는 탭이다.
② 신약성경 목록을 보여주는 탭이다.
③ 선택된 탭에 따라서 하단에 리스트 목록이 출력된다.

- 자신이 보고 싶은 성경의 내용을 클릭할 수 있다.

① 화면 하단의 흰색 바를 누르게 되면 다음 페이지로 넘어가게 되어 앞장에 표시되지 못한 나머지 장들이 보이게 된다.

– 장 선택

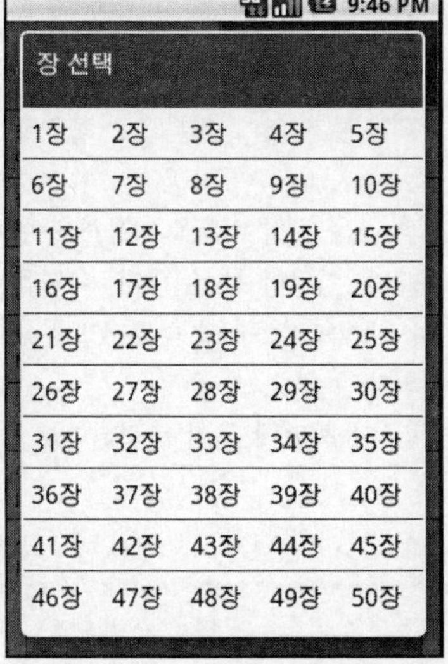

– 창세기전을 클릭한 화면이다. 창세기전은 50장으로 이루어져있어 50장까지의 리스트가 출력되고, 다른 권을 클릭하게 되면 그에 맞는 개수의 장이 리스트로 출력된다. 원하는 장을 클릭하면 해당 성경이 화면에 표시된다.

– 결과 화면

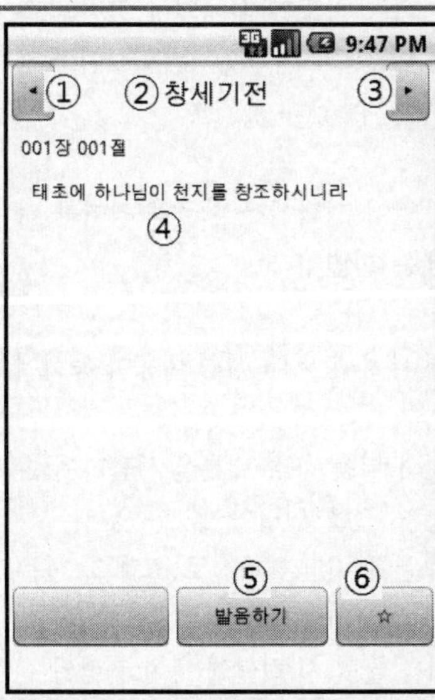

– 위의 언어 선택에서 한글만 체크한 경우

① 이전 구절과 ③ 다음 구절 버튼을 이용해 손쉽게 다음 구절을 볼 수 있다.
화면을 오른쪽이나 왼쪽으로 드래그 하는 것으로도 이동 가능하다.
② 선택한 성경의 제목이 출력된 화면이다.
④ 선택한 장의 1절이 한글로만 출력된 화면이다.
⑤ 독음 기능 본문을 읽어 줌(한글 미지원)
⑥ 북마크 기능

- 언어 선택에서 영어만 체크한 경우

선택한 장의 1절이 영어 원문으로 출력된 화면이다.
이전 구절과 다음 구절 버튼을 사용하여 쉽게 다른 구절을 연달아 볼 수 있다. 화면을 오른쪽이나 왼쪽으로 드래그 하는 것으로도 이동 가능하다.
단어를 클릭 시 하단에 뜻이 출력된다.

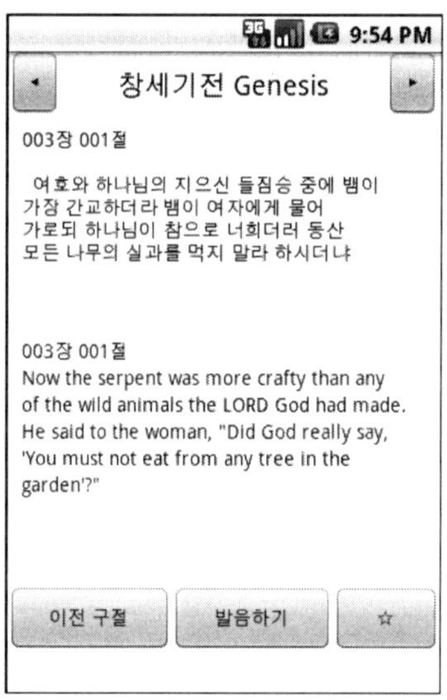

- 멀티성경의 기능 중 최대 장점인 다중언어 성경 서비스이다. 여러 언어를 동시에 서비스하는 기능으로써 현재는 한글과 영어만 서비스 하도록 설계되어 있지만 추가 구현사항으로 더 많은 언어로 된 성경을 구축할 수 있다.

- 현재는 언어 선택에서 한글과 영어를 다중 선택한 화면이다.

한글 성경 내용과 영어 성경 내용이 동시에 보여진다.
이전 구절과 다음 구절 버튼을 사용하여 손쉽게 다른 구절을 연달아 볼 수 있다.
화면을 오른쪽이나 왼쪽으로 드래그 하는 것으로도 이동 가능하다.
영어 단어를 클릭 시 하단에 뜻이 출력된다.

- 찬송가

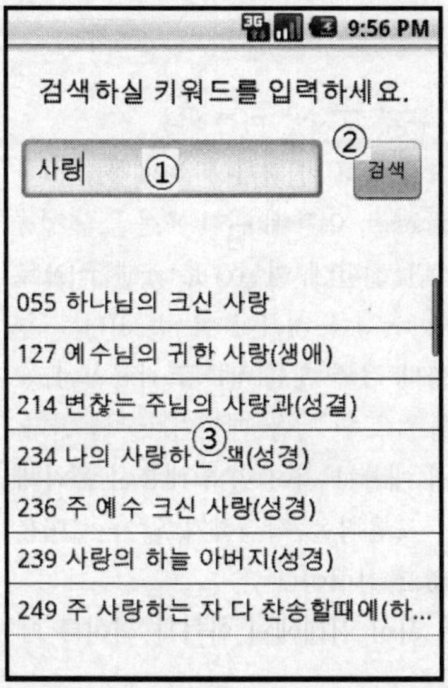

- 찬송가 검색 화면이다.

입력창인 ① 사랑 (TextBox)와 ② 검색 검색버튼으로 구성되어 있고 찬송가 제목으로 검색을 할 수 있다.
③ 검색한 단어가 들어간 찬송가 리스트를 출력한다.

- 검색결과

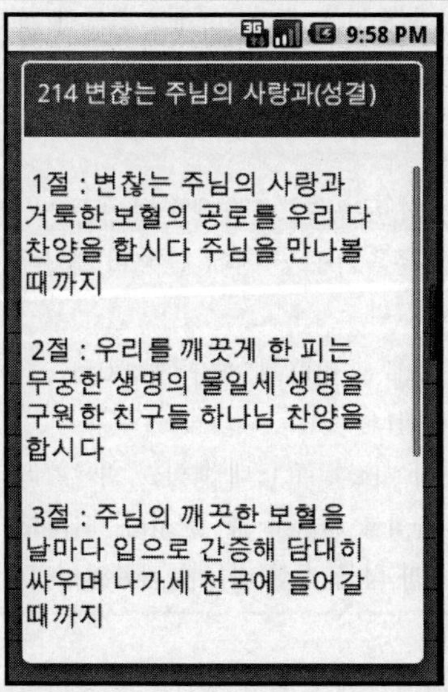

- 리스트 중에서 선택한 노래가 모바일기기 스피커를 통해 반주만 출력된다.
이때 가사 전문은 화면을 통해 출력된다.

- 도움말

<table>
<tr><td>
</td><td>- 메인메뉴의 도움말 버튼이다.

① Application 이용에 관한 도움말을 제공한다. 화면 전환이 아닌 Dialog 형식으로 출력이 된다.
② 버튼을 누르면 창이 닫히고,
③ 버튼을 누르면 다음 페이지로 이동한다.

- 현재는 도움말을 작성하지 않아 보이는 글이 없다.</td></tr>
</table>

<table>
<tr><td>
</td><td>① 도움말의 두 번째 페이지를 보여준다.
② back버튼을 누르면 창이 닫히고 메인메뉴로 돌아간다.</td></tr>
</table>

7 멀티성경 구현 코드

7.1 파일 모듈 구성

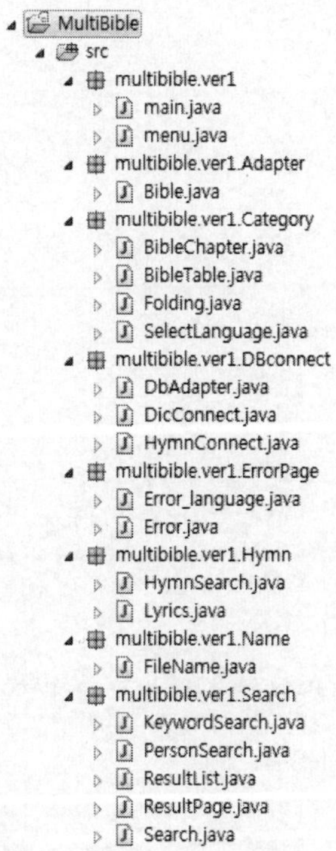

모듈별 파일 구조

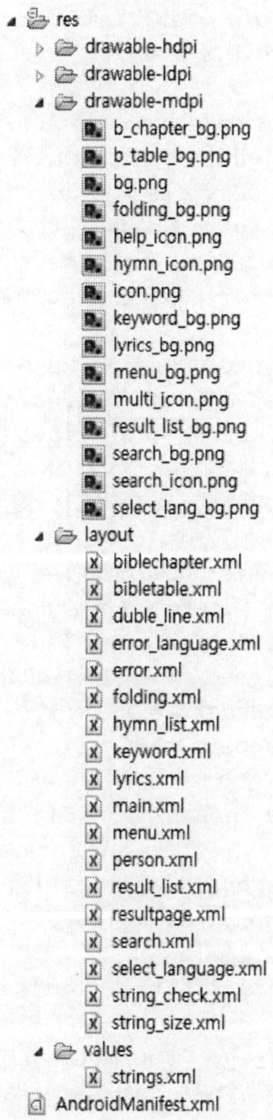

레이아웃과 이미지 파일 구조

main.java

```
package multibible.ver1;

import java.io.File;

import multibible.ver1.DBconnect.DbAdapter;
import multibible.ver1.DBconnect.DicConnect;
import multibible.ver1.DBconnect.HymnConnect;
```

```
import multibible.ver1.ErrorPage.Error;
import android.app.Activity;
import android.content.Intent;
import android.database.sqlite.SQLiteDatabase;
import android.os.Bundle;
import android.os.Environment;
import android.view.View;
import android.view.View.OnClickListener;

public class main extends Activity implements OnClickListener {
    /** Called when the activity is first created. */
    boolean DBexists = true;
    public static DbAdapter DB = null;
    public static HymnConnect HymnDB = null;
    public static DicConnect DicDB = null;
    @Override
    public void onCreate(Bundle savedInstanceState) {
        super.onCreate(savedInstanceState);
        setContentView(R.layout.main);
        View menuButton = this.findViewById(R.id.menu_button);
        menuButton.setOnClickListener(this);
    }
    public void onClick(View v){
        File sdcard = Environment.getExternalStorageDirectory();
        File dbpath = new File(sdcard.getAbsolutePath() + File.separator +
                      "BibleDB");            // 폴더 이름
        if(!dbpath.exists()){                // 폴더가 없을 시에
           dbpath.mkdirs();                  // 폴더를 생성
        }
        File dbpath2 = new File(sdcard.getAbsolutePath() + File.separator +
                       "BibleDB/hymn");      // 폴더 이름
        if(!dbpath2.exists()){               // 폴더가 없을 시에
           dbpath2.mkdirs();                 // 폴더를 생성
        }
        String dbfile = dbpath.getAbsolutePath() + File.separator +"Bible.db";
                      // 파일 이름
        try{  // 데이터베이스 열기를 시도
           SQLiteDatabase.openDatabase(dbfile, null, SQLiteDatabase.OPEN_READWRITE);
        }catch(Exception e){
           DBexists = false;
           startActivity(new Intent(this, Error.class));
        }

        if(DBexists)       // 데이터베이스가 있으면 메뉴 화면으로 전환
        {
           DB = new DbAdapter();            // 성경 DB 연결
           HymnDB = new HymnConnect();      // 찬송가 DB 연결
           DicDB = new DicConnect();        // 사전 DB 연결
           startActivity(new Intent(this, menu.class));
        }
    }
}
```

menu.java

```
package multibible.ver1;           // 제일 첫 메뉴 페이지

import multibible.ver1.Category.SelectLanguage;
import multibible.ver1.Hymn.HymnSearch;
import multibible.ver1.Search.Search;
import android.app.Activity;
import android.content.Intent;
import android.os.Bundle;
import android.view.View;
import android.view.View.OnClickListener;

public class menu extends Activity implements OnClickListener {
    @Override
    public void onCreate(Bundle savedInstanceState) {
        super.onCreate(savedInstanceState);
        setContentView(R.layout.menu);

        View searchButton = this.findViewById(R.id.search_button);
        searchButton.setOnClickListener(this);

        View categoryButton = this.findViewById(R.id.category_button);
        categoryButton.setOnClickListener(this);

        View hymnButton = this.findViewById(R.id.hymn_button);
        hymnButton.setOnClickListener(this);

        View helpButton = this.findViewById(R.id.help_button);
        helpButton.setOnClickListener(this);
    }
    public void onClick(View v){
         switch(v.getId()){
         case R.id.search_button:
         Intent i = new Intent(this, Search.class);
         startActivity(i);
         break;
         case R.id.category_button:
                i = new Intent(this, SelectLanguage.class);
                startActivity(i);
                break;

         case R.id.hymn_button:
                i = new Intent(this, HymnSearch.class);
                startActivity(i);
                break;

         case R.id.help_button:
                i = new Intent(this, Help.class);
                startActivity(i);
                break;
         }
    }
}
```

Bible.java

```
package multibible.ver1.Adapter;

    public class Bible {

        private String ID;
        private String EXPRESSION;

        public Bible(String ID, String EXPRESSION){
            this.ID = ID;
            this.EXPRESSION = EXPRESSION;
        }

        public String getID() {
            return ID;
        }

        public String getEXPRESSION() {
            return EXPRESSION;
        }

    }
```

BibleChapter.java

```
package multibible.ver1.Category; // 장을 선택하는 페이지

import java.util.ArrayList;
import multibible.ver1.R;
import android.app.Activity;
import android.content.Context;
import android.content.Intent;
import android.os.Bundle;
import android.view.LayoutInflater;
import android.view.View;
import android.view.ViewGroup;
import android.widget.AdapterView;
import android.widget.ArrayAdapter;
import android.widget.ListView;
import android.widget.TextView;
import android.widget.AdapterView.OnItemClickListener;

public class BibleChapter extends Activity {

    private ArrayList<String> ch = new ArrayList<String>();
    private ArrayList<String> ch2 = new ArrayList<String>();
    private ArrayList<String> ch3 = new ArrayList<String>();
    private ArrayList<String> ch4 = new ArrayList<String>();
```

```
    private ArrayList<String> ch5 = new ArrayList<String>();

    private int[] bibleChap = {50,40,27,36,34,24,21,4,31,24,22,25,29,36,10,13,10,42,150,
                               31,12,8,66,52,5,48,12,14,3,9,1,4,7,3,3,3,2,14,4,28,16,24,
                               21,28,16,16,13,6,6,4,4,5,3,6,4,3,1,13,5,5,3,5,1,1,1,22,0}
                               ;

    public void onCreate(Bundle savedInstanceState) {
        super.onCreate(savedInstanceState);
        setContentView(R.layout.biblechapter);
        int chapter = 0;
        Intent b = getIntent();
        b.putExtra("ko", b.getStringExtra("ko"));

        int count = b.getIntExtra("letter", chapter); // 뒷값은 default 값
        chapter = bibleChap[count];

        for(int i=1; i<=chapter; i++) // 장수를 리스트로 변환 해주는 부분
        {
            if(i%5==1) ch.add(i+"장");
            else if(i%5==2) ch2.add(i+"장");
            else if(i%5==3) ch3.add(i+"장");
            else if(i%5==4) ch4.add(i+"장");
            else if(i%5==0) ch5.add(i+"장");
        }
        // 장수를 5개의 리스트로 나누어 출력
        ListView chapterlist1 = (ListView) findViewById(R.id.chapter1);
chapterlist1.setAdapter(new SingleLineAdapter(this, R.layout.string_size, ch));
        chapterlist1.setTextFilterEnabled(true);

        ListView chapterlist2 = (ListView) findViewById(R.id.chapter2);
chapterlist2.setAdapter(new SingleLineAdapter(this, R.layout.string_size, ch2));
        chapterlist2.setTextFilterEnabled(true);

        ListView chapterlist3 = (ListView) findViewById(R.id.chapter3);
chapterlist3.setAdapter(new SingleLineAdapter(this, R.layout.string_size, ch3));
        chapterlist3.setTextFilterEnabled(true);

        ListView chapterlist4 = (ListView) findViewById(R.id.chapter4);
chapterlist4.setAdapter(new SingleLineAdapter(this, R.layout.string_size, ch4));
        chapterlist4.setTextFilterEnabled(true);

        ListView chapterlist5 = (ListView) findViewById(R.id.chapter5);
chapterlist5.setAdapter(new SingleLineAdapter(this, R.layout.string_size, ch5));
        chapterlist5.setTextFilterEnabled(true);

        // 각 리스트 클릭시 발생하는 이벤트
        chapterlist1.setOnItemClickListener(new OnItemClickListener() {
// 리스트 클릭에 발생하는 이벤트
public void onItemClick(AdapterView<?> parent, View view, int position, long id)
{
```

```
int[] Li1 ={1,6,11,16,21,26,31,36,41,46,51,56,61,66,71,76,81,86,91,96,101,106,
111,116,121,126,131,136,141,146};
          Intent b = getIntent();
          Intent i= new Intent(BibleChapter.this, Folding.class);
          i.putExtra("letter", b.getIntExtra("letter", 0));
          i.putExtra("chap", Li1[position]+"");
          i.putExtra("ko", b.getBooleanExtra("ko1", false));
          i.putExtra("eng", b.getBooleanExtra("eng1", false));
          i.putExtra("jap", b.getBooleanExtra("jap1", false));
          i.putExtra("fren", b.getBooleanExtra("fren1", false));
          i.putExtra("oth", b.getBooleanExtra("oth1", false));
          startActivity(i); // 액티비티를 시작
       }
       });
       chapterlist2.setOnItemClickListener(new OnItemClickListener() {
 // 리스트 클릭에 발생하는 이벤트

public void onItemClick(AdapterView<?> parent, View view, int position, long id)
{
             int[]  Li2={2,7,12,17,22,27,32,37,42,47,52,57,62,67,72,77,82,87,
92,97,102,107,112,117,122,127,132,137,142,147};
          Intent b = getIntent();
          Intent i= new Intent(BibleChapter.this, Folding.class);
          i.putExtra("letter", b.getIntExtra("letter", 0));
          i.putExtra("chap", Li2[position]+"");
          i.putExtra("ko", b.getBooleanExtra("ko1", false));
          i.putExtra("eng", b.getBooleanExtra("eng1", false));
          i.putExtra("jap", b.getBooleanExtra("jap1", false));
          i.putExtra("fren", b.getBooleanExtra("fren1", false));
          i.putExtra("oth", b.getBooleanExtra("oth1", false));
          startActivity(i); // 액티비티를 시작
       }
       });
       chapterlist3.setOnItemClickListener(new OnItemClickListener() {
// 리스트 클릭에 발생하는 이벤트
public void onItemClick(AdapterView<?> parent, View view, int position, long id)
{
          int[]  Li3={3,8,13,18,23,28,33,38,43,48,53,58,63,68,73,78,83,88,93,
98,103,108,113,118,123,128,133,138,143,148};
          Intent b = getIntent();
          Intent i= new Intent(BibleChapter.this, Folding.class);
          i.putExtra("letter",  b.getIntExtra("letter", 0));
          i.putExtra("chap", Li3[position]+"");
          i.putExtra("ko", b.getBooleanExtra("ko1", false));
          i.putExtra("eng", b.getBooleanExtra("eng1", false));
          i.putExtra("jap", b.getBooleanExtra("jap1", false));
          i.putExtra("fren", b.getBooleanExtra("fren1", false));
          i.putExtra("oth", b.getBooleanExtra("oth1", false));
          startActivity(i); // 액티비티를 시작
          }
```

```
        });
        chapterlist4.setOnItemClickListener(new OnItemClickListener() {
public void onItemClick(AdapterView<?> parent, View view, int position, long id)
{
            int[]  Li4={4,9,14,19,24,29,34,39,44,49,54,59,64,69,74,79,84,89,94,
99,104,109,114,119,124,129,134,139,144,149};
            Intent b = getIntent();
            Intent i= new Intent(BibleChapter.this, Folding.class);
            i.putExtra("letter",  b.getIntExtra("letter", 0));
            i.putExtra("chap", Li4[position]+"");
            i.putExtra("ko", b.getBooleanExtra("ko1", false));
            i.putExtra("eng", b.getBooleanExtra("eng1", false));
            i.putExtra("jap", b.getBooleanExtra("jap1", false));
            i.putExtra("fren", b.getBooleanExtra("fren1", false));
            i.putExtra("oth", b.getBooleanExtra("oth1", false));
            startActivity(i); // 액티비티를 시작
            }
        });
chapterlist5.setOnItemClickListener(new OnItemClickListener() {
public void onItemClick(AdapterView<?> parent, View view, int position, long id)
{
            int[]    Li5={5,10,15,20,25,30,35,40,45,50,55,60,65,70,75,80,85,90,
95,100,105,110,115,120,125,130,135,140,145,150};
            Intent b = getIntent();
            Intent i= new Intent(BibleChapter.this, Folding.class);
            i.putExtra("letter", b.getIntExtra("letter", 0));
            i.putExtra("chap", Li5[position]+"");
            i.putExtra("ko", b.getBooleanExtra("ko1", false));
            i.putExtra("eng", b.getBooleanExtra("eng1", false));
            i.putExtra("jap", b.getBooleanExtra("jap1", false));
            i.putExtra("fren", b.getBooleanExtra("fren1", false));
            i.putExtra("oth", b.getBooleanExtra("oth1", false));
            startActivity(i); // 액티비티를 시작
            }
        });
    }
    private class SingleLineAdapter extends ArrayAdapter<String> {
        // 리스트뷰의 내용을 재정의 한다. 현재는 흰색의 글씨, 작은 사이즈.
        private ArrayList<String> items;

public SingleLineAdapter(Context context, int textViewResourceId, ArrayList<String> ch) {
            super(context, textViewResourceId, ch);
            this.items = ch;
        }

public View getView(int position, View convertView, ViewGroup parent) {
        View v = convertView;
        if (v == null) {
              LayoutInflater  vi  =  (LayoutInflater)getSystemService(Context.LAYOUT_
INFLATER_SERVICE);
```

```
                v = vi.inflate(R.layout.string_size, null);
            }
            if (items.get(position) != null) {
            TextView bt = (TextView) v.findViewById(R.id.bottomtext);
                if (bt != null){
                    bt.setText(""+items.get(position));
// 해당 위치의 텍스트를 가져옴
                }
            }
            return v;
        }
    }
}
```

BibleTable.java

```
package multibible.ver1.Category;         // 신약과 구약으로 나뉘어진 텝 페이지

import java.util.ArrayList;

import multibible.ver1.R;
import multibible.ver1.Adapter.Bible;

import android.app.TabActivity;
import android.content.Context;
import android.content.Intent;
import android.os.Bundle;
import android.widget.ArrayAdapter;
import android.widget.ListView;
import android.widget.TabHost;
import android.widget.TextView;
import android.widget.AdapterView.OnItemClickListener; // 리스트 클릭
import android.widget.AdapterView; // 리스트 클릭
import android.view.LayoutInflater;
import android.view.View;
import android.view.ViewGroup;
import android.view.View.OnClickListener;

public class BibleTable extends TabActivity implements OnClickListener {

    private ArrayList<Bible> oT1 = new ArrayList<Bible>();

    private ArrayList<Bible> oT2 = new ArrayList<Bible>();
    private ArrayList<Bible> oT3 = new ArrayList<Bible>();
    private ArrayList<Bible> oT4 = new ArrayList<Bible>();
    private ArrayList<Bible> oT5 = new ArrayList<Bible>();
    private ArrayList<Bible> oT6 = new ArrayList<Bible>();
```

```
private ArrayList<Bible> nT1 = new ArrayList<Bible>();
private ArrayList<Bible> nT2 = new ArrayList<Bible>();
private ArrayList<Bible> nT3 = new ArrayList<Bible>();
private ArrayList<Bible> nT4 = new ArrayList<Bible>();
View oldButton , newButton;
boolean ko=false, eng=false, jap=false, fren=false, oth=false;
ListView oldlist1, oldlist2, oldlist3, oldlist4, oldlist5, oldlist6,
newlist1, newlist2, newlist3, newlist4, newlist5, newlist6;
int OldPage=1 , NewPage=1;

public void onCreate(Bundle savedInstanceState) {
    super.onCreate(savedInstanceState);
    setContentView(R.layout.bibletable);
    final Intent b = getIntent();

    TabHost mTabHost = getTabHost(); // 탭으로 나누어진 화면 구성

    mTabHost.addTab(mTabHost.newTabSpec("tab1") // 첫번째 탭
          .setIndicator("구약성경 ")
          .setContent(R.id.view1)
    );
    mTabHost.addTab(mTabHost.newTabSpec("tab2") // 두번째 탭
          .setIndicator("신약성경")
          .setContent(R.id.view2)
    );

    oT1.add(new Bible("창세기전","Genesis"));  // 구약 권 이름
    oT1.add(new Bible("출애굽기","Exodus"));
    oT1.add(new Bible("레위기","Leviticus"));
    oT1.add(new Bible("민수기","Numbers"));
    oT1.add(new Bible("신명기","Deuteronomy"));
    oT1.add(new Bible("여호수아","Joshua"));
    oT1.add(new Bible("사사기","Judges"));

    oT2.add(new Bible("룻기","Ruth"));
    oT2.add(new Bible("사무엘상","Samuel-1"));
    oT2.add(new Bible("사무엘하","Samuel-2"));
    oT2.add(new Bible("열왕기상","Kings-1"));
    oT2.add(new Bible("열왕기하","Kings-2"));
    oT2.add(new Bible("역대상","Chronicles-1"));
    oT2.add(new Bible("역대하","Chronicles-2"));

    oT3.add(new Bible("에스라","Ezra"));
    oT3.add(new Bible("느헤미야","Nehemiah"));
    oT3.add(new Bible("에스더","Esther"));
    oT3.add(new Bible("욥기","Job"));
    oT3.add(new Bible("시편","Psalms"));
    oT3.add(new Bible("잠언","Proverbs"));
    oT3.add(new Bible("전도서","Ecclesiastes"));
```

```
oT4.add(new Bible("아가서","Song of Song"));
oT4.add(new Bible("이사야","Isaiah"));
oT4.add(new Bible("예레미야","Jeremiah"));
oT4.add(new Bible("예레미야애가","Lamentations"));
oT4.add(new Bible("에스겔","Ezekiel"));
oT4.add(new Bible("다니엘","Daniel"));
oT4.add(new Bible("호세아","Hosea"));

oT5.add(new Bible("요엘","Joel"));
oT5.add(new Bible("아모스","Amos"));
oT5.add(new Bible("오바댜","Obadiah"));
oT5.add(new Bible("요나","Jonah"));
oT5.add(new Bible("미가","Micah"));
oT5.add(new Bible("나훔","Nahum"));
oT5.add(new Bible("하박국","Habakkuk"));

oT6.add(new Bible("스바냐","Zephaniah"));
oT6.add(new Bible("학개","Haggai"));
oT6.add(new Bible("스가랴","Zechariah"));
oT6.add(new Bible("말라기","Malachi"));

nT1.add(new Bible("마태복음","Matthew"));  // 신약 권 이름
nT1.add(new Bible("마가복음","Mark"));
nT1.add(new Bible("누가복음","Luke"));
nT1.add(new Bible("요한복음","John"));
nT1.add(new Bible("사도행전","Acts"));
nT1.add(new Bible("로마서","Romans"));
nT1.add(new Bible("고린도전서","Corinthians-1"));

nT2.add(new Bible("고린도후서","Corinthians-2"));
nT2.add(new Bible("갈라디아서","Galatians"));
nT2.add(new Bible("에베소서","Ephesians"));
nT2.add(new Bible("빌립보서","Philippians"));
nT2.add(new Bible("골로새서","Golossians"));
nT2.add(new Bible("데살로니가전서","Thessalonians-1"));
nT2.add(new Bible("데살로니가후서","Thessalonians-2"));

nT3.add(new Bible("디모데전서","Timothy-1"));
nT3.add(new Bible("디모데후서","Timothy-2"));
nT3.add(new Bible("디도서","Titus"));
nT3.add(new Bible("빌레몬서","Philemon"));
nT3.add(new Bible("히브리서","Hebrews"));
nT3.add(new Bible("야고보서","James"));
nT3.add(new Bible("베드로전서","Peter-1"));

nT4.add(new Bible("베드로후서","Peter-2"));
nT4.add(new Bible("요한일서","John-1"));
nT4.add(new Bible("요한이서","John-2"));
nT4.add(new Bible("요한삼서","John-3"));
nT4.add(new Bible("유다서","Jude"));
```

```
        nT4.add(new Bible("요한계시록","Revelation"));
        nT4.add(new Bible("",""));

        oldButton = this.findViewById(R.id.old_boutton);
        oldButton.setOnClickListener(this); // 구약 아래 버튼
        newButton = this.findViewById(R.id.new_boutton);
        newButton.setOnClickListener(this); // 신약 아래 버튼

        oldlist1 = (ListView) findViewById(R.id.oldlist1);
        oldlist1.setAdapter(new DoubleLineAdapter(this, R.layout.duble_line, oT1));

        oldlist2 = (ListView) findViewById(R.id.oldlist2);
        oldlist2.setAdapter(new DoubleLineAdapter(this, R.layout.duble_line, oT2));

        oldlist3 = (ListView) findViewById(R.id.oldlist3);
        oldlist3.setAdapter(new DoubleLineAdapter(this, R.layout.duble_line, oT3));

        oldlist4 = (ListView) findViewById(R.id.oldlist4);
        oldlist4.setAdapter(new DoubleLineAdapter(this, R.layout.duble_line, oT4));

        oldlist5 = (ListView) findViewById(R.id.oldlist5);
        oldlist5.setAdapter(new DoubleLineAdapter(this, R.layout.duble_line, oT5));

        oldlist6 = (ListView) findViewById(R.id.oldlist6);
        oldlist6.setAdapter(new DoubleLineAdapter(this, R.layout.duble_line, oT6));

        oldlist4.setVisibility(View.GONE);  // 2페이지의 리스트는 숨겨놓는다
        oldlist5.setVisibility(View.GONE);
        oldlist6.setVisibility(View.GONE);

        newlist1 = (ListView) findViewById(R.id.newlist1);
        newlist1.setAdapter(new DoubleLineAdapter(this, R.layout.duble_line, nT1));

        newlist2 = (ListView) findViewById(R.id.newlist2);
        newlist2.setAdapter(new DoubleLineAdapter(this, R.layout.duble_line, nT2));

        newlist3 = (ListView) findViewById(R.id.newlist3);
        newlist3.setAdapter(new DoubleLineAdapter(this, R.layout.duble_line, nT3));

        newlist4 = (ListView) findViewById(R.id.newlist4);
        newlist4.setAdapter(new DoubleLineAdapter(this, R.layout.duble_line, nT4));

        newlist5 = (ListView) findViewById(R.id.newlist5);
        newlist6 = (ListView) findViewById(R.id.newlist6);

        newlist4.setVisibility(View.GONE); // 2페이지 분량의 리스트는 숨김
        newlist5.setVisibility(View.GONE);
        newlist6.setVisibility(View.GONE);

        oldlist1.setOnItemClickListener(new OnItemClickListener() {
// 리스트 클릭에 발생하는 이벤트
```

```
            public void onItemClick(AdapterView<?> parent, View view, int position,
long id) {

                Intent i= new Intent(BibleTable.this, BibleChapter.class);
                i.putExtra("letter", position);
                i.putExtra("ko1", b.getBooleanExtra("ko", false));
                i.putExtra("eng1", b.getBooleanExtra("eng", false));
                i.putExtra("jap1", b.getBooleanExtra("jap", false));
                i.putExtra("fren1", b.getBooleanExtra("fren", false));
                i.putExtra("oth1", b.getBooleanExtra("oth", false));
                startActivity(i);
            }
        });
        oldlist2.setOnItemClickListener(new OnItemClickListener() {
            public void onItemClick(AdapterView<?> parent, View view, int position,
long id) {
                Intent i= new Intent(BibleTable.this, BibleChapter.class);
                i.putExtra("ko1", b.getBooleanExtra("ko", false));
                i.putExtra("eng1", b.getBooleanExtra("eng", false));
                i.putExtra("jap1", b.getBooleanExtra("jap", false));
                i.putExtra("fren1", b.getBooleanExtra("fren", false));
                i.putExtra("oth1", b.getBooleanExtra("oth", false));
                i.putExtra("letter", position+7);
                startActivity(i);
            }
        });
        oldlist3.setOnItemClickListener(new OnItemClickListener() {
// 리스트 클릭에 발생하는 이벤트
            public void onItemClick(AdapterView<?> parent, View view, int position,
long id) {

                Intent i= new Intent(BibleTable.this, BibleChapter.class);
                i.putExtra("ko1", b.getBooleanExtra("ko", false));
                i.putExtra("eng1", b.getBooleanExtra("eng", false));
                i.putExtra("jap1", b.getBooleanExtra("jap", false));
                i.putExtra("fren1", b.getBooleanExtra("fren", false));
                i.putExtra("oth1", b.getBooleanExtra("oth", false));
                i.putExtra("letter", position+14);
                startActivity(i);
            }
        });
        oldlist4.setOnItemClickListener(new OnItemClickListener() {
// 리스트 클릭에 발생하는 이벤트
            public void onItemClick(AdapterView<?> parent, View view, int position,
long id) {

                Intent i= new Intent(BibleTable.this, BibleChapter.class);
                i.putExtra("ko1", b.getBooleanExtra("ko", false));
                i.putExtra("eng1", b.getBooleanExtra("eng", false));
                i.putExtra("jap1", b.getBooleanExtra("jap", false));
```

```
                i.putExtra("fren1", b.getBooleanExtra("fren", false));
                i.putExtra("oth1", b.getBooleanExtra("oth", false));
                i.putExtra("letter", position+21);
                startActivity(i);
            }
        });
        oldlist5.setOnItemClickListener(new OnItemClickListener() {
// 리스트 클릭에 발생하는 이벤트
            public void onItemClick(AdapterView<?> parent, View view, int position,
long id) {

                Intent i= new Intent(BibleTable.this, BibleChapter.class);
                i.putExtra("ko1", b.getBooleanExtra("ko", false));
                i.putExtra("eng1", b.getBooleanExtra("eng", false));
                i.putExtra("jap1", b.getBooleanExtra("jap", false));
                i.putExtra("fren1", b.getBooleanExtra("fren", false));
                i.putExtra("oth1", b.getBooleanExtra("oth", false));
                i.putExtra("letter", position+28);
                startActivity(i);
            }
        });
        oldlist6.setOnItemClickListener(new OnItemClickListener() {
// 리스트 클릭에 발생하는 이벤트
            public void onItemClick(AdapterView<?> parent, View view, int position,
long id) {

                Intent i= new Intent(BibleTable.this, BibleChapter.class);
                i.putExtra("ko1", b.getBooleanExtra("ko", false));
                i.putExtra("eng1", b.getBooleanExtra("eng", false));
                i.putExtra("jap1", b.getBooleanExtra("jap", false));
                i.putExtra("fren1", b.getBooleanExtra("fren", false));
                i.putExtra("oth1", b.getBooleanExtra("oth", false));
                i.putExtra("letter", position+35);
                startActivity(i);
            }
        });

        newlist1.setOnItemClickListener(new OnItemClickListener() {
            public void onItemClick(AdapterView<?> parent, View view, int position,
long id) {

                Intent i= new Intent(BibleTable.this, BibleChapter.class);
                i.putExtra("ko1", b.getBooleanExtra("ko", false));
                i.putExtra("eng1", b.getBooleanExtra("eng", false));
                i.putExtra("jap1", b.getBooleanExtra("jap", false));
                i.putExtra("fren1", b.getBooleanExtra("fren", false));
                i.putExtra("oth1", b.getBooleanExtra("oth", false));
                i.putExtra("letter", position+39);
                startActivity(i);
            }
```

```
        });
        newlist2.setOnItemClickListener(new OnItemClickListener() {
            public void onItemClick(AdapterView<?> parent, View view, int position, 
long id) {

                Intent i= new Intent(BibleTable.this, BibleChapter.class);
                i.putExtra("ko1", b.getBooleanExtra("ko", false));
                i.putExtra("eng1", b.getBooleanExtra("eng", false));
                i.putExtra("jap1", b.getBooleanExtra("jap", false));
                i.putExtra("fren1", b.getBooleanExtra("fren", false));
                i.putExtra("oth1", b.getBooleanExtra("oth", false));
                i.putExtra("letter", position+46);
                startActivity(i);
            }
        });
        newlist3.setOnItemClickListener(new OnItemClickListener() {
            public void onItemClick(AdapterView<?> parent, View view, int position, 
long id) {

                Intent i= new Intent(BibleTable.this, BibleChapter.class);
                i.putExtra("ko1", b.getBooleanExtra("ko", false));
                i.putExtra("eng1", b.getBooleanExtra("eng", false));
                i.putExtra("jap1", b.getBooleanExtra("jap", false));
                i.putExtra("fren1", b.getBooleanExtra("fren", false));
                i.putExtra("oth1", b.getBooleanExtra("oth", false));
                i.putExtra("letter", position+53);
                startActivity(i);
            }
        });
        newlist4.setOnItemClickListener(new OnItemClickListener() {
            public void onItemClick(AdapterView<?> parent, View view, int position, 
long id) {
                if(position!=6)      // 마지막은 값이 없기 때문에
                {
                Intent i= new Intent(BibleTable.this, BibleChapter.class);
                i.putExtra("ko1", b.getBooleanExtra("ko", false));
                i.putExtra("eng1", b.getBooleanExtra("eng", false));
                i.putExtra("jap1", b.getBooleanExtra("jap", false));
                i.putExtra("fren1", b.getBooleanExtra("fren", false));
                i.putExtra("oth1", b.getBooleanExtra("oth", false));
                i.putExtra("letter", position+60);
                startActivity(i);
                }
            }
        });
    }

    private class DoubleLineAdapter extends ArrayAdapter<Bible> {
        // 리스트뷰의 내용을 재정의 한다. 현재는 흰색의 글씨, 작은 사이즈.
        private ArrayList<Bible> items;
```

```
        public DoubleLineAdapter(Context context, int textViewResourceId, ArrayList
<Bible> items) {
            super(context, textViewResourceId, items);
            this.items = items;
        }

        public View getView(int position, View convertView, ViewGroup parent) {
            View v = convertView;
            if (v == null) {
                LayoutInflater vi = (LayoutInflater)getSystemService(Context.
LAYOUT_INFLATER_SERVICE);
                v = vi.inflate(R.layout.duble_line, null);
            }
            Bible bible = (Bible) items.get(position);
            if (bible != null) {
                TextView tt = (TextView) v.findViewById(R.id.toptext);
                TextView bt = (TextView) v.findViewById(R.id.bottomtext);

                if (tt != null){
                    tt.setText(""+ bible.getID());
                }
                if (bt != null){
                    bt.setText(""+bible.getEXPRESSION());
                }
            }
            return v;
        }
    }
    public void onClick(View v){
        switch(v.getId()){
        case R.id.old_boutton:
        {
            if(OldPage == 1)
            {
                oldlist1.setVisibility(View.GONE);
                oldlist2.setVisibility(View.GONE);
                oldlist3.setVisibility(View.GONE);

                oldlist4.setVisibility(View.VISIBLE);
                oldlist5.setVisibility(View.VISIBLE);
                oldlist6.setVisibility(View.VISIBLE);

                OldPage = 2;
            }
            else
            {
                oldlist1.setVisibility(View.VISIBLE);
                oldlist2.setVisibility(View.VISIBLE);
                oldlist3.setVisibility(View.VISIBLE);
```

```
                oldlist4.setVisibility(View.GONE);
                oldlist5.setVisibility(View.GONE);
                oldlist6.setVisibility(View.GONE);
                OldPage = 1;
            }
        }
        break;

        case R.id.new_boutton:
        {
            if(NewPage == 1)
            {
                newlist1.setVisibility(View.GONE);
                newlist2.setVisibility(View.GONE);
                newlist3.setVisibility(View.GONE);
                newlist4.setVisibility(View.VISIBLE);
                newlist5.setVisibility(View.VISIBLE);
                newlist6.setVisibility(View.VISIBLE);

                NewPage = 2;
            }
            else
            {
                newlist1.setVisibility(View.VISIBLE);
                newlist2.setVisibility(View.VISIBLE);
                newlist3.setVisibility(View.VISIBLE);
                newlist4.setVisibility(View.GONE);
                newlist5.setVisibility(View.GONE);
                newlist6.setVisibility(View.GONE);

                NewPage = 1;
            }
        }
        break;
        }
    }
}
```

Folding.java

```
package multibible.ver1.Category;          // 절을 보여주는 페이지

import java.util.ArrayList;
import java.util.Locale;
import java.util.StringTokenizer;
import multibible.ver1.R;
import multibible.ver1.main;
import multibible.ver1.Name.FileName;
```

```
import android.app.Activity;
import android.os.Bundle;
import android.os.Handler;
import android.speech.tts.TextToSpeech;
import android.view.MotionEvent;
import android.view.View;
import android.view.View.OnClickListener;
import android.widget.LinearLayout;
import android.widget.ScrollView;
import android.widget.TextView;
import android.widget.Toast;
import android.content.Intent;
import android.database.Cursor;

public class Folding extends Activity implements TextToSpeech.OnInitListener,
View.OnTouchListener, OnClickListener
{
    private String[] Ko_Titled= new FileName().getKo_Titled();
    private String[] Eng_Titled=new FileName().getEng_Titled();
    String B_book, chapter, book;
    Cursor Ko_Bible, Eng_Bible;
    TextView Korean, English;
    ScrollView KoreanSV , englishSV;
    TextToSpeech Eng_tts, Ko_tts;
    Intent k;
    int letter_check=0;
    LinearLayout line1,line2,line3,line4,line5,line6,line7,line8;

    // 터치 이벤트 발생 지점의 x 좌표 저장
    float xAtDown, xAtUp, yAtDown, yAtUp;

    public void onCreate(Bundle savedInstanceState) {
        super.onCreate(savedInstanceState);
        setContentView(R.layout.folding); // 현재 Activity 가 담길 XML 파일

        View Page = this.findViewById(R.id.page);
        Page.setOnTouchListener(this);

        View backFolding = this.findViewById(R.id.back_folding);
// 뒷 절 가기 버튼 정의
        backFolding.setOnClickListener(this);
        View nextFolding = this.findViewById(R.id.next_folding);
// 다음 절 가기 버튼 정의
        nextFolding.setOnClickListener(this);
        View pronounce = this.findViewById(R.id.pronounce);
// 발음하기 버튼 정의
        pronounce.setOnClickListener(this);
        TextView Title = (TextView)findViewById(R.id.title);
// 제목을 기록할 텍스트뷰
```

```
        English = (TextView)findViewById(R.id.English);
// 영어 성경 구절 번호가 들어갈 텍스트
        Korean = (TextView)findViewById(R.id.korean);
// 한국어 성경이 들어갈 텍스트
        Eng_tts = new TextToSpeech(this, this);     // 읽어주는 기능 생성
        Ko_tts = new TextToSpeech(this, this);
        KoreanSV = (ScrollView)findViewById(R.id.koreanSV);
// 한국어 성경이 들어가는 스크롤 뷰
        englishSV = (ScrollView)findViewById(R.id.englishSV);
// 영어 성경이 들어가는 스크롤 뷰
        k = getIntent(); // 전 페이지에서 보낸 Intent 객체를 받아옴
        int count = k.getIntExtra("letter", letter_check);
// 이 부분에서 어떤 권을 선택했는지 구분
        int books = count +1;
        B_book=""+books;
        chapter = k.getStringExtra("chap");
        if(B_book.length() == 1)
           B_book = "0"+books;
        if(chapter.length()== 1)  // 권의 수가 1자리 이면 00을 붙임
           chapter = "00"+chapter;
        if(chapter.length() == 2) // 권의 수가 3자리까지 있기때문에
           chapter = "0"+chapter;
// 2자리로 되있는 권은 앞에 0을 붙여준다
        book = B_book + "/" + chapter+":";
        Korean.setText(book);
        if(k.getBooleanExtra("ko", false))// 한국어가 선택이 되었다면
        {
           KoreanSV.setVisibility(View.VISIBLE);
           Title.setText(Ko_Titled[count]+ " "); // 권의 이름 표시

           if(books<39)
              Ko_Bible = main.DB.Ko_Old_Book(book);
           else
              Ko_Bible = main.DB.Ko_New_Book(book);
           Ko_Bible.moveToFirst();

           Korean.setText(chapter+"장 "
                 +
Ko_Bible.getString(0).toString().substring(Ko_Bible.getString(0).toString().i
ndexOf(":")+1) +"절"
                 + "\n\n  "+Ko_Bible.getString(1).toString());
        }
        else
        {
           KoreanSV.setVisibility(View.GONE);
        }
        if(k.getBooleanExtra("eng",true))
        {
           Title.setText(Title.getText()+Eng_Titled[count]);
// 권의 이름 표시
```

```
            if(books<39)
                Eng_Bible = main.DB.Eng_Old_Book(book);
            else
                Eng_Bible = main.DB.Eng_New_Book(book);

            Eng_Bible.moveToFirst();

            line1 = (LinearLayout) findViewById(R.id.line1);
            line2 = (LinearLayout) findViewById(R.id.line2);
            line3 = (LinearLayout) findViewById(R.id.line3);
            line4 = (LinearLayout) findViewById(R.id.line4);
            line5 = (LinearLayout) findViewById(R.id.line5);
            line6 = (LinearLayout) findViewById(R.id.line6);
            line7 = (LinearLayout) findViewById(R.id.line7);
            line8 = (LinearLayout) findViewById(R.id.line8);
            English.setText(chapter+"장 " + Eng_Bible.getString(0).toString().substring
(Eng_Bible.getString(0).toString().indexOf(":")+1) +"절");
            Token();

        }
    }
    public OnClickListener btnClicked = new OnClickListener() {
// 단어를 클릭했을때 반응 하는 함수
        public void onClick(final View v) {
            Cursor Dic;
            String word = "", plural = "";
            String ID = v.getTag().toString();        // 클릭한 단어를 가져옴
            v.setBackgroundColor(0xFFffff00);
// 클릭한 단어의 배경색을 노란색으로 바꿈
            try{
                StringTokenizer Tok = new StringTokenizer(ID," ,)(-'\".!:;");
                word = Tok.nextToken();
                Dic = main.DicDB.Dic_SearchWord(word);
                Dic.moveToFirst();
                Toast.makeText(getApplicationContext(), Dic.getString(1), Toast.LENGTH_
SHORT).show();
            }catch(Exception e){
                try{
                    plural = word.substring(word.length()-1,word.length());
// 마지막 캐릭터를 잘라옴 일때
                    if(plural.equals("s"))
// 사전에서 검색되지 않고 복수형일 경우
                    {
                            Dic  =  main.DicDB.Dic_SearchWord(word.substring(0,word.
length()-1));
                            Dic.moveToFirst();
                            Toast.makeText(getApplicationContext(),  "["+Dic.getString
(1)+"]의 복수형", Toast.LENGTH_SHORT).show();
                    }
```

```
                }catch(Exception e1){
                    Toast.makeText(getApplicationContext(), plural, Toast.LENGTH_
SHORT).show();
                }
            };
            Handler mHandler = new Handler();
 // 일정 시간이 지나면 반응
            mHandler.postDelayed(new Runnable() {
             public void run() {
                v.setBackgroundColor(0xFFffffff);
// 배경색을 흰색으로 돌아오게함
             }
            }, 2000);      //2 초 후에 변환
        }
    };

    public boolean onTouch(View v, MotionEvent event) {
// 화면의 드래그를 처리 해주는 함수

        if(event.getAction() == MotionEvent.ACTION_DOWN) {
            xAtDown = event.getX(); // 터치 시작지점 x 좌표 저장
            yAtDown = event.getY(); // 터치 시작지점 y 좌표 저장
        }
        else if(event.getAction() == MotionEvent.ACTION_UP){
            xAtUp = event.getX();   // 터치 끝난지점 x 좌표 저장
            yAtUp = event.getY();   // 터치 끝난지점 y 좌표 저장

            if( xAtUp < xAtDown && xAtDown - xAtUp > 80 && yAtDown - yAtUp < 60 &&
yAtUp -yAtDown < 60) {
// 왼쪽 방향 에니메이션 지정
                NextPage();
            }
            else if (xAtUp > xAtDown && xAtUp - xAtDown > 80 && yAtDown - yAtUp < 60
&& yAtUp -yAtDown < 60){
// 오른쪽 방향 에니메이션 지정
                BackPage();
            }
        }
        return true;
    }

    public void onClick(View v){  // 각 버튼의 클릭 이벤트를 처리
        switch(v.getId()){
        case R.id.back_folding:
            BackPage();
            break;

        case R.id.next_folding:
            NextPage();
            break;
```

```
        case R.id.pronounce:

            /* 아직 한글은 안되는 듯..
            Ko_tts.setLanguage(Locale.KOREAN);
            Ko_tts.speak(Ko_Bible.getString(1).toString(),
TextToSpeech.QUEUE_FLUSH, null);
             */
            if(k.getBooleanExtra("eng",true))
            {
                Eng_tts.setLanguage(Locale.ENGLISH);
                Eng_tts.speak(Eng_Bible.getString(1).toString(),
TextToSpeech.QUEUE_FLUSH, null);
            }
            break;
        }
    }

    private void Token() // 문장을 잘라서 화면에 단어별로 출력
    {
        ArrayList<String> word = new ArrayList<String>();
        StringTokenizer  Tok  =  new  StringTokenizer(Eng_Bible.getString(1).
toString()," -");
        int LineCount=0, StringSum=0;
        line1.removeAllViews();
        line2.removeAllViews();
        line3.removeAllViews();
        line4.removeAllViews();
        line5.removeAllViews();
        line6.removeAllViews();
        line7.removeAllViews();
        line8.removeAllViews();

        while(Tok.hasMoreTokens())
        {
            word.add(Tok.nextToken()+" ");
        }
        TextView[] btnWord = new TextView[word.size()];
        for (int i = 0; i < word.size(); i++) {
            btnWord[i] = new TextView(this);
            btnWord[i].setTag(word.get(i).toString());
            btnWord[i].setText(word.get(i).toString());
            btnWord[i].setTextColor(0xFF000000);
            btnWord[i].setOnClickListener(btnClicked);
            StringSum = StringSum + word.get(i).length();
// 한줄의 문자열 개수 체크
            if(StringSum > 43)
            {
                StringSum = word.get(i).length();
                LineCount = LineCount + 1;
// 한줄 문자열이 다 차면 다음 줄로 넘김
```

```
        }
        switch(LineCount)
        {
        case 0:
           line1.addView(btnWord[i]);
           break;
        case 1:
           line2.addView(btnWord[i]);
           break;
        case 2:
           line3.addView(btnWord[i]);
           break;
        case 3:
           line4.addView(btnWord[i]);
           break;
        case 4:
           line5.addView(btnWord[i]);
           break;
        case 5:
           line6.addView(btnWord[i]);
           break;
        case 6:
           line7.addView(btnWord[i]);
           break;
        case 7:
           line8.addView(btnWord[i]);
           break;
        }

     }
  }
  private void BackPage()        // 이전 구절을 보여주는 함수
  {
     if(k.getBooleanExtra("ko", false))// 한국어가 선택이 되었다면
     {
        if(Ko_Bible.isFirst());
        else
        {  Korean.onTextContextMenuItem(1);
        Ko_Bible.moveToPrevious();
        Korean.setText(chapter+"장 "
              +
Ko_Bible.getString(0).toString().substring(Ko_Bible.getString(0).toString().i
ndexOf(":")+1) +"절"
              + "\n\n  "+Ko_Bible.getString(1).toString());
        }
     }
     if(k.getBooleanExtra("eng",true))
     {
        if(Eng_Bible.isFirst());
        else
```

```
            {
                Eng_Bible.moveToPrevious();
                English.setText(chapter+"장   "   +   Eng_Bible.getString(0).toString().
substring(Eng_Bible.getString(0).toString().indexOf(":")+1) +"절");
                Token();
            }
        }
    }
    private void NextPage()        // 다음 구절을 보여주는 함수
    {
        if(k.getBooleanExtra("ko", false))// 한국어가 선택이 되었다면
        {
            if(Ko_Bible.isLast());
            else
            {
                Ko_Bible.moveToNext();
                Korean.setText(chapter+"장 "
                            +
Ko_Bible.getString(0).toString().substring(Ko_Bible.getString(0).toString().i
ndexOf(":")+1) +"절"
                            + "\n\n  "+Ko_Bible.getString(1).toString());
            }
        }
        if(k.getBooleanExtra("eng",true))
        {
            if(Eng_Bible.isLast());
            else
            {
                Eng_Bible.moveToNext();
                English.setText(chapter+"장   "   +   Eng_Bible.getString(0).toString().
substring(Eng_Bible.getString(0).toString().indexOf(":")+1) +"절");
                Token();
            }
        }
    }
    public void onInit(int staus){
        if(staus == TextToSpeech.SUCCESS)
        {
            Eng_tts.setLanguage(Locale.ENGLISH);
            Ko_tts.setLanguage(Locale.KOREAN);
        }
    }
    @Override
    public void onDestroy()
    {
        if(Eng_tts != null)
        {
            Eng_tts.stop();
            Eng_tts.shutdown();
        }
```

```
        if(Ko_tts != null)
        {
            Ko_tts.stop();
            Ko_tts.shutdown();
        }
        super.onDestroy();
    }
}
```

SelectLanguage.java

```
package multibible.ver1.Category; // 언어 선택 페이지

import java.util.ArrayList;

import multibible.ver1.R;
import multibible.ver1.ErrorPage.Error_language;
import android.app.Activity;
import android.content.Context;
import android.content.Intent;
import android.os.Bundle;
import android.widget.AdapterView;
import android.widget.ArrayAdapter;
import android.widget.CheckBox;
import android.widget.ListView;
import android.widget.TextView;
import android.widget.AdapterView.OnItemClickListener;
import android.view.LayoutInflater;
import android.view.View;
import android.view.ViewGroup;
import android.view.View.OnClickListener;

public class SelectLanguage extends Activity implements OnClickListener {
    private ArrayList<String> mStrings = new ArrayList<String>();
    private boolean ko=false, eng=false, jap=false, fren=false, oth=false;
    ListView list;
    public void onCreate(Bundle savedInstanceState) {
        super.onCreate(savedInstanceState);
        setContentView(R.layout.select_language);
        mStrings.add("한글 성경");
        mStrings.add("영어 성경");
        mStrings.add("일본어 성경");
        mStrings.add("프랑스어 성경");
        mStrings.add("Others Bible");
        list = (ListView) findViewById(android.R.id.list);
        list.setAdapter(new SingleLineAdapter(this, R.layout.string_check, mStrings));
        list.setTextFilterEnabled(true);
        list.setOnItemClickListener(new OnItemClickListener() {
```

```
        @Override
        public void onItemClick(AdapterView<?> parent, View view, int position,
long id) {
            // TODO Auto-generated method stub
            CheckBox cb = (CheckBox) view.findViewById(R.id.CheckBox);
            if(cb.isChecked())
            {
                cb.setChecked(false);
                switch(position)
                {
                case 0:                 // 한글을 체크 했으면
                    ko = false;
// 다시 체크를 해제 할 시를 위한 false 값 재등록
                    break;
                case 1:     // 영어
                    eng = false;
                    break;
                case 2:     // 일본어
                    jap = false;
                    break;
                case 3:     // 프랑스어
                    fren = false;
                    break;
                case 4:     // Others Bible
                    oth = false;
                    break;
                }
            }
            else
            {
                cb.setChecked(true);
                switch(position)
                {
                case 0:                 // 한글을 체크 했으면
                    ko = true;          // true로 등록
                    break;
                case 1:     // 영어
                    eng = true;
                    break;
                case 2:     // 일본어
                    jap = true;
                    break;
                case 3:     // 프랑스어
                    fren = true;
                    break;
                case 4:     // Others Bible
                    oth = true;
                    break;
                }
            }
```

```
        }
        });
       View choiceButton = this.findViewById(R.id.choice_language);
// 버튼 생성
       choiceButton.setOnClickListener(this);
// 버튼에 리스너 등록
    }
    public void onClick(View v){   // 체크 확인 테스트
        switch(v.getId()){
    case R.id.choice_language:

        if(!ko && !eng && !jap && !fren&& !oth)
// 모두 false 값을 가지게 되면
        {
            Intent err= new Intent(SelectLanguage.this, Error_language.class);
               startActivity(err);
               // 적어도 하나의 언어는 선택하라는 메세지 페이지 출력
        }
        else
        {
        Intent in= new Intent(SelectLanguage.this, BibleTable.class);
        in.putExtra("ko", ko);
// 각 언어의 선택 여부를 다음 화면으로 보내어 줌
            in.putExtra("eng", eng); //
            in.putExtra("jap", jap); //
            in.putExtra("fren", fren); //
            in.putExtra("oth", oth); //
            startActivity(in);
        }
        break;
        }
    }
    private class SingleLineAdapter extends ArrayAdapter<String> {
        // 리스트뷰의 내용을 재정의 한다. 현재는 흰색의 글씨, 작은 사이즈.
        private ArrayList<String> items;

        public SingleLineAdapter(Context context, int textViewResourceId, ArrayList
<String> ch) {
            super(context, textViewResourceId, ch);
            this.items = ch;
        }
        public View getView(int position, View convertView, ViewGroup parent) {
            View v = convertView;
            if (v == null) {
               LayoutInflater vi = (LayoutInflater)getSystemService(Context.LAYOUT_
INFLATER_SERVICE);
               v = vi.inflate(R.layout.string_check, null);
            }
            if (items.get(position) != null) {
               TextView bt = (TextView) v.findViewById(R.id.bottomtext);
```

```
            if (bt != null){
                bt.setText(""+items.get(position));
// 해당 위치의 텍스트를 가져옴
            }
        }
        return v;
    }
  }
}
```

DbAdapter.java

```
package multibible.ver1.DBconnect;

import java.io.File;

import android.database.Cursor;
import android.database.sqlite.SQLiteDatabase;
import android.os.Environment;

public class DbAdapter {

    private SQLiteDatabase _db;

    public DbAdapter(){
        File sdcard = Environment.getExternalStorageDirectory();
        File dbpath = new File(sdcard.getAbsolutePath() + File.separator + "BibleDB");
        if(!dbpath.exists()){
            dbpath.mkdirs();
        }
        String dbfile = dbpath.getAbsolutePath() + File.separator + "Bible.db";
       try{
            _db = SQLiteDatabase.openDatabase(dbfile, null, SQLiteDatabase.OPEN_READ
WRITE);
        }catch(Exception e){
        }
        returnDB();
    }
    public SQLiteDatabase returnDB(){
        return _db;
    }
    public Cursor Ko_Old_Book(String book){
     return _db.rawQuery("SELECT ID_Key, Expression from Ko_OldTestament WHERE
ID_Key LIKE '"+ book +"%'", null);
    }
    public Cursor Ko_New_Book(String book){
     return _db.rawQuery("SELECT ID_Key, Expression from Ko_NewTestament WHERE
ID_Key LIKE '%"+ book +"%'", null);
    }
```

```
    public Cursor Eng_Old_Book(String book){
    return _db.rawQuery("SELECT ID_Key, Expression from Eng_OldTestament WHERE
ID_Key LIKE '"+ book +"%'", null);
    }
    public Cursor Eng_New_Book(String book){
    return _db.rawQuery("SELECT ID_Key, Expression from Eng_NewTestament WHERE
ID_Key LIKE '%"+ book +"%'", null);
    }
    public Cursor Ko_Old_SearchWord(String Keyword){
    // 받아온 키워드로 한글 구약성경에서 검색
    return _db.rawQuery("SELECT ID_Key, Expression from Ko_OldTestament WHERE
Expression LIKE '%"+ Keyword +"%'",null);
    }
    public Cursor Ko_New_SearchWord(String Keyword){
    // 받아온 키워드로 한글 신약성경에서 검색
    return _db.rawQuery("SELECT ID_Key, Expression from Ko_NewTestament WHERE
Expression LIKE '%"+ Keyword +"%'",null);
    }
    public Cursor Eng_Old_SearchWord(String Keyword){
    // 받아온 키워드로 영어 구약성경에서 검색
    return _db.rawQuery("SELECT ID_Key, Expression from Eng_OldTestament WHERE
Expression LIKE '%"+ Keyword +"%'",null);
    }
    public Cursor Eng_New_SearchWord(String Keyword){
    // 받아온 키워드로 영어 신약성경에서 검색
    return _db.rawQuery("SELECT ID_Key, Expression from Eng_NewTestament WHERE
Expression LIKE '%"+ Keyword +"%'",null);
    }
}
```

DicConnect.java

```
package multibible.ver1.DBconnect;

import java.io.File;

import android.database.Cursor;
import android.database.sqlite.SQLiteDatabase;
import android.os.Environment;

public class DicConnect {

    private SQLiteDatabase _db;

    public DicConnect(){
        File sdcard = Environment.getExternalStorageDirectory();
        File dbpath = new File(sdcard.getAbsolutePath() + File.separator + "BibleDB");
        if(!dbpath.exists()){
```

```
            dbpath.mkdirs();
        }

        String dbfile = dbpath.getAbsolutePath() + File.separator + "Dic.db";
       try{
            _db = SQLiteDatabase.openDatabase(dbfile, null, SQLiteDatabase.OPEN_
READWRITE);
        }catch(Exception e){
        }
        returnDB();
    }
    public SQLiteDatabase returnDB(){
        return _db;
    }
    public Cursor Dic_SearchWord(String Keyword){
    // 받아온 키워드로 영어 사전에서 검색
    return _db.rawQuery("SELECT Word, meaning from Dictionary WHERE Word =lower('"+
Keyword+"')",null);
    }
}
```

HymnConnect.java

```
package multibible.ver1.DBconnect;

import java.io.File;

import android.database.Cursor;
import android.database.sqlite.SQLiteDatabase;
import android.os.Environment;

public class HymnConnect {

    private SQLiteDatabase _db;

    public HymnConnect(){
        File sdcard = Environment.getExternalStorageDirectory();
        File dbpath = new File(sdcard.getAbsolutePath() + File.separator + "BibleDB");
        if(!dbpath.exists()){
            dbpath.mkdirs();
        }

        String dbfile = dbpath.getAbsolutePath() + File.separator + "Hymn.db";
       try{
            _db = SQLiteDatabase.openDatabase(dbfile, null, SQLiteDatabase.OPEN_READ
WRITE);
        }catch(Exception e){
        }
```

```
        returnDB();
    }
    public SQLiteDatabase returnDB(){
        return _db;
    }
    public Cursor Hymn_SearchWord(String Keyword){
// 받아온 키워드로 찬송가 제목에서 검색
     return _db.rawQuery("SELECT Title, Lyrics, File from Hymn WHERE Title LIKE '%"+
Keyword +"%'",null);
    }
}
```

Error.java

```
package multibible.ver1.ErrorPage;

import multibible.ver1.R;
import android.app.Activity;
import android.os.Bundle;
import android.view.View;
import android.view.View.OnClickListener;
import android.widget.TextView;

public class Error extends Activity implements OnClickListener {
    @Override
    public void onCreate(Bundle savedInstanceState) {
        super.onCreate(savedInstanceState);
        setContentView(R.layout.error);
         View close = this.findViewById(R.id.close);
    // 처음 로고 화면을 버튼으로 처리해서 터치를 판별
         close.setOnClickListener(this);
         TextView error_text = (TextView) this.findViewById(R.id.errer_text);
    // 처음 로고 화면을 버튼으로 처리해서 터치를 판별
         error_text.setText("데이터베이스가 없습니다!!");
    }

    public void onClick(View v){
         finish();
    }
}
```

Error_language.java

```
package multibible.ver1.ErrorPage;

import multibible.ver1.R;
import android.app.Activity;
```

```
import android.os.Bundle;
import android.view.View;
import android.view.View.OnClickListener;

public class Error_language extends Activity implements OnClickListener  {
    @Override
    public void onCreate(Bundle savedInstanceState) {
        super.onCreate(savedInstanceState);
        setContentView(R.layout.error_language);

        View EnterButton = this.findViewById(R.id.enter_boutton);
        EnterButton.setOnClickListener(this);

    }

    public void onClick(View v){
    switch(v.getId()){
    case R.id.enter_boutton:
        finish();
    break;
    }
    }
}
```

HymnSearch.java

```
package multibible.ver1.Hymn; // 찬송가 검색 페이지

import java.util.ArrayList;
import multibible.ver1.R;
import multibible.ver1.main;
import android.app.Activity;
import android.content.Context;
import android.content.Intent;
import android.database.Cursor;
import android.os.Bundle;
import android.view.LayoutInflater;
import android.view.View;
import android.view.ViewGroup;
import android.view.View.OnClickListener;
import android.view.inputmethod.InputMethodManager;
import android.widget.AdapterView;
import android.widget.ArrayAdapter;
import android.widget.EditText;
import android.widget.ListView;
import android.widget.TextView;
import android.widget.AdapterView.OnItemClickListener;
public class HymnSearch extends Activity implements OnClickListener {
```

```
    View searchBut =null;
    EditText inputTitle = null;
    ListView resultlist = null;
    static Cursor Hymn_c;
    public void onCreate(Bundle savedInstanceState) {
        super.onCreate(savedInstanceState);
        setContentView(R.layout.hymn_list);

        searchBut = this.findViewById(R.id.searchBut);
        searchBut.setOnClickListener(this);
        inputTitle = (EditText) findViewById(R.id.Title);
        inputTitle.setText("");

    }
    public void onClick(View v){
        // 입력한 키에 대한 이벤트 처리

        switch(v.getId()){

        case R.id.searchBut:        // 검색 버튼을 눌렀을때
            TextView noresult = (TextView) this.findViewById(R.id.noresult);
            boolean nothing = true;
            try{
                Hymn_c = main.HymnDB.Hymn_SearchWord(inputTitle.getText().toString());
            }catch(Exception e){noresult.setText("검색결과가 없습니다.");nothing=false;};
            if(nothing)
            {
                ArrayList<String> mStrings= new ArrayList<String>();
                if(Hymn_c.getCount()>=1)
                {
                    Hymn_c.moveToFirst();
                    for(int i=0; i< Hymn_c.getCount(); i++)
                    {
                            mStrings.add(Hymn_c.getString(0));
                            Hymn_c.moveToNext();
                    }
                    Hymn_c.moveToFirst();
                    resultlist = (ListView)findViewById(R.id.resultlist);
                    resultlist.setAdapter(new SingleLineAdapter(this, R.layout.string_
size, mStrings));
                    resultlist.setTextFilterEnabled(true);
                    resultlist.setOnItemClickListener(new OnItemClickListener() {
    public void onItemClick(AdapterView<?> parent, View view, int position, long
id) {
        Hymn_c.moveToPosition(position);
        startActivity(new Intent(HymnSearch.this, Lyrics.class));
                            }
                    });
                }
            }
```

```
            InputMethodManager imm = (InputMethodManager)getSystemService(Context.
INPUT_METHOD_SERVICE);
            imm.hideSoftInputFromWindow(inputTitle.getWindowToken(), 0);
            break;
        }
    }
    private class SingleLineAdapter extends ArrayAdapter<String> {
        private ArrayList<String> items;

        public SingleLineAdapter(Context context, int textViewResourceId, ArrayList
<String> items) {
            super(context, textViewResourceId, items);
            this.items = items;
        }

        public View getView(int position, View convertView, ViewGroup parent) {
            View v = convertView;
            if (v == null) {
                LayoutInflater vi = (LayoutInflater)getSystemService(Context.LAYOUT_
INFLATER_SERVICE);
                v = vi.inflate(R.layout.string_size, null);
            }
            if (items.get(position) != null) {
                TextView bt = (TextView) v.findViewById(R.id.bottomtext);
                if (bt != null){
                    bt.setText(""+items.get(position));
                }
            }
            return v;
        }
    }
}
```

Lyrics.java

```
package multibible.ver1.Hymn; // 찬송가 검색 페이지
import java.util.StringTokenizer;
import multibible.ver1.R;
import android.app.Activity;
import android.media.MediaPlayer;
import android.os.Bundle;
import android.widget.TextView;
public class Lyrics extends Activity {
    private static final String MEDIA_PATH = new String("/sdcard/BibleDB/hymn/");
    private MediaPlayer mp = null;
    public void onCreate(Bundle savedInstanceState) {
        super.onCreate(savedInstanceState);
        setContentView(R.layout.lyrics);
```

```
        TextView Lyrics = (TextView) this.findViewById(R.id.Lyrics);
        setTitle(HymnSearch.Hymn_c.getString(0));
        String cut = HymnSearch.Hymn_c.getString(1);
        StringTokenizer Tok = new StringTokenizer(cut,"N");
        while(Tok.hasMoreTokens())
        {
            Lyrics.setText(Lyrics.getText() + Tok.nextToken()+"\n\n");
        }
    }
    @Override
    protected void onResume() {
        // TODO Auto-generated method stub
        super.onResume();
        try {
            mp = new MediaPlayer();
            mp.setDataSource(MEDIA_PATH+HymnSearch.Hymn_c.getString(2)+".mid");
            mp.prepare();
            mp.start();
        } catch (Exception e) {}
    }
    @Override
    protected void onPause() {
        // TODO Auto-generated method stub
        super.onPause();
        mp.stop();
        mp = null;
    }
}
```

FileName.java

```
package multibible.ver1.Name;

public class FileName {

    private  String[]  Eng_Titled=  {"Genesis","Exodus","Leviticus","Numbers",
"Deuteronomy","Joshua","Judges","Ruth","1Samuel","2Samuel","1Kings","2Kings",
"1Chronicles","2Chronicles","Ezra","Nehemiah","Esther","Job","Psalms","Prover
bs","Ecclesiastes","Song_of_songs","Isaiah","Jeremiah","Lamentations","Ezekie
l","Daniel","Hosea","Joel","Amos","Obadiah","Jonah","Micah","Nahum","Habakkuk
","Zephaniah","Haggai","Zechariah","Zalachi","Matthew","Mark","Luke","John","
Acts","Romans","1Corinthians","2Corinthians","Galatians","Ephesians","Philipp
ians",Colossians","1Thessalonians","2Thessalonians","1Timothy","2Timothy","Ti
tus","Philemon","Hebrews","James","1Peter","2Peter","1John","2John","3John","
Jude","Revelation"};

    private String[] Ko_Titled = {"창세기전", "출애굽기","레위기","민수기","신명기","여호
수아","사사기","룻기","사무엘 상","사무엘 하","열왕기 상","열왕기 하","역대 상","역대 하","에스
```

```
라","느헤미야","에스더","욥기","시편","잠언","전도서","아가서","이사야","예레미야","예레미
야애가","에스겔","다니엘","호세아","요엘","아모스","오바댜","요나","미가","나훔","하박국","
스바냐","학개","스가랴","말라기","마태복음","마가복음","누가복음","요한복음","사도행전","로
마서","고린도전서","고린도후서","갈라디아서","에베소서","빌립보서","골로새서","데살로니가전서
","데살로니가후서","디모데전서","디모데후서","디도서","빌레몬서","히브리서","야고보서","베드
로전서","베드로후서","요한일서","요한이서","요한삼서","유다서","요한계시록"};

    public String[] getKo_Titled()
    {
        return Ko_Titled;
    }
    public String[] getEng_Titled()
    {
        return Eng_Titled;
    }
}
```

KeywordSearch.java

```
package multibible.ver1.Search;            // 키워드 검색 페이지

import java.util.ArrayList;
import multibible.ver1.R;
import multibible.ver1.main;
import android.app.Activity;
import android.content.Context;
import android.content.Intent;
import android.database.Cursor;
import android.os.Bundle;
import android.view.LayoutInflater;
import android.view.View;
import android.view.ViewGroup;
import android.view.View.OnClickListener;
import android.view.inputmethod.InputMethodManager;
import android.widget.AdapterView;
import android.widget.ArrayAdapter;
import android.widget.EditText;
import android.widget.ListView;
import android.widget.TextView;
import android.widget.AdapterView.OnItemClickListener;

public class KeywordSearch extends Activity implements OnClickListener {

    View search =null;
    EditText inputKeyword = null;
    ListView result = null;
    static Cursor Ko_old_c, Ko_New_c, Eng_old_c, Eng_New_c;
```

```
    public void onCreate(Bundle savedInstanceState) {
        super.onCreate(savedInstanceState);
        setContentView(R.layout.keyword);
        search = this.findViewById(R.id.search);
        search.setOnClickListener(this);
        inputKeyword = (EditText) findViewById(R.id.keyword);
        inputKeyword.setText("");

    }
    public void onClick(View v){
        switch(v.getId()){
        case R.id.search:
            Ko_old_c = main.DB.Ko_Old_SearchWord(inputKeyword.getText().toString());
            Ko_New_c = main.DB.Ko_New_SearchWord(inputKeyword.getText().toString());
            Eng_old_c = main.DB.Eng_Old_SearchWord(inputKeyword.getText().toString());
            Eng_New_c = main.DB.Eng_New_SearchWord(inputKeyword.getText().toString());
            ArrayList<String> mStrings= new ArrayList<String>();
            TextView result1 = (TextView) this.findViewById(R.id.result1);
            int search = Ko_old_c.getCount()+Ko_New_c.getCount()+Eng_old_c.getCount()+
Eng_New_c.getCount();
            if(search<1)
            {
                result1.setText("검색결과가 없습니다.");
            }
            else
            {
                result1.setText("총 " + search +"건 검색 되었습니다.");
                mStrings.add("한글 구약성경 (" + Ko_old_c.getCount() + "건/"+search+"건 )");
                mStrings.add("한글 신약성경 (" + Ko_New_c.getCount() + "건/"+search+"건 )");
                mStrings.add("영어 구약성경 (" + Eng_old_c.getCount() + "건/"+search+"건 )");
                mStrings.add("영어 신약성경 (" + Eng_New_c.getCount() + "건/"+search+"건 )");

                result = (ListView)findViewById(R.id.result2);
                result.setAdapter(new   SingleLineAdapter(this,   R.layout.string_size,
mStrings));
                result.setTextFilterEnabled(true);
                result.setOnItemClickListener(new OnItemClickListener() { // 리스트
클릭에 발생하는 이벤트
public void onItemClick(AdapterView<?> parent, View view, int position, long id)
{
    boolean check = false;
    if(position == 0){if(Ko_old_c.getCount()>0)check =true;else check = false;}
    else if(position == 1){if(Ko_New_c.getCount()>0)check =true;else check =
false;}
    else if(position == 2){if(Eng_old_c.getCount()>0)check =true;else check =
false;}
    else if(position == 3){if(Eng_New_c.getCount()>0)check =true;else check =
false;}
    if(check == true){
        Intent i= new Intent(KeywordSearch.this, ResultList.class);
```

```
        i.putExtra("position", position); // 다음장에 선택한 목차를 보내줌
        i.putExtra("inputKeyword", inputKeyword.getText().toString());
        startActivity(i); // 액티비티를 시작
                        }
                    }
                });
            }
        // 키보드를 내려가게 한다
        InputMethodManager imm = (InputMethodManager)getSystemService(Context.
INPUT_METHOD_SERVICE);
            imm.hideSoftInputFromWindow(inputKeyword.getWindowToken(), 0);
            break;
        }
    }
    private class SingleLineAdapter extends ArrayAdapter<String> {
        // 리스트뷰의 내용을 재정의 한다. 현재는 흰색의 글씨, 작은 사이즈.
        private ArrayList<String> items;
        public SingleLineAdapter(Context context, int textViewResourceId, ArrayList
<String> items) {
            super(context, textViewResourceId, items);
            this.items = items;
        }
public View getView(int position, View convertView, ViewGroup parent) {
            View v = convertView;
            if (v == null) {
        LayoutInflater vi = (LayoutInflater) getSystemService (Context.LAYOUT_
INFLATER_SERVICE);
                v = vi.inflate(R.layout.string_size, null);
            }
            if (items.get(position) != null) {
        TextView bt = (TextView) v.findViewById (R.id.bottomtext);
                if (bt != null){
                    bt.setText(""+items.get(position));
// 해당 위치의 텍스트를 가져옴
                }
            }
            return v;
        }
    }
}
```

PersonSearch.java

```
package multibible.ver1.Search;             // 사람 검색

import multibible.ver1.R;
import android.app.Activity;
import android.os.Bundle;
```

```
public class PersonSearch extends Activity {
    @Override
    public void onCreate(Bundle savedInstanceState) {
        super.onCreate(savedInstanceState);
        setContentView(R.layout.person);
    }
}
```

ResultList.java

```
package multibible.ver1.Search;                          // 검색결과가 리스트 형태로 출력

import java.util.ArrayList;
import multibible.ver1.R;
import multibible.ver1.Name.FileName;
import android.app.Activity;
import android.content.Context;
import android.content.Intent;
import android.os.Bundle;
import android.view.LayoutInflater;
import android.view.View;
import android.view.ViewGroup;
import android.widget.AdapterView;
import android.widget.ArrayAdapter;
import android.widget.ListView;
import android.widget.TextView;
import android.widget.AdapterView.OnItemClickListener;
import multibible.ver1.Adapter.Bible;

public class ResultList extends Activity {
    ListView result1 = null;                             // 화면에 뿌려줄 리스트 객체 선언
    ArrayList<Bible> list= new ArrayList<Bible>(); // 성경 정보를 담을 ArrayList

    @Override
    public void onCreate(Bundle savedInstanceState) {
    super.onCreate(savedInstanceState);
    setContentView(R.layout.result_list);
    Intent back=getIntent();
    result1 = (ListView)findViewById(R.id.resultList);     // 화면에 뿌려줄 리스트

    String[] Ko_Titled = new FileName().getKo_Titled(); // 한글 타이틀을 가지고 있음
    String[] Eng_Titled = new FileName().getEng_Titled();          // 영어 타이틀을 가지고 있음
    int select =back.getIntExtra("position", -1);
    switch(select)         // 이전 Activity에서 선택된 리스트의 행번호를 받아와 처리
    {
    case 0 :  // 한글 구약을 선택 했을 시에
        // 이전 화면의 에디터박스 값을 전달 받아 DB에서 검색
```

```
        KeywordSearch.Ko_old_c.moveToFirst();
        while(KeywordSearch.Ko_old_c.isAfterLast() == false){
        int books = Integer.parseInt(KeywordSearch.Ko_old_c.getString(0).substring(0,
KeywordSearch.Ko_old_c.getString(0).indexOf("/")));
                list.add
                    (new Bible(Ko_Titled[books-1],KeywordSearch.Ko_old_c.getString(1)
);
                KeywordSearch.Ko_old_c.moveToNext();
            }
        result1.setAdapter(new DoubleLineAdapter(this, R.layout.duble_line, list));
        result1.setTextFilterEnabled(true);
        result1.setOnItemClickListener(new OnItemClickListener() {
 // 리스트 클릭에 발생하는 이벤트
     public void onItemClick(AdapterView<?> parent, View view, int position, long id) {
                KeywordSearch.Ko_old_c.moveToPosition(position);
                Intent i= new Intent(ResultList.this, ResultPage.class);
                i.putExtra("lang", "Ko_old");
// 구약 신약 한글 영어 어떤 것이 선택 된 것인지 보내주는 부분
                startActivity(i);
            }
        });
        break;
        case 1 :  // 한글 신약을 선택했을 시에
        KeywordSearch.Ko_New_c.moveToFirst();
        while(KeywordSearch.Ko_New_c.isAfterLast() == false){
        int books = Integer.parseInt(KeywordSearch. Ko_New_c.getString(0).substring
                   (0, KeywordSearch.Ko_New_c.getString(0).indexOf("/")));
    list.add(new Bible( Ko_Titled[books-1],KeywordSearch.Ko_New_c.getString(1)));
// DB의 내용을 객체에 저장
            KeywordSearch.Ko_New_c.moveToNext();
        }
        result1.setAdapter(new DoubleLineAdapter(this, R.layout.duble_line, list));
        result1.setTextFilterEnabled(true);
        result1.setOnItemClickListener(new OnItemClickListener() {
// 리스트 클릭에 발생하는 이벤트
    public void onItemClick(AdapterView<?> parent, View view, int position, long
id) {
                  KeywordSearch.Ko_New_c.moveToPosition(position);
            Intent i= new Intent(ResultList.this, ResultPage.class);
            i.putExtra("lang", "Ko_New");
// 구약 신약 한글 영어 어떤 것이 선택 된 것인지 보내주는 부분
                startActivity(i);
            }
        });
        break;
    case 2 :  // 영어 구약을 선택 했을 시에
        // 이전 화면의 에디터박스 값을 전달 받아 DB에서 검색
            KeywordSearch.Eng_old_c.moveToFirst();
            while(KeywordSearch.Eng_old_c.isAfterLast() == false){
```

```
    int  books  =  Integer.parseInt(KeywordSearch.Eng_old_c.getString(0).substring(0,
KeywordSearch.Eng_old_c.getString(0).indexOf("/")));
    list.add(new Bible(Eng_Titled[books-1],KeywordSearch.Eng_old_c.getString(1)));
    // DB의 내용을 객체에 저장
                KeywordSearch.Eng_old_c.moveToNext();
            }
        result1.setAdapter(new DoubleLineAdapter(this, R.layout.duble_line, list));
        result1.setTextFilterEnabled(true);
        result1.setOnItemClickListener(new OnItemClickListener() {
    public void onItemClick(AdapterView<?> parent, View view, int position, long
id) {
                    KeywordSearch.Eng_old_c.moveToPosition(position);
            Intent i= new Intent(ResultList.this, ResultPage.class);
                i.putExtra("lang", "Eng_old");
                    startActivity(i);
                }
            });
            break;
        case 3 :
            KeywordSearch.Eng_New_c.moveToFirst();
            while(KeywordSearch.Eng_New_c.isAfterLast() == false){
    int  books  =  Integer.parseInt(KeywordSearch.Eng_New_c.getString(0).substring(0,
KeywordSearch.Eng_New_c.getString(0).indexOf("/")));
    list.add(new Bible(Eng_Titled[books-1],KeywordSearch.Eng_New_c.getString(1)));
                KeywordSearch.Eng_New_c.moveToNext();
            }
        result1.setAdapter(new DoubleLineAdapter(this, R.layout.duble_line, list));
        result1.setTextFilterEnabled(true);
        result1.setOnItemClickListener(new OnItemClickListener() {
    public void onItemClick(AdapterView<?> parent, View view, int position, long
id) {
KeywordSearch.Eng_New_c.moveToPosition(position);
        Intent i= new Intent(ResultList.this, ResultPage.class);
        i.putExtra("lang", "Eng_New");
// 구약 신약 한글 영어 어떤 것이 선택 된 것인지 보내주는 부분
                    startActivity(i);
                }
            });
            break;
        }
    }

    private class DoubleLineAdapter extends ArrayAdapter<Bible> {
        private ArrayList<Bible> items;

public DoubleLineAdapter(Context context, int textViewResourceId, ArrayList<Bible> items)
{
        super(context, textViewResourceId, items);
        this.items = items;
    }
```

```
    public View getView(int position, View convertView, ViewGroup parent) {
    View v = convertView;
    if (v == null) {
    LayoutInflater  vi  =  (LayoutInflater)getSystemService(  Context.LAYOUT_INFLATER_
SERVICE);
            v = vi.inflate(R.layout.duble_line, null);
            }
            Bible bible = (Bible) items.get(position);
            if (bible != null) {
            TextView tt = (TextView) v.findViewById(R.id.toptext);
            TextView bt = (TextView) v.findViewById(R.id.bottomtext);

                if (tt != null){
                    tt.setText(""+ bible.getID());
                }
                if (bt != null){
                    bt.setText(""+bible.getEXPRESSION());
                }
            }
            return v;
        }
    }
}
```

ResultPage.java

```
package multibible.ver1.Search;  // 최종 구절을 보여주는 페이지

import java.util.ArrayList;
import java.util.Locale;
import java.util.StringTokenizer;

import multibible.ver1.R;
import multibible.ver1.main;
import multibible.ver1.Name.FileName;
import android.app.Activity;
import android.content.Intent;
import android.database.Cursor;
import android.os.Bundle;
import android.os.Handler;
import android.speech.tts.TextToSpeech;
import android.view.MotionEvent;
import android.view.View;
import android.view.View.OnClickListener;
import android.widget.LinearLayout;
import android.widget.TextView;
import android.widget.Toast;
```

```
public class ResultPage extends Activity implements TextToSpeech.OnInitListener,
View.OnTouchListener, OnClickListener
{
    private Cursor R_cur;                    // 검색된 내용을 가지고 있을 커서
    boolean KoOrEng;
    private String[] Ko_Titled= new FileName().getKo_Titled();
    private String[] Eng_Titled=new FileName().getEng_Titled();
    private LinearLayout line1,line2,line3,line4,line5,line6,line7,line8;
    private String chapter, passage;
    private TextView result_title, result_Text;
    private TextToSpeech Eng_tts, Ko_tts; // TTS 엔진
    float xAtDown, xAtUp, yAtDown, yAtUp; // 터치 지점 저장

    public void onCreate(Bundle savedInstanceState) {
        super.onCreate(savedInstanceState);
        setContentView(R.layout.resultpage);

        View resultpage = this.findViewById(R.id.resultpage);
        resultpage.setOnTouchListener(this);

        Intent k = getIntent();
        result_title = (TextView)findViewById(R.id.result_title);
        result_Text = (TextView)findViewById(R.id.result_Text);
        View result_back = this.findViewById(R.id.result_back);
        result_back.setOnClickListener(this);
        View result_next = this.findViewById(R.id.result_next);
        result_next.setOnClickListener(this);
        View result_pronounce = this.findViewById(R.id.result_pronounce);
        result_pronounce.setOnClickListener(this);
        Eng_tts = new TextToSpeech(this, this);
        Ko_tts = new TextToSpeech(this, this);

        String lang = k.getStringExtra("lang");
        if(lang.equals("Ko_old")){
            R_cur = KeywordSearch.Ko_old_c;
            KoOrEng=true;
        }
        else if(lang.equals("Ko_New")){
            R_cur = KeywordSearch.Ko_New_c;
            KoOrEng=true;
        }
        else if(lang.equals("Eng_old")){
            R_cur = KeywordSearch.Eng_old_c;
            KoOrEng=false;
        }
        else if(lang.equals("Eng_New")){
            R_cur = KeywordSearch.Eng_New_c;
            KoOrEng=false;
        }
```

```
        int count = Integer.parseInt(R_cur.getString(0).substring(0, R_cur.getString(0).
indexOf("/")));
        chapter    =    R_cur.getString(0).substring(R_cur.getString(0).indexOf("/")+1,
R_cur.getString(0).indexOf(":"));
        passage = R_cur.getString(0).substring(R_cur.getString(0).indexOf(":")+1);
        if(KoOrEng)
        {
            result_title.setText(Ko_Titled[count-1]);        // 한글 제목 출력
            result_Text.setText(chapter + "장 " + passage +"절" + "\n\n" + R_cur.getString
(1));   // 한글 내용 출력
        }
        else
        {
            result_title.setText(Eng_Titled[count-1]); // 영어 제목 출력
            result_Text.setText(chapter + "장 " + passage +"절" + "\n");
            line1 = (LinearLayout) findViewById(R.id.result_line1);
            line2 = (LinearLayout) findViewById(R.id.result_line2);
            line3 = (LinearLayout) findViewById(R.id.result_line3);
            line4 = (LinearLayout) findViewById(R.id.result_line4);
            line5 = (LinearLayout) findViewById(R.id.result_line5);
            line6 = (LinearLayout) findViewById(R.id.result_line6);
            line7 = (LinearLayout) findViewById(R.id.result_line7);
            line8 = (LinearLayout) findViewById(R.id.result_line8);
            Token();
        }

    }
    private void Token()  // 문장을 잘라서 화면에 단어별로 출력
    {
        ArrayList<String> word = new ArrayList<String>();
        StringTokenizer Tok = new StringTokenizer(R_cur.getString(1).toString()," -");
        int LineCount=0, StringSum=0;
        line1.removeAllViews();
        line2.removeAllViews();
        line3.removeAllViews();
        line4.removeAllViews();
        line5.removeAllViews();
        line6.removeAllViews();
        line7.removeAllViews();
        line8.removeAllViews();

        while(Tok.hasMoreTokens())
        {
            word.add(Tok.nextToken()+" ");
        }
        TextView[] btnWord = new TextView[word.size()];
        for (int i = 0; i < word.size(); i++) {
            btnWord[i] = new TextView(this);
            btnWord[i].setTag(word.get(i).toString());
```

```
            btnWord[i].setText(word.get(i).toString());
            btnWord[i].setTextColor(0xFF000000);
            btnWord[i].setOnClickListener(btnClicked);

            StringSum = StringSum + word.get(i).length();
            if(StringSum > 43)
            {
                StringSum = word.get(i).length();
                LineCount = LineCount + 1;
            }
            switch(LineCount)
            {
            case 0:
                line1.addView(btnWord[i]);
                break;
            case 1:
                line2.addView(btnWord[i]);
                break;
            case 2:
                line3.addView(btnWord[i]);
                break;
            case 3:
                line4.addView(btnWord[i]);
                break;
            case 4:
                line5.addView(btnWord[i]);
                break;
            case 5:
                line6.addView(btnWord[i]);
                break;
            case 6:
                line7.addView(btnWord[i]);
                break;
            case 7:
                line8.addView(btnWord[i]);
                break;
            }

        }
    }
    public OnClickListener btnClicked = new OnClickListener() {
        public void onClick(final View v) {
            Cursor Dic;
            String word = "", plural = "";
            String ID = v.getTag().toString();        // 클릭한 단어를 가져옴
            v.setBackgroundColor(0xFFffff00);
            try{
                StringTokenizer Tok = new StringTokenizer(ID," ,)(-'\".!:;");
                word = Tok.nextToken();
                Dic = main.DicDB.Dic_SearchWord(word);
```

```
            Dic.moveToFirst();
            Toast.makeText(getApplicationContext(), Dic.getString(1), Toast.LENGTH_
SHORT).show();
        }catch(Exception e){
            try{
                plural = word.substring(word.length()-1,word.length());
                if(plural.equals("s"))
                {
                        Dic = main.DicDB.Dic_SearchWord(word.substring(0,word.
length()-1));
                        Dic.moveToFirst();
                        Toast.makeText(getApplicationContext(),
"["+Dic.getString(1)+"]의 복수형", Toast.LENGTH_SHORT).show();
                }
            }catch(Exception e1){
                Toast.makeText(getApplicationContext(), plural, Toast.LENGTH_
SHORT).show();
            }
        };
        Handler mHandler = new Handler();
        mHandler.postDelayed(new Runnable() {
            public void run() {
                v.setBackgroundColor(0xFFffffff);
            }
        }, 2000);                                   //2 초 후에 변환
    }

};
private void BackPage()                             // 이전 구절을 보여주는 함수
{
    if(KoOrEng)                                     // 한국어가 선택이 되었다면
    {
        if(R_cur.isFirst());
        else
        {
        R_cur.moveToPrevious();
        int count = Integer.parseInt(R_cur.getString(0).substring(0, R_cur.
getString(0).indexOf("/")));
        result_title.setText(Ko_Titled[count-1]);       // 한글 제목 출력
        result_Text.setText(chapter+"장 "
                +
R_cur.getString(0).toString().substring(R_cur.getString(0).toString().indexOf
(":")+1) +"절"
                + "\n\n  "+R_cur.getString(1).toString());
        }
    }
    else
    {
        if(R_cur.isFirst());
        else
```

```
            {
                R_cur.moveToPrevious();
                int  count  =  Integer.parseInt(R_cur.getString(0).substring(0,
R_cur.getString(0).indexOf("/")));
                result_title.setText(Eng_Titled[count-1]);
                result_Text.setText(chapter+"장" + R_cur.getString(0).toString().
substring(R_cur.getString(0).toString().indexOf(":")+1)+"절"+ "\n");
                Token();
            }
        }
    }
    private void NextPage()         // 다음 구절을 보여주는 함수
    {
        if(KoOrEng)                 // 한국어가 선택이 되었다면
        {
            if(R_cur.isLast());
            else
            {
                R_cur.moveToNext();
                int  count  =  Integer.parseInt(R_cur.getString(0).substring(0,
R_cur.getString(0).indexOf("/")));
                result_title.setText(Ko_Titled[count-1]);
                result_Text.setText(chapter+"장 "
                                +
R_cur.getString(0).toString().substring(R_cur.getString(0).toString().indexOf
(":")+1) +"절"                  + "\n\n  "+R_cur.getString(1).toString());
            }
        }
        else
        {
            if(R_cur.isLast());
            else
            {
                R_cur.moveToNext();
                int  count  =  Integer.parseInt(R_cur.getString(0).substring(0,
R_cur.getString(0).indexOf("/")));
                result_title.setText(Eng_Titled[count-1]);
                result_Text.setText(chapter+"장"                               +
R_cur.getString(0).toString().substring(R_cur.getString(0).toString().indexOf
(":")+1)+"절"+ "\n");
                Token();
            }
        }
    }
    public void onDestroy()
    {
        if(Eng_tts != null)
        {
            Eng_tts.stop();
            Eng_tts.shutdown();
```

```
        }
        if(Ko_tts != null)
        {
            Ko_tts.stop();
            Ko_tts.shutdown();
        }
        super.onDestroy();
    }

    public void onInit(int status) {
        // TODO Auto-generated method stub
        if(status == TextToSpeech.SUCCESS)
        {
            Eng_tts.setLanguage(Locale.ENGLISH);
            Ko_tts.setLanguage(Locale.KOREAN);
        }
    }

    public boolean onTouch(View v, MotionEvent event) {
        // TODO Auto-generated method stub
        if(event.getAction() == MotionEvent.ACTION_DOWN) {
            xAtDown = event.getX(); // 터치 시작지점 x 좌표 저장
            yAtDown = event.getY(); // 터치 시작지점 y 좌표 저장
        }
        else if(event.getAction() == MotionEvent.ACTION_UP){
            xAtUp = event.getX();   // 터치 끝난지점 x 좌표 저장
            yAtUp = event.getY();   // 터치 끝난지점 y 좌표 저장

            if( xAtUp < xAtDown && xAtDown - xAtUp > 80 && yAtDown - yAtUp < 60 &&
yAtUp -yAtDown < 60) {
                NextPage();
            }
            else if (xAtUp > xAtDown && xAtUp - xAtDown > 80 && yAtDown - yAtUp < 60
&& yAtUp -yAtDown < 60){
                BackPage();
            }
        }
        return true;
    }

    public void onClick(View v) {
        switch(v.getId()){
        case R.id.result_back:
            BackPage();
            break;

        case R.id.result_next:
            NextPage();
            break;

        case R.id.result_pronounce:
            Ko_tts.setLanguage(Locale.KOREAN);
```

```
            Ko_tts.speak(Ko_Bible.getString(1).toString(), TextToSpeech.QUEUE_FLUSH, null);

            if(!KoOrEng)
            {
               Eng_tts.setLanguage(Locale.ENGLISH);
               Eng_tts.speak(R_cur.getString(1).toString(),
TextToSpeech.QUEUE_FLUSH, null);
            }
            break;
        }
    }
}
```

Search.java

```
package multibible.ver1.Search;   // 첫번째 메뉴를 눌렀을때의 화면

import multibible.ver1.R;
import android.app.Activity;
import android.os.Bundle;
import android.content.Intent;
import android.view.View;
import android.view.View.OnClickListener;

public class Search extends Activity implements OnClickListener {
    @Override
    public void onCreate(Bundle savedInstanceState) {
        super.onCreate(savedInstanceState);
        setContentView(R.layout.search);

        View keywordButton = this.findViewById(R.id.keyword_search);
// 키워드 검색 버튼
        keywordButton.setOnClickListener(this);
            // 리스너 등록
        View personButton = this.findViewById(R.id.person_search);
        personButton.setOnClickListener(this);
    }
    public void onClick(View v){
    switch(v.getId()){
    case R.id.keyword_search:
    startActivity(new Intent(this, KeywordSearch.class));
    break;

    case R.id.person_search:
        startActivity(new Intent(this, PersonSearch.class));
        break;
    }
    }
}
```

Chapter 2

모바일 디바이스에서의 영상처리 소프트웨어

1 밝기 반응 소프트웨어

1.1 개요

밝기 정보는 카메라로부터 들어오는 영상을 통해 알 수 있다. 밝기 정보는 영상에서의 빛의 세기라 할 수 있다. 카메라를 이용하여 주변의 밝기를 감지하는 모바일 디바이스용 소프트웨어 개발 과정은 다음과 같다.

1.2 개발 환경

리눅스(페도라 코어 4), minicom, arm-linux-gcc

1.3 개발 시스템의 설계 및 구현

흑백 농담 영상에서 밝기 정보 알아내기

흑백 농담 영상은 영상을 밝기 정보만을 가지고 표현하는 영상이다. 즉, 흑백 농담 영상 정보 자체가 밝기 정보이다. 그러므로, 영상의 원하는 영역의 밝기 정보를 알고 싶다면 그 영역의 흑백 농담값을 모두 모아 평균을 취하면 된다.

YCbCr 컬러 영상에서 밝기 정보 알아내기

YCbCr 컬러 영상은 컬러 영상을 밝기 정보(Luminance)와 색깔 정보(Chrominance)로 나누어 처리하는 것이다. 즉, Y는 밝기를 나타내는 Luminance 성분이다. 결국 YCbCr 컬러 영상을 얻을 수 있다면 밝기 정보는 바로 얻을 수 있게 된다.

RGB 컬러 영상에서 밝기 정보 알아내기

RGB 컬러 영상으로부터 밝기 정보를 얻어내기는 직접적으로는 어렵다. RGB 컬러 영상은 Red, Green, Blue 의 색 정보로 영상을 표현하고 있으며, 밝기와 색 정보를 분리하여 다루고 있지 않기 때문이다. RGB 컬러 영상은 YCbCr 영상으로 변환하거나 흑백 농담 영상으로 변환하여 밝기 정보를 찾아낼 수 있다.

1.4 주요 구현 함수

Calc_Brightness

함수명	Calc_Brightness
전달인자	1개(원영상 구조체)
반환값	0~255 사이의 정수형 변수(밝기값)
기능	1번째 전달인자가 가리키는 입력 영상의 밝기를 0~255 사이의 값으로 나타내고 이 값을 되돌려준다.
사용 예	int Calc_Brightness(IplImage *s_img);

1.5 구현 소스코드

SensingBrightness.c

현재 영상의 밝기를 추출하여 그래프를 생성하여 출력하는 코드이다.

```
#include "display.h"
#include "api.h"
#include "robot_protocol.h"
#include "uart_api.h"

#define CAMERA_DEVICE "/dev/camera"
#define SleepThreshold 50
#define WakeupThreshold 130
#define SIT_DOWN 26
#define CEREMONY 8
```

```
#define FRONT_BOTH_SIDE_PUNCH 32

int main(void)
{
    int dev;
    int bright;

    user_uart_open("ttyS1");
    user_uart_config(9600);

    Init_FB();
    Fill_Background(0xffff);
    init_keyboard();

    dev=open(CAMERA_DEVICE,O_RDWR);

    if(dev<0){
        printf("Error" ,"cannot open /dev/camera. \n");
        exit(1);
    }

    ioctl(dev,IOCTRL_SIZE_160_120);
    ioctl(dev,IOCTRL_RGB_DATA);

    IplImage *img = NULL;
    unsigned short rgb[240*320];
    unsigned char delta_value[2]={140,140};
    int delta = 0;

    img=cvCreateImage(cvSize(160,120),IPL_DEPTH_8U,3);

    while(1)
    {
        ioctl(dev, IOCTRL_RD_IMG_DATA,rgb);

        fb_display(rgb,100,50,160,120);

        RGB2cvIMG(img,rgb,160,120);
        bright=Calc_Brightness(img);

        delta_value[0]=bright;
        delta = abs(delta_value[0] - delta_value[1]);

        if(delta > 30)
        {
            Send_Command(FRONT_BOTH_SIDE_PUNCH);
        }

        delta_value[1] = delta_value[0];
```

```
printf("\n[0]:%d,[1]:%d,delta:%d",delta_value[0],delta_value[1],delta);

        DrawScope(bright);
        if(kbhit()!=0) break;
    }

    cvReleaseImage(&img);
    Close_FB();
    close_keyboard();
    close(dev);
    user_uart_close();

    return 0;
}
```

2 컬러 인식 소프트웨어

2.1 개요

컬러를 인식하기 위해서는 입력되는 영상으로부터 컬러 정보를 추출하고, 이를 미리 정해놓은 원하는 색상값과 비교하면 된다. 컬러 인식은 물체의 인식에 매우 중요한 요소이다.

2.2 개발 환경

리눅스(페도라 코어 4), minicom, arm-linux-gcc

2.3 개발 시스템의 설계 및 구현

입력 장치인 카메라는 컬러를 기본으로 다루고 있다. 컬러 영상은 널리 사용하는 두 가지 색깔 표현 방식이 있다. 컴퓨터에서 그림을 그리는 경우에는 RGB 모델을 주로 사용한다. RGB는 Red, Green, Blue를 의미하며 모든 색상은 이 세 가지의 조합으로 구성된다. RGB의 세 요소는 밝고 어두움을 나타내는 밝기값을 포함한다. 반면에, YCbCr 모델은 밝기를 나타내는 요소가 분리되어 있다. 즉, Y(밝기값), Cb(색상값), Cr(색상값)로 구성된다. 컬라를 인식하기 위해서는 RGB 모델보다는 YCbCr 모델을 이용하는 것이 바람직하다. 왜냐하면 YCbCr 모델은 RGB 모델보다 주변 밝기 변화에 영향을 적게 받기 때문이다. RGB와 YCbCr 영상에서는 각 색상이 1바이트의 데이터를 할당하여 표현한다. 화면상 각 화소의 Y, Cb, Cr 데이터를 가지고 그 화소의 색깔을 알아 낼 수 있는 것이다. 컬러 인식은 장소 및 주변 환경에 따라 약간

달라질 수 있겠으나, 같은 색깔은 같은 Y, Cb, Cr 값을 가질 것으로 예상된다. 찾고자하는 컬러 값에 해당하는 Y, Cb, Cr 값을 미리 찾아서, 저장해 두었다가 화면상에서 그와 비슷한 색깔의 영역을 찾아내어 컬러를 인식할 수 있다.

라벨링

영상 내에서 서로 떨어져 있는 물체 영역들을 구별하고자 할 때 사용되는 영상처리 알고리즘이다. 즉 영상 내에 여러 종류의 물체가 있는 경우, 라벨링이라는 과정을 통해 물체마다 고유 번호(픽셀값)를 붙일 수 있게 된다. 이 후, 관심 있는 물체만을 화면에 출력하고자 할 때는 물체에 해당하는 고유 번호를 가진 화소들만 출력하면 되는 것이다. 이를 이용하여 카메라에 보이는 물체의 색깔을 인식할 수 있다. 배경 속에서 물체들을 추출하기 위해서 먼저 원하는 색상을 선택하고, 그 색상을 가진 물체들을 컬러 인식에 따른 라벨링에 의해 추출하도록 한다. 구현 알고리즘은 아래와 같다.

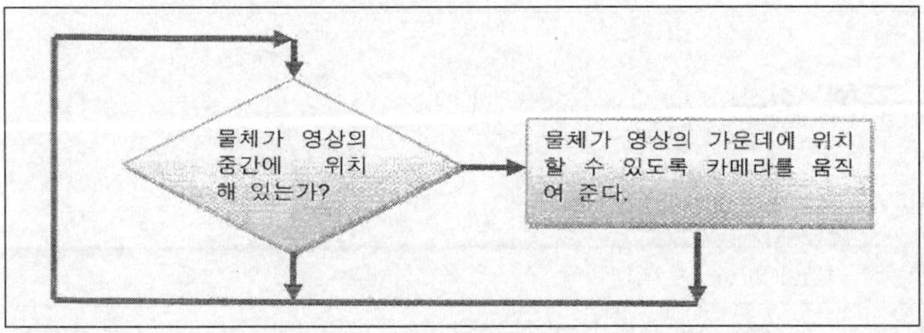

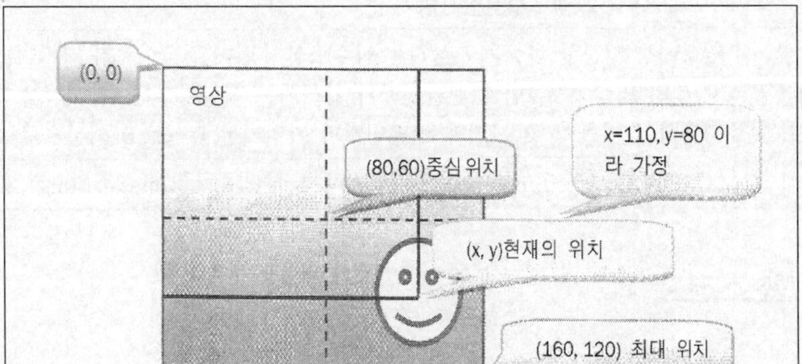

물체가 영상의 중심에 있는지 여부를 판단하는 과정은 다음과 같다. 전체 영상의 크기는 가로 160픽셀에 세로 120픽셀을 가정하므로, 영상의 중심은 (80,60)이다. 만약 위 그림과 같이 물체의 좌표가 (x,y)=(110,80)이라고 가정하였을 때 물체가 영상의 중심에 있는지 아닌지는 다음과 같이 판단할 수 있다. 즉 중심에서 물체의 좌표를 뺀 수가 0이면 정확하게 중심에 있는 것이며, 그 수가 클수록 중심에서 벗어나 있다고 볼 수 있다. 위의 예에서와 같이

영상에서 물체의 좌표가 (110,80)이라면 중심좌표－물체좌표의 값은 80－110=-30이다. 그리고 이 경우는 카메라를 그림과 같이 우측 방향으로 움직여야 물체를 영상에서 중심으로 이동시킬 수 있다.

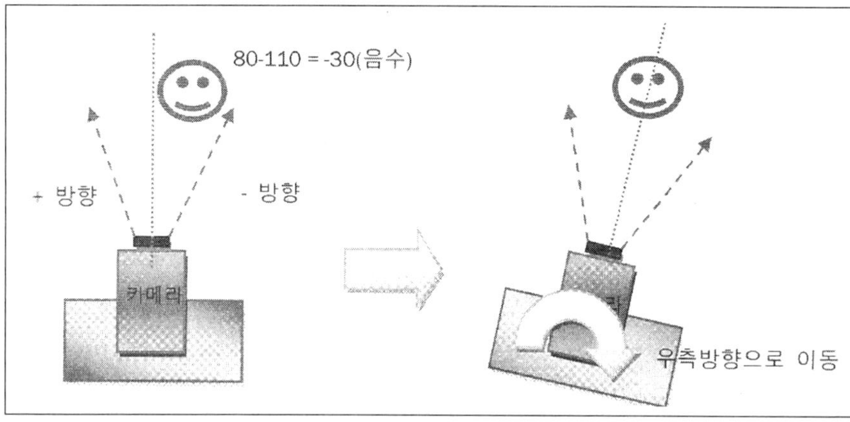

2.4 주요 구현 함수

FindColor

함수명	FindColor
전달인자	5개(색상영역 구조체 변수, 화면표시 색상 3개, 영상 구조체 변수)
반환값	0~255사이의 정수형 변수(밝기값)
기능	영상에서 지정한 색상을 추출하는 함수로서, 5번째 전달인자가 가리키는 영상 구조체 내의 영상에서 1번째 전달인자가 가리키는 색상과 비슷한 색상을 가진 영역을 추출하고 이를 2, 3, 4번째 전달인자가 가리키는 R, G, B 색상으로 표시해준다.
사용 예	int FindColor(colmap col, ini r, int g, int b, IplImage *img);

2.5 구현 소스코드

Color_detect.c

- w,s,a,d 키를 눌러 인식할 타겟으로 좌표를 이동시키고, space 키를 누른다.
- 타겟의 컬러와 YUV 데이터를 추출한다.
- 타겟의 색상을 추적하여 좌표를 화면에 출력한다.

```
#include<stdio.h>
#include<fcntl.h>

#include<sys/mman.h>
#include<sys/ioctl.h>
#include<linux/fb.h>

#include<cv.h>
#include<cxcore.h>
#include<highgui.h>

#include"camera.h"
#include "keyboard.h"
#include "display.h"
#include "api.h"

#define CAMERA_DEVICE "/dev/camera"

int main(void)
{
    int dev,x,y,color;
    int num;
    char ch = 0;
    int Y1,Cb,Cr;
    unsigned char red=0,blue=0;,green=0;

    init_FB();
    Fill_Background(0xffff);
    init_keyboard();
    dev=open(CAMERA_DEVICE,O_RDWR);

    if(dev<0)
    {
        printf("Error: cannot open /dev/camera. \n");
        exit(1);
    }

    ioctl(dev,IOCTRL_SIZE_160x120);
    ioctl(dev,IOCTRL_RGB_DATA);

    IplImage *img = NULL;
    colmap col;
    unsigned short rgb[240*320];
    img=cvCreateImage(cvSize(160,120),IPL_DEPTH_8U,3);

    int cx =80, cy=60;

    printf("Choose a Color to trace \n");
    printf("up)w, down)s, left)a, right)d, select)space\n");
```

```
while(1)
{
    ch=0;
    if(kbhit()!=0) ch=readch();

    switch(ch){
       case 'w':
          cy-=5;
          break;
       case 's':
          cy +=5;
          break;

       case 'a':
          cx-=5;
          break;
       case 'd':
          cx+=5;
          break;
    }

    if(cy<0) cy=0;
    if(cy>115) cy = 115;
    if(cx<0) cx =0;
    if(cx>155) cx=155;

    ioctl(dev,IOCTRL_RD_IMG_DATA,rgb);
    RGB2cvIMG(img,rgb,160,120);

    if(ch==' ')break;

    for(y=0;y<img->height;y++)
       cvSet2D(img,y,cx,CV_RGB(80,255,80));
    for(x=0;x<img->width;x++)
       cvSet2D(img,cy,x,CV_RGB(80,255,80));

    fb_display_IplImage(img,240,180);
}

color = (rgb[cy*160+cx]);
red=(color>>8)&0xf8;
green = (color>>3)&0xfc;
blue = (color<<3)&0xf8);

printf("\n point(%d,%d)'s Color=0x%x",cx,cy,rgb[cy*160+cx]);

int gap;
CvScalar s;

cvCvtColor(img,img,CV_BGR2YCrCb);
```

```
    s=cvGet2D(img,cy,cx);
    Y1=(BYTE)(s.val[0]);
    Cr=(BYTE)(s.val[1]);
    Cb=(BYTE)(s.val[2]);

    col.Y_min = Y1-20;
    col.Y_max = Y1+20;
    col.Cr_min = Cr-20;
    col.Cr_max = Cr+20;
    col.Cb_min = Cb-20;
    col.Cb_max = Cb+20;

    while(1)
    {
        ioctl(dev,IOCTRL_RD_IMG_DATA,rgb);

        RGB2CVimg(img,rgb,160,120);
        num = FindColor(col,red,green,blue,img);

        if(num>0)
        {
            cx=(int)reg[0].cen_x;
            cy=(int)reg[0].cen_y;

            for(y=0;y<img->height;y++)
                cvSet2D(img,y,cx,CV_RGB(80,255,80));
            for(x=0;x<img->width;x++)
                cvSet2D(img,cy,x,CV_RGB(80,255,80));

            printf("\n (%d,%d)",cx,cy);
        }
        fb_display_IplImage(img,240,180);

        if(kbhit()!=0) break;
    }

    printf("Program End\n");
    cvReleaseImage(&img);

    Close_FB();
    close_keyboard();
    close(dev);
    return 0;
}
```

ColorTracking.c

- w,s,a,d 키를 눌러 인식할 타겟으로 좌표를 이동하고, space 키를 누른다.
- 타겟의 컬러와 YUV 데이터를 추출한다.

- 타겟의 색상을 추적하여 좌표를 화면에 출력한다.
- 추출된 물체의 움직임에 따라 카메라를 이동시킨다.

```
#include<stdio.h>
#include<stdlib.h>
#include<string.h>
#include<unistd.h>
#include<fcntl.h>
#include<termios.h>
#include<ctype.h>

#include<sys/mman.h>
#include<sys/ioctl.h>
#include<linux/fb.h>

#include<cv.h>
#include<cxcore.h>
#include<highgui.h>

#include "camera.h"
#include "keyboard.h"
#include "display.h"
#include "api.h"
#include "robot_protocol.h"
#include "uart_api.h"

#define CAMERA_DEVICE "/dev/camera"

#define UNIT_ANGLE3
unsigned char CENTOR_ANGLE=100;

int main(void)
{
    int dev,x,y,color;
    int num;
    char ch=0;
    int Y1,Cb,Cr;
    unsigned char red=0, blue=0, Green=0;

    unsigned char CMD[3]={0x34,11,0};

    user_uart_open("ttyS1");
    user_uart_config(9600,8,UART_PARNONE,1);

    CMD[2]=100;
    Send_Array_CMD(CMD);
    usleep(1000*30);
    Init_FB();
```

```
Fill_Background(0xffff);
init_keyboard();
CMD[2]=100;
Send_Array_CMD(CMD);

dev=open(CAMERA_DEVICE,O_RDWR);

if(dev<0)
{
    printf("Error: cannot open /dev/camera.\n");
    exit(1);
}
ioctl(dev,IOCTRL_SIZE_160x120);
ioctl(dev,IOCTRL_RGB_DATA);

IplImage *img = NULL;
colmap col;
unsigned short rgb[240*320];

img=cvCreateImage(cvSize(160,120),IPL)DEPTH_8U,3);

int cx=80,cy=60;
int bnd_box=0;

printf("Choose a Color to trace \n");
printf("up)w, down)s, left)a, right)d, select)space\n");

while(1)
{
    ch=0;
    if(kbhit()!=0) ch=readch();

    switch(ch){
       case 'w':
          cy-=5;
          break;
       case 's':

          cy +=5;
          break;

       case 'a':
          cx-=5;
          break;
       case 'd':
          cx+=5;
          break;
    }

    if(cy<0) cy=0;
```

```
        if(cy>115) cy = 115;
        if(cx<0) cx =0;
        if(cx>155) cx=155;

        ioctl(dev,IOCTRL_RD_IMG_DATA,rgb);
        RGB2cvIMG(img,rgb,160,120);

        if(ch=='')break;

        for(y=0;y<img->height;y++)
            cvSet2D(img,y,cx,CV_RGB(80,255,80));
        for(x=0;x<img->width;x++)
            cvSet2D(img,cy,x,CV_RGB(80,255,80));

        fb_display_IplImage(img,240,180);
    }

    color = (rgb[cy*160+cx]);
    red=(color>>8)&0xf8;
    green = (color>>3)&0xfc;
    blue = (color<<3)&0xf8);

    printf("\n point(%d,%d)'s Color=0x%x",cx,cy,rgb[cy*160+cx]);

    int gap;
    CvScalar s;

    cvCvtColor(img,img,CV_BGR2YCrCb);

    s=cvGet2D(img,cy,cx);
    Y1=(BYTE)(s.val[0]);
    Cr=(BYTE)(s.val[1]);
    Cb=(BYTE)(s.val[2]);

    col.Y_min = Y1-20;
    col.Y_max = Y1+20;
    col.Cr_min = Cr-20;
    col.Cr_max = Cr+20;
    col.Cb_min = Cb-20;
    col.Cb_max = Cb+20;

    while(1)
    {
        ioctl(dev,IOCTRL_RD_IMG_DATA,rgb);

        RGB2CVimg(img,rgb,160,120);
        num = FindColor(col,red,green,blue,img);

        if(num>0)
        {
```

```
        cx=(int)reg[0].cen_x;
        cy=(int)reg[0].cen_y;

        for(y=0;y<img->height;y++)
            cvSet2D(img,y,cx,CV_RGB(80,255,80));
        for(x=0;x<img->width;x++)
            cvSet2D(img,cy,x,CV_RGB(80,255,80)); bnd_box=(int_((reg[0].x2-reg[0]. x1)
                                                  *(reg[0].y2-reg[0].y1));

        if(cx<=70)
        {
            CENTOR_ANGLE -=UNIT_ANGLE;
            CMD[2]=CENTOR_ANGLE;
            Send_Array_CMD(CMD);
        }
        else if(cx >= 90)
        {
            CENTOR_ANGLE+=UNIT_ANGLE;
            CMD[2]=CENTOR_ANGLE;
            Send_Array_CMD(CMD);
        }

        printf("\n (cx:%d, cy:%d)",cx,cy);
    }
    fb_display_IplImage(img,240,180);
    if(kbhit()!=0)break;
  }
  printf("Program End\n");

  cvReleaseImage(&img);
  Close_FB();
  close_keyboard();
  close(dev);
  user_uart_close();
  return 0;
}
```

3 움직임 물체추적 소프트웨어

3.1 개요

형태 처리 기법에 의해서 윤곽선을 검출하고, 이를 바탕으로 움직이는 물체를 검출하고, 추적하는 소프트웨어를 만들어 보기로 한다. 이전 컬러 영상 프레임과 현재 컬러 영상 프레임 간의 차영상을 구하여 이를 흑백 농담 영상으로 만들고, 이를 다시 문턱치 처리하여 이진 영상으로 만든 후, 이로부터 윤곽선을 검출하게 된다.

3.2 개발 환경

리눅스(페도라 코어 4), minicom, arm-linux-gcc

3.3 개발 시스템의 설계 및 구현

(1) 프레임간 뺄셈 연산

하나의 영상은 수많은 픽셀들로 이루어져 있으며 프레임들 간의 산술 연산은 각 프레임을 구성하는 픽셀 단위의 산술 연산 처리라 할 수 있다. 예를 들어, 두 프레임 간의 뺄셈이라 하면 두 영상에서 같은 위치에 있는 픽셀들 간의 차를 좌표 (x,y)에서의 픽셀값으로 나타내는 연산이라 할 수 있다. 먼저 픽셀 단위의 산술 연산에 대해 알아보자.

1) 픽셀 단위 산술 연산 처리

픽셀 단위의 산술 연산에는 상수값을 이용한 덧셈, 뺄셈 등의 사칙 연산이 있으며 이런 연산 처리는 각 픽셀의 명도(밝기)에 영향을 준다. 산술 연산 처리 전의 값을 IN(x,y), 산술 연산 후의 값을 OUT(x,y) 그리고 상수값을 C로 나타냈을 때, 픽셀 단위의 사칙연산은 아래와 같이 정의 할 수 있다.

산술연산	수식	설명
덧셈 연산	OUT(x,y)=IN(x,y)+C	각 픽셀의 명도를 높여줌
뺄셈 연산	OUT(x,y)=IN(x,y)−C	각 픽셀의 명도를 낮게 함
곱셈 연산	OUT(x,y)=IN(x,y)*C	각 픽셀의 명도를 조절하여 영상을 더욱 부각시킴
나눗셈 연산	OUT(x,y)=IN(x,y)/C	각 픽셀의 명도를 조절

위의 4개의 산술 연산에서 뺄셈과 덧셈이 영상 향상을 위해 가장 유용하다.

2) 프레임 간 뺄셈 연산 처리

두 프레임을 f(x,y)와 h(x,y)라 나타낼 때, 두 프레임 간 뺄셈 연산은 아래와 같이 수식화 될 수 있다. 여기서, f(x,y)−h(x,y)은 두 프레임에서 서로 대응되는 픽셀값의 차이를 의미하고 그에 대한 결과를 G(x,y)로 나타낸다.

$$G(x,y)=f(x,y)-h(x,y)$$

이러한 영상 처리 기법은 일반적으로 두 영상간의 차이를 알고자 할 때 사용된다. 예를 들어 어떤 물체의 움직임을 찍은 두 가지 영상이 있을 때 다른 배경의 변화는 없고 물체만 위치를 변경하였다면 물체의 움직임을 검출할 수 있게 된다.

(2) 형태처리 기법

1) 이진 영상에서의 형태처리의 개념

아래 그림과 같이 마스크 역할을 하는 구조요소는 사각형 형태뿐만 아니라 다양한 이차원상의 기하학적 형태를 가질 수 있으며, 이런 구조요소를 가지고 어떤 영상의 형태적인 면을 조작하기 때문에 모폴로지(Morphology)기법은 형태학적인 접근 기법이라 불린다. 즉, 영상의 경계, 골격, 블록과 같은 영역 형태를 표현하는데 유용한 영상 요소들을 추출하기 위한 것이 형태처리의 목적이다.

		1
	1	
1		

1	1	1

1		1
	1	
1		1

1	1	1
1	1	1
1	1	1

형태처리 기법을 구성하는 가장 기본적인 연산에는 다음의 두 가지가 있다.

- 팽창(Dilation) 연산
- 침식(Erosion) 연산

2) 팽창과 침식 연산

① 팽창(Dilation) 연산

팽창은 이진 영상에서 객체를 성장시키거나 두껍게 하는 연산이다. 이렇게 영상을 키우기 위한 방식과 정도는 구조요소라고 부르는 모형에 의해 제어된다.

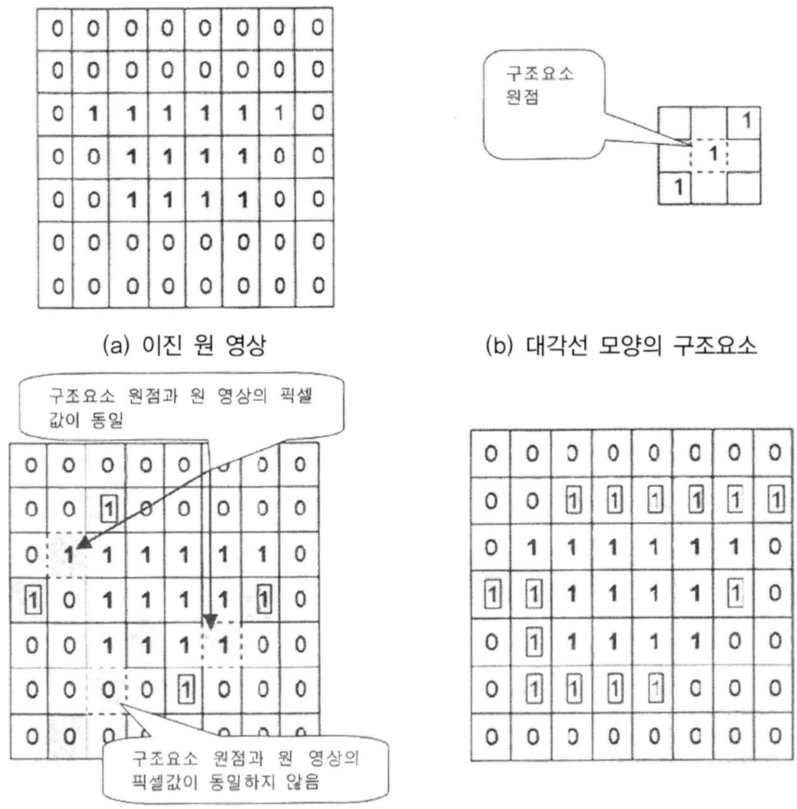

(a) 이진 원 영상 (b) 대각선 모양의 구조요소

(c) 이진 원 영상 (d) 대각선 모양의 구조요소

위의 그림 (a)는 이진 원 영상을 나타낸 것이며, 그림 (b)는 구조요소로서 보통 0 또는 1로 구성되지만 이 그림에서와 같이 1만으로 표시하는 것도 있다. 하단 왼편 그림은 원 영상의 팽창 과정을 묘사한 것이다. 즉, 구조요소의 원점과 입력 영상의 픽셀값이 동일할 경우 나머지 구조요소의 값이 출력되며 결과적으로 입력 영상이 팽창되는 것이다. 이런 원리에 의해 새롭게 생성된 값을 "1"로 표현한 결과는 하단 오른편 그림과 같다.

② 침식(Erosion) 연산

침식 연산은 이진 영상에서 객체를 줄이거나 가늘게 한다. 팽창 연산과 마찬가지로 축소의 방식과 그 정도는 구조요소의 모형에 의해 제어된다. 다음 그림은 원 영상의 침식 과정을 보여주고 있다.

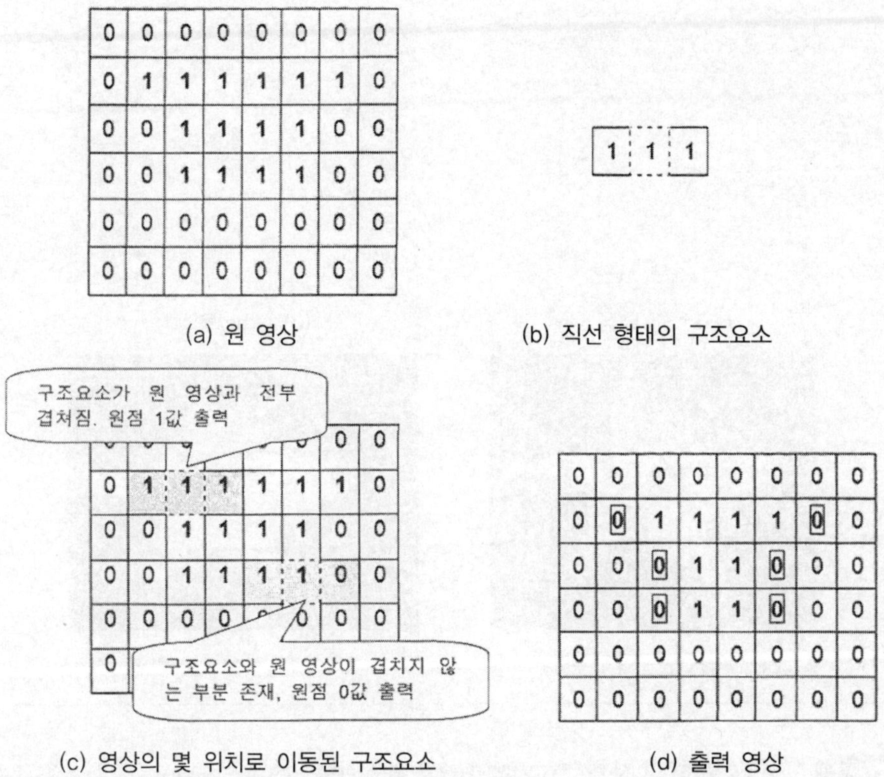

(a) 원 영상 (b) 직선 형태의 구조요소 (c) 영상의 몇 위치로 이동된 구조요소 (d) 출력 영상

그림 (a)는 간단한 이진 원 영상이며, 그림 (b)는 수직선 형태의 구조요소로서 이를 이동시키면서 원 영상의 전경 안에 완전하게 들어가는 곳이 어딘지를 체크하는 과정은 그림 (c)와 같다. 팽창 연산과 다르게 침식 연산은 구조요소가 원 영상과 완전히 겹쳐질 경우 구조요소의 원점 부분만을 출력하게 되며 구조요소와 원 영상이 하나라도 다른 값을 갖는 경우, 구조요소의 원점을 0으로 출력하게 된다. 이런 과정을 수행하면 그림 (d)와 같이 영상의 침식 결과를 볼 수 있다. 침식된 부분은 0으로 나타내었다.

다음 그림은 팽창 연산의 처리 결과를 보여준다. 그림 (a)에 보이는 컬러 영상을 그림 (b)와 같은 Gray 영상으로 바꾼 후, 문턱치화를 통해 이진 영상으로 변환시킨다. 그런 후 팽창 연산을 1회 수행하면 그림 (c)의 결과를 얻게 된다. 팽창의 결과를 좀 더 뚜렷하게 보기 위해 5번의 반복적인 팽창 연산을 수행해보면 그림 (d)의 결과를 볼 수 있다. 여기서 팽창 연산 결과를 비교해보면 관심 물체의 영역뿐만 아니라 노이즈까지 팽창된 것을 볼 수 있다.

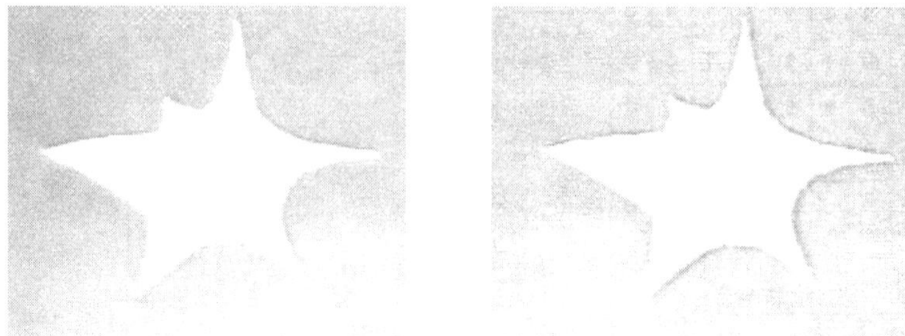

(a) 원 영상 (b) Gray 영상

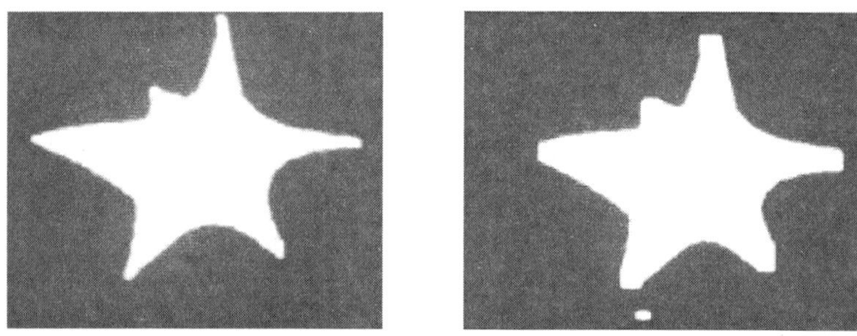

(c) 팽창 연산 1회 반복 (d) 팽창 연산 5회 반복

아래 그림은 침식 연산의 처리 결과이며 팽창 연산과는 달리 입력 영상에 존재했던 약간의 노이즈가 제거된 것을 확인할 수 있다. 이렇듯 침식 연산은 노이즈 제거 등에 사용될 수 있음을 알 수 있다. 따라서 실제로 문자의 세선화 과정 및 영상의 특징 추출 등에서는 침식 연산과 팽창 연산이 복합적으로 사용된다.

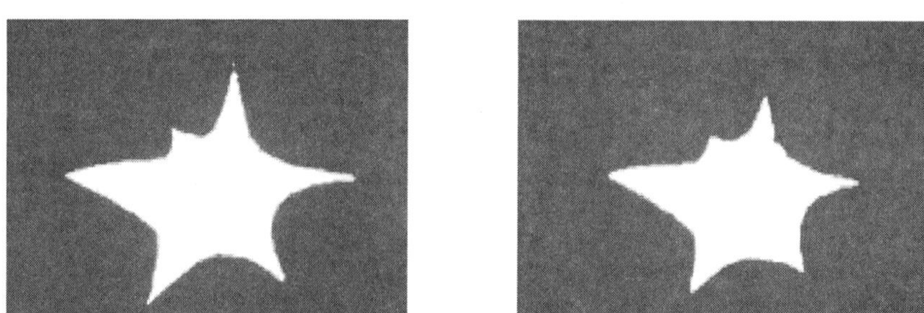

(a) 침식 연산 1회 반복 (b) 침식 연산 5회 반복

③ 경계 추출

다음 그림은 경계 추출의 처리 과정을 보여준다. 그림 (a)는 단순한 2진 영상을 나타낸 것이며 그림 (b)는 사용자가 임의로 정하는 구조요소에 해당된다. 앞에서 살펴본

침식연산을 통해 그림(c)에 보이는 결과를 얻고 원 영상에서 침식된 영상을 빼면 그림(d)와 같이 경계만이 추출되는 것을 볼 수 있다. 영상 침식 과정을 수행하여 얻어진 영상에서 이진 원 영상을 빼게 되면 경계선이 좀 더 뚜렷해지고 굵어지는 것을 확인할 수 있다.

1	1	1	0	1	1	1
1	1	1	0	1	1	1
1	1	1	1	1	1	1
1	1	1	1	1	1	1
1	1	1	1	1	1	1

(a) 원 영상

1	1	1
1	1	1
1	1	1

(b) 구조요소

0	0	0	0	0	0	0
0	**1**	0	0	0	**1**	0
0	**1**	0	0	0	**1**	0
0	**1**	**1**	**1**	**1**	**1**	0
0	0	0	0	0	0	0

(c) 구조요소에 의해 침식된 영상

1	1	1	0	1	1	1
1	0	1	0	1	0	1
1	0	1	1	1	0	1
1	0	0	0	0	0	1
1	1	1	1	1	1	1

(d) 원 영상에서 침식된 영상을 뺀 영상

3.4 주요 구현 함수

FindMovingObject

함수명	FindMovingObject
전달인자	총 2개(입력 영상 구조체 변수, 물체정보 저장소 포인터)
반환값	없음
기능	첫 번째 전달인자가 가리키는 영상 구조체 내의 영상에서 2번째 전달인자가 가리키는 저장 장소에 추출된 움직임 물체의 윤곽선 정보가 저장되며, 그 물체의 외곽에 사각형을 그려 화면에 표시한다.
사용 예	void FindMovingObject(IplImage *colourImage, CvMemStorage *storage);

3.5 구현 소스코드

movingObjectDetect.c

카메라 영상 내에서 움직이는 물체를 추출해서 외곽 사각형을 화면에 출력한다.

```
#include <stdio.h>
#include <fcntl.h>
#include <stdlib.h>

#include <sys/mman.h>
#include <sys/ioctl.h>
#include <linux/fb.h>

#include <cv.h>
#include <cxcore.h>
#include <highgui.h>

#include "camera.h"
#include "keyboard.h"
#include "display.h"
#include "api.h"

#define CAMERA_DEVICE           "/dev/camera"

int main(void)
{

    int dev,x,y;
    char ch=0;

    Init_FB();
    Fill_Background(0xffff);
    init_keyboard();

    dev = open(CAMERA_DEVICE, O_RDWR);

    if (dev < 0) {
        printf("Error: cannot open /dev/camera.\n");
        exit(1);
    }

    ioctl(dev, IOCTRL_SIZE_160x120);
    ioctl(dev, IOCTRL_RGB_DATA);

    IplImage *img=NULL;
    CvMemStorage* storage = cvCreateMemStorage(0);
    unsigned short rgb[240*320];
```

```
    img = cvCreateImage(cvSize(W_SIZE,H_SIZE),IPL_DEPTH_8U,3);

    while(1)
    {
        ioctl(dev, IOCTRL_RD_IMG_DATA, rgb);

        RGB2cvIMG(img,rgb,W_SIZE,H_SIZE);
        FindMovingObject(img,storage);

        fb_display_IplImage(img,120,100);

        if(kbhit()!=0) break;
    }//end while

    printf("Program End\n");

    cvReleaseImage(&img);
    close_IplImage();
    Close_FB();
    close_keyboard();
    close(dev);

    return 0;
}
```

MovingObjectTracking.c

카메라 앞의 움직이는 대상을 감지한다.

```
#include <stdio.h>
#include <stdlib.h>
#include <string.h>
#include <unistd.h>
#include <fcntl.h>
#include <termios.h>
#include <ctype.h>

#include <sys/mman.h>
#include <sys/ioctl.h>
#include <linux/fb.h>

#include <cv.h>
#include <cxcore.h>
#include <highgui.h>
```

```
#include "camera.h"
#include "keyboard.h"
#include "display.h"
#include "api.h"
#include "robot_protocol.h"
#include "uart_api.h"

#define MIN_LEFT_AREA_RANGE 5
#define MAX_LEFT_AREA_RANGE 40

#define MIN_RIGHT_AREA_RANGE 120
#define MAX_RIGHT_AREA_RANGE 155

#define LEFT_ID 7
#define RIGHT_ID 13

#define MIN_ANGLE 20
#define MAX_ANGLE 190

#define CAMERA_DEVICE          "/dev/camera"

int main(void)
{

    int dev,x,y;
    char ch=0;
    CvPoint Obj_position;
    unsigned char CMD[3]=
    {
        0x34,//Mode
          0, //ID
          0 //Angle
    };

    user_uart_open("ttyS1");
    user_uart_config(9600);

    CMD[1] = LEFT_ID;
    CMD[2] = MAX_ANGLE;
    Send_Array_CMD(CMD);
    usleep(1000*1500);

    CMD[1] = RIGHT_ID;
    CMD[2] = MAX_ANGLE;
    Send_Array_CMD(CMD);
    usleep(1000*1500);

    CMD[1] = LEFT_ID;
    CMD[2] = MIN_ANGLE;
    Send_Array_CMD(CMD);
```

```
    usleep(1000*1500);

    CMD[1] = RIGHT_ID;
    CMD[2] = MIN_ANGLE;
    Send_Array_CMD(CMD);
    Init_FB();
    Fill_Background(0xffff);
    init_keyboard();

    dev = open(CAMERA_DEVICE, O_RDWR);

    if (dev < 0) {
        printf("Error: cannot open /dev/camera.\n");
        exit(1);
    }

    ioctl(dev, IOCTRL_SIZE_160x120);
    ioctl(dev, IOCTRL_RGB_DATA);

    IplImage *img=NULL;
    CvMemStorage* storage = cvCreateMemStorage(0);
    unsigned short rgb[240*320];

    img = cvCreateImage(cvSize(W_SIZE,H_SIZE),IPL_DEPTH_8U,3);

    while(1)
    {
        ioctl(dev, IOCTRL_RD_IMG_DATA, rgb);

        RGB2cvIMG(img,rgb,W_SIZE,H_SIZE);

        Obj_position=DetectMovingObject(img,storage);

        fb_display_IplImage(img,160,120);

        printf("x:%d,y:%d\n",Obj_position.x,Obj_position.y);

        if(Obj_position.x >MIN_LEFT_AREA_RANGE && Obj_position.x <= MAX_LEFT_AREA_
RANGE)
        {

            CMD[1] = LEFT_ID;
            CMD[2] = MAX_ANGLE;
            Send_Array_CMD(CMD);
            usleep(1000*1500);

            CMD[2] = MIN_ANGLE;
            Send_Array_CMD(CMD);
        }
```

```
        else  if(Obj_position.x>MIN_RIGHT_AREA_RANGE  &&  Obj_position.x<=MAX_RIGHT_
AREA_RANGE)
        {

            CMD[1] = RIGHT_ID;
            CMD[2] = MAX_ANGLE;
            Send_Array_CMD(CMD);
            usleep(1000*1500);

            CMD[2] = MIN_ANGLE;
            Send_Array_CMD(CMD);
        }

        if(kbhit()!=0) break;
    }//end while

    printf("Program End\n");

    cvReleaseImage(&img);
    close_IplImage();
    Close_FB();
    close_keyboard();
    close(dev);

    return 0;
}
```

4 모양 인식 소프트웨어

4.1 개요

물체의 모양을 인식하는 소프트웨어를 구현한다. 물체의 모양을 인식하기 위해서는 여러 가지 방법이 있는데, 그 중 가장 간단한 방법 중의 하나인 원형도를 이용하여 도형의 모양을 인식하는 방법을 사용한다.

4.2 개발 환경

리눅스(페도라 코어 4), minicom, arm-linux-gcc

4.3 개발 시스템의 설계 및 구현

컬러 인식을 통해 각각의 물체를 구분할 수 있다면, 구분된 물체의 기하학적인 특징을 이용하여 물체를 인식할 수 있다. 모양 인식을 수행하는데 이용가능한 간단한 기하학적 특징들을 살펴보면 다음과 같다.

물체의 중심과 면적

영상에서 물체의 중심은 물체의 위치를 나타내며, 무게 중심(Center of mass)이라고도 한다. 아래 수식은 물체의 무게 중심 좌표를 구하는 식이며, (xi,yi)는 라벨링 된 임의의 한 영역에 대한 구성 픽셀의 가로와 세로 영상 좌표를 나타낸다. 또한 N은 영역의 총 픽셀수이다. 영상처리에서 무게 중심을 이용하면 특정 위치에 위치한 물체를 추출해 낼 수 있다. 예를 들어, 전쟁터에서 적군의 탱크를 조준해야 하는 경우 카메라를 통해 들어온 영상에서 탱크 영역의 무게 중심 좌표를 구하고 이 좌표로 조준을 하게 되는 것이다.

$$x = \frac{1}{n}\sum_{i=0}^{N-1} x_i \qquad y = \frac{1}{n}\sum_{i=0}^{N-1} y_i$$

또한 물체의 영역을 이루는 화소의 수를 비교하면 물체의 크기를 알 수 있으며 크기에 따라 물체를 배열하기도 하고 가장 큰 물체나 작은 물체 등을 인식하는 데에도 유용하다.

Area(i,j) = 라벨링 된 영상 내에서 픽셀값이 같은 수 = N

원형도 및 경계 길이

원형도는 형상의 모양이 얼마나 원에 가까운가를 나타내는 척도로써, 수식으로 표현하면 아래와 같다. 수식에서 A는 형상의 면적이고 l은 형상의 경계 길이이다. 경계 길이는 이진화된 영역의 경계를 추출하여 경계선의 픽셀 수로 얻을 수 있다. 이상적인 원의 경우 원형도는 1이며 길이가 r인 정사각형의 원형도는 0.1이 된다. 즉, 원형도에서 멀어질수록 작은 값이 나오게 된다.

$$e = \frac{4\pi A}{l^2}$$

참고로 정사각형, 정삼각형, 원의 원형도를 알아보면 다음과 같다. 원의 원형도가 가장 크고 삼각형의 원형도가 가장 작음을 알 수 있다.

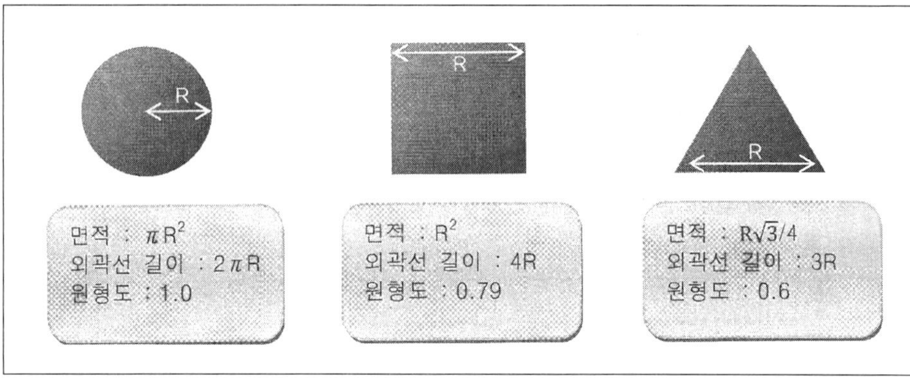

4.4 주요 구현함수

CheckBoundary

함수명	CheckBoundary
전달인자	총 2개(입력 영상 구조체, 물체의 ID)
반환값	정수형 변수 : 원형도 (%)
기능	첫 번째 전달인자가 가리키는 영상 구조체 내의 영상에서 2번째 전달인자가 가리키는 물체의 원형도를 추출하여 반환한다.
사용 예	int CheckBoundary(IplImage *img, int regid);

4.5 구현 소스코드

ShapeDetection.c

타겟의 색상을 추적하여 대상의 모양을 인식하여 사각형, 삼각형, 원형인지를 화면에 출력한다.

```
#include <stdio.h>
#include <fcntl.h>

#include <sys/mman.h>
#include <sys/ioctl.h>
#include <linux/fb.h>

#include <cv.h>
#include <cxcore.h>
#include <highgui.h>
```

```
#include "camera.h"
#include "keyboard.h"
#include "display.h"
#include "api.h"

#define CAMERA_DEVICE          "/dev/camera"

unsigned char red=0,blue=0,green =0;
colmap col;
unsigned short rgb[240*320];
IplImage *img=NULL;
int dev;

colmap Scan_pixel(unsigned char *r,unsigned char *g,unsigned char *b);


void TraceBoundary(IplImage *img);


int main(void)
{
    int x,y,color;
    int num;
    char ch=0;

    Init_FB();
    Fill_Background(0xffff);
    init_keyboard();

    dev = open(CAMERA_DEVICE, O_RDWR);

    if (dev < 0) {
        printf("Error: cannot open /dev/camera.\n");
        exit(1);
    }
    ioctl(dev, IOCTRL_SIZE_160x120);
    ioctl(dev, IOCTRL_RGB_DATA);

    img = cvCreateImage(cvSize(160,120),IPL_DEPTH_8U,3);

    col = Scan_pixel(&red,&green,&blue);

    while(1){
        ch =0;
        if(kbhit()!=0) ch = readch();

        ioctl(dev, IOCTRL_RD_IMG_DATA, rgb);
        RGB2cvIMG(img,rgb,160,120);
        TraceBoundary(img);
```

```
        if(ch==' ') break;

        fb_display_IplImage(img,240,180);
    }

    printf("Program End\n");

    cvReleaseImage(&img);

    Close_FB();//        6)
    close_keyboard();
    close(dev);
    return 0;
}

colmap Scan_pixel(unsigned char *r,unsigned char *g,unsigned char *b)
{
    int x,y,color;

    int Y1,Cb,Cr;

    int cx=80,cy=60;

    char ch;

    printf(" please Select color...push the w,a,s,d and spacebar\n");

    img=cvCreateImage(cvSize(160,120),IPL_DEPTH_8U,3);

    while(1){
        ch =0;
        if(kbhit()!=0) ch = readch();

        switch(ch){
           case 'w':
              cy -=5;
           break;
           case 's':
              cy +=5;
           break;

           case 'a':
              cx -=5;
           break;
           case 'd':
              cx +=5;
           break;

        }
```

```
        if(cy<0) cy =0;
        if(cy>img->height-5) cy = img->height-5;
        if(cx<0) cx =0;
        if(cx>img->width-5) cx = img->width-5;

        ioctl(dev, IOCTRL_RD_IMG_DATA, rgb);
        RGB2cvIMG(img,rgb,160,120);

        if(ch==' ') break;

        for(y=0; y<img->height; y++)
            cvSet2D(img,y,cx,CV_RGB(80,255,80));
        for(x=0; x<img->width; x++)
            cvSet2D(img,cy,x,CV_RGB(80,255,80));
        fb_display_IplImage(img,240,180);
    }

    *r = (rgb[cy*160+cx] >>8)&0xf8;
    *g = (rgb[cy*160+cx] >>3)&0xfc;
    *b = (rgb[cy*160+cx] <<3)&0xf8;

    printf("\n point(%d,%d)`s Color = 0x%x",cx,cy,rgb[cy*160+cx]);
    cvCvtColor(img,img,CV_BGR2YCrCb);
    CvScalar s;
    s=cvGet2D(img,cy,cx);
    Y1= (BYTE)(s.val[0]);//y
    Cr= (BYTE)(s.val[1]);//cr
    Cb= (BYTE)(s.val[2]);//cb

    col.Y_min = Y1<30?30:Y1-20;
    col.Y_max = Y1>220?250:Y1+20;
    col.Cr_min = Cr<30?30:Cr-20;;
    col.Cr_max = Cr>220?250:Cr+20;
    col.Cb_min = Cb<30?30:Cb-20;;
    col.Cb_max = Cb>220?250:Cb+20;

}

void TraceBoundary(IplImage *img)
{
    int i;
    int num;
    int data;

    num=FindColor(col,red,green,blue,img);

    if(num>0)
    {
        data = CheckBoundary(img, 0);
```

```
        if(data<60)
           printf("\n Trangle(%d)",data);
        else if(data<79)
           printf("\n Rectangle(%d)",data);
        else
           printf("\n Circle(%d)",data);
    }

}
```

ShapeRecognition.c

모양을 인식하고, 인식된 모양에 따라 특정 작업을 수행한다.

```
#include <stdio.h>
#include <stdlib.h>
#include <string.h>
#include <unistd.h>
#include <fcntl.h>
#include <termios.h>
#include <ctype.h>


#include <sys/mman.h>
#include <sys/ioctl.h>
#include <linux/fb.h>
#include <cv.h>
#include <cxcore.h>
#include <highgui.h>

#include "camera.h"
#include "keyboard.h"
#include "display.h"
#include "api.h"
#include "robot_protocol.h"
#include "uart_api.h"

#define CAMERA_DEVICE           "/dev/camera"

#define DECISION_SHAPE_TRIANGLE  65        //삼각형의 원형도는 60%, +5 오차를 적용
#define DECISION_SHAPE_RECTANGLE 79        //사각형의 원형도는 79%
#define DECISION_SHAPE_CIRCLE    100       //원의 원형도는 100%, 타원인 경우 80%까지

unsigned char red=0,blue=0,green =0;
colmap col;
unsigned short rgb[240*320];
int dev;
```

```
colmap Scan_pixel(unsigned char *r,unsigned char *g,unsigned char *b);

int TraceBoundary(IplImage *img);

int main(void)
{

    int i,tmp;
    int circle_ratio;
    char ch=0;

    user_uart_open("ttyS1");
    user_uart_config(9600);

    Init_FB();
    Fill_Background(0xffff);
    init_keyboard();

    dev = open(CAMERA_DEVICE, O_RDWR);

    if (dev < 0) {
        printf("Error: cannot open /dev/camera.\n");
        exit(1);
    }
    ioctl(dev, IOCTRL_SIZE_160x120);
    ioctl(dev, IOCTRL_RGB_DATA);

    IplImage *img=NULL;
    img = cvCreateImage(cvSize(160,120),IPL_DEPTH_8U,3);

    col = Scan_pixel(&red,&green,&blue);

    while(1){
        ch =0;

        if(kbhit()!=0) ch = readch();
        if(ch==' ') break;

        tmp =0;

        ioctl(dev, IOCTRL_RD_IMG_DATA, rgb);
        fb_display(rgb,240,180,160,120);

        if(recv_status==SENDED_STATE) continue;

        for(i=0;i<3;i++)
        {
            ioctl(dev, IOCTRL_RD_IMG_DATA, rgb);
            RGB2cvIMG(img,rgb,160,120);
            tmp+=TraceBoundary(img);
```

```
            fb_display_IplImage(img,240,180);
        }
        circle_ratio = tmp/3;

        if(circle_ratio<DECISION_SHAPE_TRIANGLE)
        {
          Drawtext("Triangle",250,50,220,70);
              Send_Command(CEREMONY);
        }
        else if(circle_ratio<DECISION_SHAPE_RECTANGLE)
        {
           Drawtext("Rectangle",250,50,220,70);
           Send_Command(SIT_DOWN);
           Send_Command(SIT_DOWN);
        }
        else if(circle_ratio<DECISION_SHAPE_CIRCLE)
        {
              Drawtext("Circle",250,50,220,70);
              Send_Command(BOW);
        }
        else
        {
           printf("\n There is no Search",circle_ratio);
           Drawtext("Not found",250,50,220,70);
        }
    }

    printf("Program End\n");

    cvReleaseImage(&img);

    Close_FB();
    close_keyboard();
    close(dev);
    return 0;
}

colmap Scan_pixel(unsigned char *r,unsigned char *g,unsigned char *b)
{
    int x,y,color;
    IplImage *img=NULL;
    int Y1,Cb,Cr;
    int cx=80,cy=60;
    char ch;

    img=cvCreateImage(cvSize(160,120),IPL_DEPTH_8U,3);

    Drawtext("Select color...",250,50,200,70);
    Drawtext("w,s,a,d and space",300,50,150,120);
```

```
printf(" please Select color...push the spacebar\n");

while(1){
    ch =0;
    if(kbhit()!=0) ch = readch();

    switch(ch){
       case 'w':
       case 'W':
          cy -=5;
       break;
       case 's':
       case 'S':
          cy +=5;
       break;

       case 'a':
       case 'A':
          cx -=5;
       break;
       case 'd':
       case 'D':
          cx +=5;
       break;
    }

    if(cy<0) cy =0;
    if(cy>img->height-5) cy = img->height-5;
    if(cx<0) cx =0;
    if(cx>img->width-5) cx = img->width-5;

    ioctl(dev, IOCTRL_RD_IMG_DATA, rgb);
    RGB2cvIMG(img,rgb,160,120);

    if(ch==' ') break;

    for(y=0; y<img->height; y++)
          cvSet2D(img,y,cx,CV_RGB(80,255,80));
    for(x=0; x<img->width; x++)
          cvSet2D(img,cy,x,CV_RGB(80,255,80));

    fb_display_IplImage(img,240,180);
}

*r = (rgb[cy*160+cx] >>8)&0xf8;
*g = (rgb[cy*160+cx] >>3)&0xfc;
*b = (rgb[cy*160+cx]<<3)&0xf8;

printf("\n point(%d,%d)`s Color = 0x%x",cx,cy,rgb[cy*160+cx]);
```

```
    cvCvtColor(img,img,CV_BGR2YCrCb);
    CvScalar s;
    s=cvGet2D(img,cy,cx);
    Y1= (BYTE)(s.val[0]);//y
    Cr= (BYTE)(s.val[1]);//cr
    Cb= (BYTE)(s.val[2]);//cb

    col.Y_min = Y1<50?30:Y1-40;
    col.Y_max = Y1>200?250:Y1+40;
    col.Cr_min = Cr<50?30:Cr-40;;
    col.Cr_max = Cr>200?250:Cr+40;
    col.Cb_min = Cb<50?30:Cb-40;;
    col.Cb_max = Cb>200?250:Cb+40;

    printf("\n %d,%d,%d\n",Y1,Cr,Cb);
    Fill_Background(0xffff);
}

int TraceBoundary(IplImage *img)
{
    int i;
    int num;
    int data;

    num=FindColor(col,red,green,blue,img);

    if(num>0)
    {
        data = CheckBoundary(img, 0);
        return data;
    }
}
```

5 위치 인식 소프트웨어

5.1 개요

카메라를 이용한 색상 인식을 활용하여, 특정 위치를 동적으로 인식하는 소프트웨어를 구현하는 방법을 살펴보면 다음과 같다.

5.2 개발 환경

리눅스(페도라 코어 4), minicom, arm-linux-gcc

5.3 구현 소스코드

ComebackHome.c

카메라로 입력된 정보를 활용하여 모바일 기기가 항상 원래 위치로 되돌아오도록 하는 프로그램은 다음과 같다.

```
#include <stdio.h>
#include <stdlib.h>
#include <string.h>
#include <unistd.h>
#include <fcntl.h>
#include <termios.h>
#include <ctype.h>

#include <sys/mman.h>
#include <sys/ioctl.h>
#include <linux/fb.h>

#include <cv.h>
#include <cxcore.h>
#include <highgui.h>

#include "camera.h"
#include "keyboard.h"
#include "display.h"
#include "api.h"
#include "robot_protocol.h"
#include "uart_api.h"

#define CAMERA_DEVICE          "/dev/camera"

#define MIN_LEFT_POINT 5
#define MAX_LEFT_POINT 50
#define MIN_RIGHT_POINT 110
#define MAX_RIGHT_POINT 155

#define STOP_OBJ_AREA 2200

int dev;
unsigned char red=0,blue=0,green =0;
unsigned short rgb[240*320];
colmap col;
colmap Scan_pixel(unsigned char *r,unsigned char *g,unsigned char *b);

void Find_TargetPoint(IplImage *img,int *cx,int *cy, int *size);

int main(void)
```

```
{
    char ch=0;

    user_uart_open("ttyS1");
    user_uart_config(9600);

    Send_Command(ATTENTION);

    Init_FB();
    Fill_Background(0xffff);
    init_keyboard();

    dev = open(CAMERA_DEVICE, O_RDWR);

    if (dev < 0) {
        printf("Error: cannot open /dev/camera.\n");
        exit(1);
    }

      ioctl(dev, IOCTRL_SIZE_160x120);
      ioctl(dev, IOCTRL_RGB_DATA);

    IplImage *img=NULL;

    img = cvCreateImage(cvSize(160,120),IPL_DEPTH_8U,3);

    int cx=80,cy=60;
    int bnd_box = 0;

    printf("pleas set comeback point \n");
    col = Scan_pixel(&red,&green,&blue);

    while(1)
    {
        if(kbhit()!=0) break;
        ioctl(dev, IOCTRL_RD_IMG_DATA, rgb);
        RGB2cvIMG(img,rgb,160,120);
        Find_TargetPoint(img,&cx,&cy,&bnd_box);
        fb_display_IplImage(img,240,180);
        printf("\n (%d,%d),bnd_box:%d",cx,cy,bnd_box);

        if(recv_status==SENDED_STATE) continue;

        if(cx > MIN_LEFT_POINT && cx<=MAX_LEFT_POINT )
        {
            Send_Command(GO_LEFT);
        }
        else if(cx>MIN_RIGHT_POINT && cx <=MAX_RIGHT_POINT)
        {
            Send_Command(GO_RIGHT);
        }
```

```
        if(bnd_box > STOP_OBJ_AREA)
        {
            Send_Command(SIT_DOWN);
            printf("\n Arrive!\n");

            break;
        }
        else if(bnd_box > 0)
        {
            Send_Command(GO_FWD_HALFASTEP);
        }
        else
        {
          Send_Command(GO_BWD_HALFASTEP);
        }
    }

    printf("Program End\n");
    cvReleaseImage(&img);
    Close_FB();
    close_keyboard();
    close(dev);
    user_uart_close();
    return 0;
}

void Find_TargetPoint(IplImage *img,int *cx,int *cy, int *size)
{
    int x,y,num;

    num = FindColor(col,red,green,blue,img);

    if(num>0)
    {
        *cx = (int)reg[0].cen_x;
        *cy = (int)reg[0].cen_y;

        for(y=0; y<img->height; y++)
            cvSet2D(img,y,*cx,CV_RGB(80,255,80));
        for(x=0; x<img->width; x++)
            cvSet2D(img,*cy,x,CV_RGB(80,255,80));

            *size = (int)((reg[0].x2-reg[0].x1)*(reg[0].y2-reg[0].y1));
    }
    else
    {
        *cx = 0; *cy = 0; *size=0;
    }

}
```

```
colmap Scan_pixel(unsigned char *r,unsigned char *g,unsigned char *b)
{
    int x,y,color;
    IplImage *img=NULL;
    int Y1,Cb,Cr;

    int cx=80,cy=60;

    char ch;

    img=cvCreateImage(cvSize(160,120),IPL_DEPTH_8U,3);

    printf("\n Select color...",250,50,200,70);
    printf("\n w,s,a,d and space",300,50,150,120);
    printf("\n please Select color...push the spacebar\n");

    while(1){
        ch =0;
        if(kbhit()!=0) ch = readch();

        switch(ch){
           case 'w':
           case 'W':
              cy -=5;
           break;
           case 's':
           case 'S':
              cy +=5;
           break;

           case 'a':
           case 'A':
              cx -=5;
           break;
           case 'd':
           case 'D':
              cx +=5;
           break;

        }

        if(cy<0) cy =0;
        if(cy>img->height-5) cy = img->height-5;
        if(cx<0) cx =0;
        if(cx>img->width-5) cx = img->width-5;

        ioctl(dev, IOCTRL_RD_IMG_DATA, rgb);
        RGB2cvIMG(img,rgb,160,120);
```

```
        if(ch==' ') break;


        for(y=0; y<img->height; y++)
            cvSet2D(img,y,cx,CV_RGB(80,255,80));
        for(x=0; x<img->width; x++)
            cvSet2D(img,cy,x,CV_RGB(80,255,80));

        fb_display_IplImage(img,240,180);
    }

    *r = (rgb[cy*160+cx] >>8)&0xf8;
    *g = (rgb[cy*160+cx] >>3)&0xfc;
    *b = (rgb[cy*160+cx]<<3)&0xf8;

    printf("\n point(%d,%d)`s Color = 0x%x",cx,cy,rgb[cy*160+cx]);

    cvCvtColor(img,img,CV_BGR2YCrCb);
    CvScalar s;
    s=cvGet2D(img,cy,cx);
    Y1= (BYTE)(s.val[0]);//y
    Cr= (BYTE)(s.val[1]);//cr
    Cb= (BYTE)(s.val[2]);//cb

    col.Y_min = Y1<50?30:Y1-40;
    col.Y_max = Y1>200?250:Y1+40;
    col.Cr_min = Cr<50?30:Cr-40;;
    col.Cr_max = Cr>200?250:Cr+40;
    col.Cb_min = Cb<50?30:Cb-40;;
    col.Cb_max = Cb>200?250:Cb+40;

    printf("\n %d,%d,%d\n",Y1,Cr,Cb);
    Fill_Background(0xffff);
}
```

Chapter 3

모바일 폰 소프트웨어

1 개요

- Mobile Phone Medium Access Control sublayer 정의
- Mobile Phone MAC layer내의 모든 구성 entity들, MAC layer 내의 entity들 간에 교환되는 service interface와 primitives, MAC layer에서 다른 Mobile Phone layers에 제공하는 service interfaces & primitives에 대한 상세한 정의

1.1 Logical Resource Naming Convention

Logical resource는 세 개의 문자와 그 다음에 ch(channel)로 구성되어 있다.

표 3-1 Naming Conventions for Logical Resources

1st Letter	2nd Letter	3rd Letter
f = Forward r = Reverse	d = Dedicated c = Common	t = Traffic m = MAC s = Signaling

e.g. Forward Dedicated Traffic Channel : f-dtch

1.2 Physical Channel Naming Convention

Physical channels는 upper case letters로 간단히 표현된다.

표 3-2 Conventions for Physical Channel Naming

Channel Name	Physical Channel
F/R-FCH	Forward/Reverse Fundamental Channel
F/R-SCH	Forward/Reverse Supplemental Channel
F/R-SCCH	Forward/Reverse Supplemental Code Channel
F/R-DCCH	Forward/Reverse Dedicated Control Channel
F-PCH	Forward Paging Channel
R-ACH	Reverse Access Channel
F/R-CCCH	Forward/Reverse Common Control Channel
F-DAPICH	Forward Dedicated Auxiliary Pilot Channel
F-CAPICH	Forward Common Auxiliary Pilot Channel
F/R-PICH	Forward/Reverse Pilot Channel
F-SYNC	Forward Sync Channel

1.3 Service Primitives

Service Primitives : service user와 service provider 간의 interactions에 대한 abstract, atomic, implementation-independent representations

1.4 State Transition Tables

- 특정 state(or substate)에서 발생하는 각 event(e.g. Primitive)에 대해서, 그 event에 대한 응답으로 발생하는 procedures & actions는 다음과 같다.
  ① procedures를 나타내는 Pseudo-code(e.g. 응답으로 또 다른 primitive를 보냄)
  ② entity가 설명한 procedures(이는 event가 발생했던 state와 같음) 다음에 변이할 다음 state(or substate)에 대한 지시
- State Transition Table에서의 Primitive_or_other_Event entity : 다른 entity로부터 수신한 특정 primitive 또는 external stimulus(표현은 〈external stimulus〉, external stimuls가 영어 문자로 표현되는 경우)
- Mobile station이나 base station entity instance는 지시된 state 변이를 하기 전에 모든 지시된 pseudo-code procedures를 수행한다. State 변이는 다음과 같은 rule에 따라서 수행한다.

① State Transition Table에서의 Next State가 next_state 형식으로 명시될 때, entity는 State attribute를 next_state로 설정한다.

② State Transition Table에서의 Next State가 next_state.substate 형식으로 명시될 때, entity는 State attribute를 next_state로, Substate attribute를 substate로 설정한다.

③ State Transition Table에서 Next State가 명시되지 않을 때(i.e. table entry가 blank), entity는 state transition을 하지 않는다.

표 3-3 Sample State Transition Table for the Example State

Event	Example State
	Substate(if Applicable)
Primitive_or_other_Event	Pseudo-code procedures for processing this primitive; Next State

• Event가 XX-Primitive.Primitive_Type(arguments, *, more_arguments)로 명시된다면, event는 XX-Primitive_Type 때 발생한다. i.e. event RC-ResourceRelease. Indication (dtch, dmch, SR, sr)는 state transition table RC-Resource.Release. Indication(dtch, *, sr) event를 만족한다.

1.5 Pseudo-code Rules

이 교재에서 procedure를 설명하는 Pseudo-code는 C++ programming language에 대한 flow control과 syntax를 따른다.

2 MAC 구성요소

2.1 Service Interfaces(Informative)

• Control & Data Plane Entities의 entities 사이의 functional service interface

• Mobile Phone이 필요로 하는 multi-media capabilities를 지원하기 위해서 air interface에 대한 추상적인 functional description을 좀 더 자세한 functional entities로 나누는 것이 필요하다. 이 functional entities 각각은 다음과 같이 설명된다.

- state diagram(informative)

- functional entity에 대한 stimulus로써 동작하는 모든 event에 대한 service interface primitive들의 집합(informative)
- states로의 service interface primitives의 mapping(i.e. 어떤 primitive가 어떤 state에서 발생했는지)
- valid primitive가 각 state에서 발생할 때 functional entity가 따라야 할 procedure들의 집합
- valid primitive의 도착 다음에 발생하게 될 state transitions(e.g., T_{active} timer의 만기 다음에 Active state로부터 Control Hold State로의 상태 변이)

• Service interface primitive Types는 표 3-4에서 보이고, ITU-T Recommendation X.210을 따른다.

표 3-4 Service interface primitive Types

Primitive Type	Source	Destination	Purpose
Request	service user	service provider	Request a service resource, etc
Confirm	service provider	service user	Response(positive or negative) to a Request primitive
Indication	service provider	service user	Indicates that data has arrived or an event for the service user has occurred
Response	service user	service provider	Acknowledgment of an Indication
Notification	service provider	service user	Indicates that an event for the service user has occurred. Bearer data may not be included in a Notification primitive.

• Service primitive의 invocation은 다음과 같이 표현된다.
- RX-Primitive.Primitive_Type(parameters) : 표 3-5 참조
- RX : service provider entity에 대한 약자(e.g., RC for Resource Control)
- Primitive : service provider와 관계된 특정 primitive 이름
- Primitive_Type : 표 3-4에서 정의된 특정 Primitive Type
- parameters : primtiive에 대한 parameter list(optional) (e.g., channel_number)

* i.e., Service Reference sr에 대해서 dtch로 지정된 logical resource를 Allocate하고 Lock하도록 Resource Control에 request하는 것의 표현
RC-AllocateAndLock.Request(dtch, sr)

표 3-5 Abbreviations for Entity Names in Service Primitives

Entity(Service Provider)	Abbreviation(RX)	Defined In
DCR	DCR	MOBILE PHONE
Link Medium Access Control Layer	MAC	MOBILE PHONE
Base Station PLICF Instance	PLICF	MOBILE PHONE
RLP Queue	Q	MOBILE PHONE
RBP	RBP	MOBILE PHONE
Resource Control	RC	MOBILE PHONE
RLP	RLP	MOBILE PHONE
Upper Layer Signaling	SIG	MOBILE PHONE
Timer Object	T	MOBILE PHONE

2.1.1 Service Interface Primitives Received by the MAC Layer

- Signaling LAC으로부터 MAC으로 보내지는 primitives 정리
- MAC으로부터 Signaling LAC entity로 보내지는 primitives 정리

2.1.2 Service Interface Primitives Sent from the MAC Layer

2.1.3 RLP Queue Service Primitives

- RLP Queue : indications의 집합과 control plane에서의 상응하는 PLICF entity를 지원하는 control functions을 제공하는 data plane에서의 entity
  - 각 RLP Queue entity는 active data service instance와 1대 1 관계를 가지며 상응하는 PLICF entity와도 1대 1 관계를 가진다.
  - Mobile station & base station을 위한 RLP Queue instance는 단 하나다.
- RLP Queue entities를 위한 일반적인 service interface primitives 정리

2.1.4 RLP Service Primitives

- RLP entity는 RLP Queue Entity로부터 data를 수신하고 RLP Queue Entity에 data를 보낸다.
- RLP Entities를 위한 service interface control primitives 정리
- RLP Entity는 data services 또는 Physical Layer와 bearer data(SDUs & PDUs)를 교환하기 위해서 service interface primitives를 사용하지 않는다.

2.1.5 RBP Service Primitives

Radio Burst Protocol entity가 제공하는 service primitives

2.1.6 Short Data Burst TeleService Service Primitives

Short Data burst TeleService가 제공하는 service primitives

2.1.7 Peer-to-Peer RC Service Primitives

- Mobile station 또는 Base station에서의 RC entity가 peer RC entity에 message를 전송하기 위해서 사용하는 primitives 정리
- BLOB parameter : Peer-to-Peer RC Message or Quick Peer-to-Peer RC Message (L3 signaling message)에 의해서 전송됨

2.1.8 Resource Control Allocation and Lock Management Functions

- Resource Control이 제공하는 두 개의 기본 functions :
  ① Generic, two-staged resource allocation and lock management mechanism
  ② Shared access control between entities requesting logical resources that share common physical resources
- Resource Control이 관리하는 resource를 위한 states에 대한 overview
  - entity가 logical resource를 사용할 필요가 있을 때마다, 먼저 AllocateAndLock request (e.g., RC-AllocateAndLock.Request(resource, sr))를 가지고 resource를 할당하며 resource는 allocation할 때 자동적으로 lock 된다.
  - entity가 더 이상 logical resource를 사용할 필요가 없을 때, resource에 대해서 Unlock request를 수행한다. (e.g., RC-Unlock.Request(resource, sr)) 이때 Resource Control은 어떤 다른 entity도 unlocked logical resource가 map 된 physical resource를 사용하지 않는지를 결정한다. 만약 그렇다면, Resource Control은 해당 entity들에게 Resource Released Indication primitive(e.g., RC-ResourceRelease.Indication (resource, sr))를 보낸다.
  - resource에 대한 마지막 release를 하기 전에, allocating entity는 Lock request(e.g., RC-Lock.Request(resource, sr))를 가지고 resource를 re-lock할 수 있다.
- resource를 요구하는 Data Service(Packet or Circuit)에 대한 resource allocation control flow example scenario를 보인다.
- resource를 요구하는 Data Service(Packet or Circuit)에 대한 service interface primitive
- Resource Control에 대한 부가적인 notes

- 이미 allocate 된 resource에 대한 AllocateAndLock or Lock request는 유효하지 않다.
- 이미 unlock 된 resource에 대한 Unlock request는 유효하지 않다.

2.1.9 Packet or Circuit Data PLICF to Resource Control

• Packet & Circuit Data PLICF instances는 모든 logical resources(e.g., the dtch, dmch, ctch)를 관리하기 위해서 Resource Control Allocation, locking & contention control mechanism을 사용한다.

• Resource Control은 MAC sublayer로부터 Physical layer에 의해 제공되는 physical channel로의 logical channels association(1:n mapping)을 제공한다.

• Resource Control의 contention control capabilities를 주의깊에 사용함으로써, base station & mobile station은 폭 넓은 동작 특성들(e.g., QoS, timer values, substate usage, requirements, etc)을 가지고 circuit and/or packet data(and voice)의 multiple concurrent instances가 필요로 하는 air interface Physical channels에 대한 복잡한 행동들을 구현할 수 있다.

2.1.10 DCR PLICF to Resource Control

• DCR PLICF instances : Short Data Burst(SDB) capability를 구현하기 위해서 사용되는 모든 logical resources를 관리하는 Resource Control allocation, locking, & contention control mechanisms를 사용한다.

• DCR PLICF instances는 또한 data service instance logical resources를 allocate, lock, & unlock하기 위해서 Resource Control을 사용한다.

• SR resources : Dormant state와 Service Connect state 간의 state transitions을 조정하기 위해서 사용되는 logical resources

• Note : packet data service가 Active, Control Hold, Suspended, or Dormant States에 있을 때마다 packet data service와 관련된 DCR PLICF가 존재하며 packet data service PLICF instance는 packet data service가 Active, Control Hold, or Suspended States에 있을 때(i.e., Upper Layer Signaling 측면에서 data service option이 connect되어 있을 때)에만 존재한다.

2.1.11 DCR to DCR PLICF Service Primitives

• DCR entity : upper layer로부터 user data의 도착을 감지하여 DCR PLICF의 안내 하에서 user data를 RLP Queue 또는 RBP entity에 지정한다.

• DCR과 DCR PLICF entities를 위한 service primitive 정리

2.1.12 DCR to RBP Service Primitives

- Short data bursts는 DCR로부터 RBP로 보내진다. DCR과 RBP entities 간의 Service Primitives는 이 short data bursts의 transfer를 조정하기 위해서 사용된다.
- RBP와 DCR entities 간의 short data burst transmission의 시작과 종료를 나타내는 service primitives

2.1.13 Special PLICF Primitives

voice 또는 data service instance를 시작하거나 종료하기 위해서 Data 또는 Voice PLICF entities에 보내지는 primitives 정의, 다만 primitive의 생성 source & procedure는 이 standard에서 정의하지 않음

2.2 Entities of the MAC Layer

MAC Layer에서의 entities 각각을 정의하고 events와 다른 entities로부터의 service primitives를 처리할 때 MAC Layer의 entities가 수행해야 할 procedures를 정의한다.

2.2.1 Resource Control

(1) Resource Configuration Database (Informative)

1) Overview

- Resource Configuration Database(RCD):
  - MAC layer의 지원에 있어서 mobile station과 base station에 의해서 유지되는 data structure의 추상적인 표현
  - MAC layer에 있어서 여러 entities(e.g., control functions)에 대한 configuration information을 포함하는 table들의 집합으로 구성되어 있다.
  - table들 간의 관계를 설명한다. (e.g., Logical-to-Physical Mapping Table이 Physical Channel Table 안의 정보로 map되는 것과 같이 SR Mapping Table 안의 logical channel information와의 관계)

2) Technical Overview

Resource Configuration Database(RCD) structure의 structure에 대한 overview

① Data Structures in the RCD

- RCD : 다음과 같은 주요 data structure로 구성되어 있다.

〈Service Instance Table〉

- 각 active Service Option instance(Service Option(SO)포함)에 유일한 attribute를 가진 모든 Service Option instance에 대해서 하나의 행을 포함하는 table
- Service Option instances를 구별하기 위해서 Upper Layer signaling에 의해서 사용되는 Connection Reference(CON_REF)을 포함한다.
- Service Option instances를 구별하기 위해서 MAC layer에 의해서 사용되는 Service Reference와 Upper Layer Signaling에 의해서 사용되는 Connection Reference(CON_REF) 간의 1대 1 mapping이 있다.
- Resource Control은 Upper Layer Signaling Control request primitives에서의 Connection Reference parameter를 알고 Upper Layer Signaling Control confirm & indication primitive에서의 Connection Reference parameter를 해석하기 위해서 위의 mapping을 이용한다.

〈SR Mapping Table〉

- 각 {service Reference sr, logical resource r} pair에 대해서 하나의 행을 포함하는 table (여기서, resource r은 Service Reference sr를 가진 Service Option으로부터 RC-AllocateAndLock.Request에 의해서 할당됨)
- 이 table은 또한 resource r에 대한 sr의 참조에 대해서 locking status를 포함한다. (Locking status는 base station에만 적용됨 : 이 정보는 mobile station의 RCD에서는 생략됨)

〈Logical-to-Physical Mapping Table〉

- mobile station에 대한 현재 active logical-to-physical mapping을 포함하는 table(i.e., mobile station을 위해서 사용되고 있는 logical-to-physical channel mapping rules)
- 이 table은 또한 logical channels 각각이 적절한 Physical channels로의 Mux Sublayer에 의한 multiplexing을 위한 우선순위를 포함한다.
- Mobile station상에서의 Logical-to-Physical Mapping Table은 Upper Layer Signaling messaging을 통해서(i.e., Logical-to-Physical Mapping Configuration message) base station으로부터 download 받는다.
- Logical-to-Physical Mapping Table은 또한 SR logical entity를 위한 하나의 고정된 mapping을 포함한다.

〈Physical Channel Table〉

- mobile station에 의해서 지원되는 각 Physical Channel과 이에 관련된 모든 attributes에 대해서 하나의 행을 가지는 table

- 각 행은 상응하는 Physical Channel에 대한 Channel Configuration(CC)을 포함한다.
- Channel Configuration은 Physical Layer parameters(e.g., Rate set, Coding, & Modulation type)를 명시하는 8-bit 숫자
- 각 행은 여러 logical channel들의 정보가 상응하는 physical channel에 어떻게 multiplex되는지를 결정하기 위해서 Mux & QoS Sublayer에 의해서 사용되는 Multiplex Option을 포함한다.
- Base station에서 각 행은 주어진 Physical Channel에 map되는 모든 logical channel에 대한 locking status의 logical OR인 Physical Channel에 대한 locking status를 기록한다.
- Mobile station에서의 Physical Channel Table은 각 active Physical Channel에 대한 하나의 entry와 각 channel에 대한 attributes를 가진다. (e.g., Channel Assignment Message 또는 동등한 procedure에 의해서 enable됨).
- Mobile station은 locking information을 관리하지 않는다.

〈Supplemental Code Channel List Table〉

- Quick Supplemental Channel Assignment Message에서 보내질 수 있는 Supplemental Code Channel List Indices에 해당하는 16개의 행들을 가지는 table
- 지원되는 SCH Physical Channel 각각에 대해서 Supplemental Code Channel List Table instance 하나가 존재한다.
- 각 행은 Forward Supplemental Channel burst operation 동안에 mobile station에 의해서 사용될 supplemental code channel list table에의 index를 명시하는 Physical Layer parameters를 포함한다.(i.e., QOF identifier, rate, code channel index)

〈Supplemental Burst Table〉

- 현재 active 또는 pending Forward or Reverse Supplemental Channel burst operation에 대해서 하나의 행을 가지는 table(i.e., Forward or Reverse Quick Supplemental Channel Assignment Message에 의해 지시됨)
- 각 행은 burst operation과 관련된 operating parameters를 포함한다.(i.e., direction(Forward or Reverse), rate(Reverse only) 또는 the Supplemental Code Channel List Table index(Forward only), start time, duration)

② Consumers of Information from the Resource Control Entity

- RCD는 MAC의 lower layers(i.e., Mux & QoS PLDCF Sublayer)와 Physical Layer에 control information 제공

- Resource Control entity로부터 lower layer consumers로의 information의 흐름과 information의 목적을 설명한다.

③ Source and Generation of Information in the Resource Control Entity

- control plane entities에 의해서 여러 Resource Control entity data structures에 쓰고 또는 이로부터 읽는 information의 logical flow를 보임
- SR Mapping Table과 Supplemental Burst Table을 제외한 모든 table은 Signaling Control entity의 requests를 통해서 Upper Layer signaling에 의해서 변경된다. 이 table들은 대부분의 경우에 Upper Layer Signaling(e.g., call setup, channel assignment, etc.)의 결과로 Signaling entity에 의해서 쓰여진다.
  - Supplemental Burst Table은 Supplemental Channel Assignment Messages를 통해 Upper Layer signaling의 Radio Resource Control 부분 또는 Quick Supplemental Channel Assignment Messages에 의해서 변경된다.
- SR Mapping Table에서의 entries는 Control Plane entities (e.g., Data Service PLICFs)가 logical resources에 대해서 RC-AllocateAndLock requests 할 때 (e.g., Control Hold State로부터 Active State로의 이동을 위하여 Packet Data Service가 RC-AllocateAndLock.Request(dtch, sr)를 생성할 때) base station의 Resource Control entity에 의해서 생성된다.
- Base station의 SR Mapping Table은 RC-AllocateAndLock 또는 RC-Unlock request에 의해서 변경될 때마다, Resource Control entity는 영향을 받은 logical resources를 Logical-to-Physical Mapping Table에서 명시된 logical-to-physical mapping을 통해서 관련된 physical resource(또는 resources)와 연결된다.
- 위의 두 가지 SR Mapping Table 변경과 관련해서, Resource Control은 logical channel configuration에서의 변경은 physical resource configuration에 영향을 주는 것을 인식하여 적당한 action을 취한다.
- SR Mapping Table에 존재하는 logical resource가 Locked 또는 Unlocked되는 경우에(i.e., RC-Lock.Request(r, sr) 또는 RC-Unlock.Request(r, sr)에 의해서), 관련된 physical resource가 존재하지 않을 때(e.g., 하나의 SR) 또는 관련된 physical resource가 존재는 하지만 이미 enable되어 있을 때(i.e., locked = Y in the Physical Channel Table), SR Mapping Table은 수정된 locking status로 update된다.

표 3-6 general System Parameter와 scope 요약

Parameter	Scope	Usage
Service Option	Multiple per mobile station	Specifies the service instance
Logical-to-Physical Mapping	One per mobile station	Specifies the mapping of logical channels to physical resources
QoS	one set per connected service instance(PLICF)	Determines the priority of access to air interface resources that is provided to each connected Service Option instance
Multiplex Option	One per FCH, DCCH, and SCH	Specifies the set of allowable data block sizes, and sets the rules for combining associated signaling and user data blocks into the physical frame
Rates	One per FCH and one per SCH	Specifies the usable subset of physical frame sizes from the set specified by the Rate Set.
Rate Set	One per FCH/DCCH and one per SCH	Specifies the set of physical frame sizes
Modulation	One per FCH/DCCH and one per SCCH	Specifies whether the modulation is TIA/EIA-95-B backward compatible(BPSI) or MOBILE PHONE enhanced(QPSK)
Coding	One per SCH	Specifies the coding of the physical frame (e.g., convolutional vs. turbo).
Spreading	One per mobile station	Specifies the number of 1.25MHz channels treated as on physical channel
Walsh and QOF Codes	One per FCH, DCCH, and SCH	Specifies the Walsh code or Quasi-Orthogonal Function mask identifier to be used for the physical channel

(2) Resource Management Functions

1) Overview(Informative)

- Resource Control entities :
  - mobile station과 base station에서의 Resource Control entities는 control functions(e.g., Data Service PLICFs) 간의 MAC layer의 logical & physical resources 할당을 조정하는데, 이 조정하는 function은 개개의 control functions이 서로 독립적으로 동작하고 Physical Layer와도 독립적으로 동작하도록 한다.

- Resource Control entity는 Control functions들이 요구한 active logical resources를 지원하기 위해서 주어진 시간에 올바른 Physical Layer Channels이 할당되는 것을 보장한다. 이를 위해서 base station에서의 resource control entity는 lock management function을 제공한다. control functions으로부터의 allocation & release requests를 조정하고, (Resource Configuration Database에서의 Logical-to-Physical Mapping Table을 이용하여) logical resources에 대한 요구를 Physical Layer resources에 map하고, Physical resources를 allocate & release하기 위해서 올바른 over-the-air Signaling messages를 생성하기 위해서 Upper Layer Signaling에 적절한 requests를 생성한다.
- Mobile station상에서, Resource Control entity는 over-the-air Upper Layer Signaling과 control function에 의해서 사용되는 service interface primitives를 조정한다.
- Resource Control entity는 Control function들에 의해서 사용되는 일반적인 resource locking capabilities와 MAC과의 actual over-the-air signaling messages의 조정을 위해서 Upper Layer Signaling에 의해서 사용되는 특정 interface primitives 간의 interface를 제공한다.

2) Mobile Station Procedures

mobile station의 Resource Control entity는 표 3-7에서 명시된 procedures에 따라서 primitives를 처리한다.

표 3-7 Summary of Resource Control Actions at the Mobile Station

Primitive Received	Received From	Procedures
RC-AllocateAndLock.Request(resource_list, sr)	Entity e	Let physical_resource_list be the set of all Physical resources p such that for some logical resource r in resource_list, there is a logical-to-physical mapping from r to p in the mobile station's Logical-to-Physical Channel Mapping Table; Let so be the Service Option(SO) corresponding to Service Reference sr in the mobile station's Service Instance Table; Let blob be the Block of Bits (BLOB) record with the sr field set to sr and the corresponding fields set to '1' for each resource in resource_list, and with all other fields set to '0'; Send SIG-Allocate..Request(physical_resource_list, so, con_ref=NULL, blob)

RC−ResourceRelease.Request(resource_list, sr)	Entity e	let blob be the Block of Bits(BLOB) record with the sr field set to sr and the corresponding fields set to '1' for each resource in resource_list, and with all other fields set to '0'; set con_ref be the Connection Reference(CON_REF) corresponding to the Service Rference sr in the mobile station's Service Instance Table; send SIG−Release.Request(physical_resource_list=NULL, so=NULL, con_ref, blob);
SIG−Allocate.Indication(physical_resource_list, con_ref, blob)	Signaling	if con_ref is not equal to NULL, set the CON_REF field in the record in the mobile station's Service Instance Table corresponding to Service reference sr to con_ref let resource_list be the set of all logical resources r such that the corresponding bit in the Block of Bits record blob is set to '1'; let sr be the Service Reference included in the Block of Bits record blob send RC−AllocateAndLocked.Indication(resource_list, sr) to all control functions;
SIG−Release.Indication(physical_resource_lisr, sr, con_ref, blob)	Signaling	Let resource_list be the set of all logical resources r such that the corresponding bit in the Blobk of bits record blob is set to '1'; Let sr be the Service Reference included in the Block of Bits record blob Send RC−ResourceReleased.Indication(resource_list, sr) to all control functions;
SIG−Allocate.Confirm (physical_resource_lisr, so, con_ref, blob)	Signaling	Send RC−AllocateAndLock.Confirm(resource_list, sr) to the DCR PLICF corresponding to Service Reference sr. Send RC−AllocateAndLock.Indiation(resource_list, sr) to all control functions;

SIG-Release.Confirm (physical_resource_list, so, con_ref, blob)	Signaling	If con_ref is not equal to NULL, delete all rows in the Service Instance Table in the RCD for which the CON_REF field is set to con_ref; Send RC-ResourceReleased.Indication(resource_list, sr) to all control functions;
RC-Reset.Request()	Signaling	Delete all MAC control function instances; Remove all entries in the Service Instance Table and the SR Mapping Table in the Resource Configuration Database;

3) Base Station Procedures

base station Resource Control entity는 표 3-8의 procedures에 따라서 primitive를 처리한다.

표 3-8 Summary of Resource Control Actions at the Base Station

Primitive Received	Received From	Procedures

RC-AllocateAndLock.Request(resource_list, sr)	Entity e	For (each resource r in resource_list)
		If (the RCD Lock Table has an existing entry for resource r and entity e)
		Set Locked to "Y" in that entry;
		Else
		Add an entry in the RCD Lock Table for entity e on resource r with
		Locked set to "Y" and the sr field set tot sr;
		Send RC-AllocateAndLock.Confirm (resource_list) to entity e;
		Let physical_resource_list be the set of physical resources p such that for some logical resource r in the base station's SR Mapping Table, such that all of the following are true:
		- the Locked field in the SR Mapping Table corresponding to r is set to 'Y';
		- there is a mapping through the Logical-to-Physical Mapping Table from Logical Resource r to Physical Resource p;

		– Physical resource p is not currently active to the mobil station If physical_resource_list is not an empty set Let so be the Service Option (SO) corresponding to Service Reference sr in the base station's Service Instance Table; Let blob be the Block of Bits (BLOB) record with the sr field set to sr and the corresponding fields set to '1' for each resource in resource_list, and with all other fields set to '0'; Send SIG–Allocate.Request(physical_resource_list, so, con_ref=NULL, blob)
RC–Unlock.Request (resource_list, sr)	Entity e	send SIG–Release.Request(physical_resource_list=NULL, so=NULL, con_ref, blob);
RC–ResourceReleased.Response(resource_list, sr)	Entity e	
SIG–Allocte.Indication (physical_resource_list, con_ref, blob)	Signaling	Send RC–AllocateAndLock.Indication(resource_list, sr) to all Control Functions
SIG–Allocate.Confirm (physical_resource_list, so, con_ref, blob)	Signaling	Send RC–AlocateAndLock.Confirm(resource_list, sr) to the DCR PLICF entity corresponding to Service Reference sr; Send RC–AllocateAndLock.Indication(resource_list, sr) to all control functions;
SIG–Release.Confirm (Physical_resource_list, so, con_ref, blob)	Signaling	Send RC–ResourceReleased.Indication(resource_list, sr) to all Control Functions;
SIG–Released.Indication(physical_resource_list, sr, con_ref, blob)	Signaling	Send RC–Resourcereleased.Indication(resource_list, sr) to all control functions; For (each resource r in resource_list) Remove the lock(i.e., set Locked="N") in the RCD Lock Table with the sr field set to sr and for resource r;

		For (each entity e that has the set s of allocated resources in the RCD Lock Table which are no longer locked by any entity)
		Send RC-Released.Indication(s) to entity e;
		For (each entry in the RCD Lock Table for resource r which is no longer locked by any entity)
		Remove the entries in the RCD Lock Table for resource r;

RC-Reset.Request()	Signaling	Delete all MAC control function instances; Remove all entries in the Service Instance Table and the SR Mapping Table in the Resource Configuration Database;

2.2.2 Objects

(1) Timer Objects

1) Overview (Informative)

- 여러 MAC entities는 어떤 MAC state 변이에 대해서 triggers를 제공하는 timer entities를 이용한다(e.g., Active state로부터 Control Hold state로의 변이를 trigger하는 T_{active} timer).
- 각 layer 또는 sublayer에 대해서 timer objects이 생성되고 초기화된다. i.e., packet data service 하나의 instance에 대한 T_{active} timer는 또다른 하나의 active packet data service instance에 대한 T_{active} timer와 완전히 독립적이다.
- timer object에 대한 states
- Timer object services에 대한 부가적인 notes:
  - 각 timer object은(Load.Request primitive에 의해서 명시된) 현재의 active timeout interval뿐만 아니라(etDefault.Request primitive에 의해서 명시된) 현재의 active default timeout interval을 저장한다.
  - Start.Request은 timer를 현재의 active timeout interval로 reset 한다.
  - Timer object이(i.e., Start.Request primitive에 의해서) 시작되지 않았다면 Stop.Request primitive는 무시된다.

2.2.3 Control Pland Entities

(1) DCR PLICF

1) Overview (Informative)

• DCR PLICF :

– packet data service가 Dedicated 또는 Common Traffic Channel상에서 동작하는지에 따라서 유일한 Packet Data LAC PDU delivery packet를 보장함으로써 Dormant State Short Data Bursts를 enable한다. 이는 Packet data service가 connect되어 있을 때(i.e., RLP를 통해서) 또는 그렇지 않을 때(RBP를 통해서 Dormant Burst Mode)에 따라서 LAC PDUs의 전송을 RLP 또는 RBP에 지정함으로써 수행된다.

• DCR PLICF instance는 Packet Data Service가 Dormant State에 있을 때에도 존재하지만 Data Service PLICF는 Packet Data Service Option이 connect되어 있을 때에만 존재한다.

– DCR PLICF instance는 Packet Data Service가 Dedicated Traffic Channel (dtch) 또는 Common Traffic Channel(ctch)을 통해서 전송되는지를 결정하기 위해서 Resource Control을 access 한다.

• Short Data Bursts (SDBs) : dedicated traffic channel이 존재하지 않을 때 전송되는 소수의 frames로 구성된 packet data service와 관련있는 Messages or data

– SDB는 Common Channel(F-PCH, F-CCCH, R-ACH, or R-CCCH) 상으로 전송된다.

– common channel 상으로 SDB를 전송하는 것은 다른 messages를 전송하는 것(e.g., csch를 통한 signaling information)과 같지만, SDB 안의 data는 Packet Data Service와 관련이 있다.

– Reverse link 상에서의 SDB는 preamble과 R-ACH&R-CCCH의 slot structure & modulation parameters로 구성된 messages(i.e., bearer data)로 구성되어 있다.

– Base station이 SDB를 성공적으로 수신하면 base station은 F-PCH 또는 F-CCCH를 통해 RBP ACK으로 응답한다.

• DCR PLICF State Diagram

• DCR PLICF states와 Data Service PLICF states 간의 관계를 표 3-9에서 명시한다.

표 3-9 Valid DCR PLICF and Data Service PLICF State Combination

DCR PLICF State	Permitted Data Service PLICF State(s)
DCR PLICF Null	PLICF Null
Data Service Connected	Active, Control Hold, Suspended
Dormant	PLICF Null

2) DCR PLICF Object Description

① Mobile station DCR PLICF Entity

㉠ Attributes of the Mobile Station DCR PLICF Entity

- Mobile station은 각 DCR PLICF entity에 대해서 다음과 같은 변수들을 저장한다.
  - State : mobile station DCR PLICF의 current state(Null, Data_Service_Connected, Dormant)
  - Dormant_Substate : Mobile station DCR PLICF의 current substate로 mobile station DCR PLICF entity가 Dormant State에 있을 때에만 의미가 있음(Common, Dedicated, Burst)
  - Data_PLICF_Instance : mobile station DCR PLICF가 Data Service Connected State에 있을 때마다 mobile station DCR PLICF에 의해서 생성되는 Data Service PLICF entity
  - sr : mobile station DCR PLICF entity와 관련된 Service Reference로 mobile station DCR PLICF entity가Resource Control entity에 의해서 생성될 때 sr 값이 제공됨

  * Data_Service_Connected의 substate(Dedicated, Common) 관리

㉡ Invocation of the Mobile Station DCR PLICF Entity

- Upper Layer Signaling이 새로운 data service instance에 대한 service option의 connection을 시작할 때 Resource Control entity에 의해서 Mobile station DCR PLICF entity가 생성된다. 이때, mobile station Upper Layer Signaling entity는 DCR PLICF entity에 다음과 같은 attributes를 제공한다.
  - sr : mobile station DCR PLICF entity와 관련된 Service Reference

② Base Station DCR PLICF Entity

㉠ Attributes of the Base Station DR PLICF Entity

- Base station은 각 DCR PLICF entity에 대해서 다음과 같은 변수들을 저장한다.
  - State : base station DCR PLICF의 current state(Null, Data_Service_Connected, Dormant)
  - Data_Service_Connected_Substate : base station DCR PLICF에 대한 Data Service Connected State의 current Substate로 base station DCR PLICF entity가 Data Service Connected Substate에 있을 때에만 의미가 있음(Dedicated, Common)
  - Dormant_Substate : base station DCR PLICF의 current substate로 mobile station DCR PLICF entity가 Dormant State에 있을 때에만 의미가 있음(Common, Dedicated, Burst)
  - Data_PLICF_Instance : base station DCR PLICF가 Data Service Connected State에 있을 때마다 base station DCR PLICF에 의해서 생성되는 Data Service PLICF entity
  - sr : mobile station DCR PLICF entity와 관련된 Service Reference로 mobile station DCR PLICF entity가Resource Control entity에 의해서 생성될 때 sr 값이 제공됨

㉡ Invocation of the Base Station DcR PLICF Entity

- Upper Layer Signaling이 새로운 data service instance에 대한 service option의 connection을 시작할 때 Resource Control entity에 의해서 Base station DCR PLICF entity가 생성된다. 이때, base station Upper Layer Signaling entity는 DCR PLICF entity에 다음과 같은 attributes를 제공한다.
  - sr : base station DCR PLICF entity와 관련된 Service Reference

3) DCR PLICF Null State

① Characteristics of the DCR PLICF Null State (informative)

- data service가 activate되지 않았다.
- Service option이 connect되어 있지 않다.
- F-PCH 또는 F-CCCH는 paging을 위해서 forward link 상에서 사용되고 R-ACH 또는 R-CCCH는 access를 위해서 reverse link 상에서 사용된다.
- Mobile station은 data service option을 connect하려고 시도한다.

• Mobile station이나 base station은 Packet Data Service의 사용을 위해서 authorization process를 시작한다.

② Mobile Station Procedures

mobile station은 Null State에서 발생하는 events를 표 3-10에서 보이는 procedures에 따라서 처리한다.

표 3-10 Mobile Station state Transitions for the DCR PLICF Null State

Event	Null State
UserTrigger.Indication(Start, this.sr)	RC-AllocateAndLock.Request(dtch, dmch, SR, this.sr);
RC-AllocateAndLock.Confirm (dtch, dmch, SR, this.sr)	Service_Connected.Dedicated
RC-AllocateAndLock.Indication (dtch, dmch, SR, sr)	this.sr=sr; Data_PLICF_Instance=new MS_Data_PLICF(sr); Service_Connected.Dedicated

4) **Data Service Connected State**

• Data service에 대한 Service Option이 connect되어 있고 Data Service PLICF가 상응하는 service option이 connect되어 있는 상태(i.e., Active State, Control Hold State, or Suspended State)에 있을 때 DCR PLICF는 Data Service Connected State에 있다.

• Service Connected State의 두 substates : Common & Dedicated

- Common → Dedicated substate : dmch & dtch가 할당될 때

- Dedicated → Common substate : RC가 dmch를 release할 때

① Characteristics of the Data Service Connected State (Informative)

• data service option이 connect되어 있을 때

• 상응하는 data service PLICF가 Active, Control Hold or Suspended States에 있을 때

② Mobile Station Procedures

mobile station은 Data Service Connected State에서 발생하는 events를 표 3-11에서 보이는 procedures에 따라서 처리한다.

표 3-11 Mobile Station State Transitions for the Data Service Connected States

Event	Substate of the Data Service Connected State	
	Dedicated	Common
RC-ResourceReleased.Indication (SR, this.sr)	DCR-SetMode.Request(rbp); Delete Data_PLICF_Instance Dormant.Dedicated	DCR-SetMode.Request(rbp); Delete Data_PLICF_Instance Dormant.Common
RC-ResourceReleased.Indication (dtch, dmch, SR, this.sr) or RC-ResourceReleased.Indication(dmch, SR, this.sr)	DCR-SetMode.Request(rbp); Delete Data_PLICF_Instance; Dormant.Common	
RC-ResourceReleased.Indication (Purge_SR, *, this.sr)	Delete Data_PLICF_Instance Null	Delete Data_PLICF_Instance Null
RC-ResourceReleased.Indication (dtch, dmch, sr) or RC-ResourceReleased.Indication (dmch, sr)	Data_Service_Connected.Common	
RC-AllocateAndLock.Indication (dtch, dmch, sr)		Data_Service_Connected.Dedicated
UserTrigger.Indication(End, this.sr)	RC-ResourceRelease.Request (dtch, dmch, SR, Purge_SR, this.sr);	RC-ResourceRelease.Request (SR, Purge_SR, this.sr);
RC-ResourceRelease.Confirm (Purge_SR, *, this.sr)	Delete Data_PLICF_Instance; Null	Delete Data_PLIcF_Instance Null

5) Dormant State

- Dormant State의 substates : Dormant Dedicated, Dormant Common & Dormant Burst

① Characteristics of the Dormant State (informative)

- Dormant State의 특징(attributes)
  - PPP가 Open state에 있다.
  - Service Reference와 관련된(i.e., DCR PLICF의instance와 관련된) data service 는 일정 기간동안 user data를 교환할 수 없다.

- data service 동안 dedicated channels(i.e., dmch, dtch)이 할당되어 있지 않고 어떤 RLP frames도 교환되지 않는다.
- DCR PLICF에 대한 data service option이 connect되어 있지 않다.
- data service 동안 RLP state 변수들이 저장되지 않을 수 있다.
- data service 동안 service configuration이 mobile station에 저장되지 않는다.

② Substates of the Dormant State

㉠ Dormant Dedicated Substate

- Dormant Dedicated Substate의 유일한 특징
- DCR PLICF instance가 Dormant state에 있지만, DCR PLICF의 다른 instance가 Data Service Connected State에 있다.
- 다른 data service가 할당된 channels를 전용으로 사용한다. 따라서 이 data service는 Common channels을 이용하거나 Short Data Bursts를 전송할 수 없다.

㉡ Dormant Common Substate

- Dormant Common Substate의 유일한 특징
- 어떤 service에 의해서도 할당된 dedicated channel이 없을 때 Dormant data service는 이 state에 진입한다.(i.e., 어떤 data service PLICFs도 Active 또는 Control Hold states에 있지 않다.)
- data service가 common channels를 통해서 통신하도록 허용된다.
- Short Data Bursts는 ctch를 통해서 수신한다.
- Short Data Bursts는 전송될 수 있다.

㉢ Dormant Burst Substate

- Dormant Burst Substate의 유일한 특징
- entity는 ctch를 이용하여 packet data service와 관련된 Short Data Burst를 전송하거나 수신할 수 있다.
- 또는 entity는 ctch를 이용하여 packet data service와 관련된 Short Data Burst를 전송하고 수신할 수 있다.

③ Mobile Station Procedures

- mobile station 입장에서 Dormant state의 substates와 Resource Control과 DCR 간의 interactions를 보인다.
- mobile station은 표 3-12에서 보이는 procedure에 따라서 events를 처리한다.

표 3-12 Mobile Station State Transitions for the Dormant State

Event	Substate of the Dormant State		
	Common	Dedicated	Burst
RC-AllocateAnd Lock.Indication (dtch, dmch, SR, this.sr)	Data_PLICF_Instance=new MS_Data_PLICF(this.sr); DCR-SetMode.Reqeust (rlp); Data_Service_Connect.Dedicated		
RC-AllocateAnd Lock.Confirm (SR, this.sr)		Data_PLICF_Instance=new MS_Data_PLICF(this. sr); DCR-SetMode.Reqeust (rlp); Data_Service_Connected.Dedicated	
RC-AllocateAnd Lock.Confirm (dtch, dmch, SR, this. sr)	Data_PLICF_Instance=new MS_Data_PLICF(this.sr); DCR-SetMode.Reqeust (rlp); Data_Service_Connect.Dedicated		
RC-AllocateAnd Lock.Indication (dmch, *, sr)	Dormant.Dedicated		
RC-ResourceReleased.Indication (dmch, *, sr)		Dormant.Common	
RC-ResourceReleased.Indication (Purge_SR, this.sr)	Delete Data_PLICF_Instance; Null	Delete Data_PLICF_Instance; Null	
DCR-BufferData.Indication	RC-AllocateAndLock.Reqeust(dtch, dmch, SR, this. sr); DCR-BufferDta.Response Dormant.Common	RC-AllocateAndLock.Reqeust(SR, this.sr); DCR-BufferDta.Response Dormant.Dedicated	

DCR-BurferShort Data. Indication	DCR-BufferShortData. Response(send) Dormant.Burst	RC-AllocateAndLock. Reqeust(SR, this.sr); DCR-BufferDta.Response (hold); Dormant.Dedicated	
DCR-DataCompl ete. Indication			Dormant.Common

④ Base Station Procedures

- Base station 입장에서 Dormant state의 substates와 Resource Control과 DCR 간의 interactions를 보인다.
- mobile station은 표 3-13에서 보이는 procedure에 따라서 events를 처리한다.

표 3-13 Base Station State Transitions for the Dormant State

Event	Substate of the Dormant State		
	Common	Dedicated	Burst
RC-AllocateAnd Lock.Indication (dtch, dmch, SR, this.sr)	Data_PLICF_Instance= new MS_Data_PLICF(this. sr); DCR-SetMode.Reqeust (rlp); Data_Service_Connect. Dedicated		
RC-AllocateAnd Lock.Confirm (SR, this.sr)		Data_PLICF_Instance= new MS_Data_PLICF(this. sr); DCR-SetMode.Reqeust (rlp); Data_Service_Connected. Dedicated	
RC-AllocateAnd Lock.Confirm (dtch, dmch, SR, this.sr)	Data_PLICF_Instance= new MS_Data_PLICF(this. sr); DCR-SetMode.Reqeust (rlp); Data_Service_Connect. Dedicated		

RC-AllocateAnd Lock.Indication (dmch, *, sr)	Dormant.Dedicated		
RC-ResourceRel eased.Indication (dmch, *, sr)		Dormant.Common	
RC-ResourceRel eased.Indication (Purge_SR,this.sr)	Delete Data_PLICF_Instance; Null	Delete Data_PLICF_Instance; Null	
DCR-BufferData. Indication	RC-AllocateAndLock. Reqeust(dtch, dmch, SR, this.sr); DCR-BufferDta.Response Dormant.Common	RC-AllocateAndLock. Reqeust(SR, this.sr); DCR-BufferDta.Response Dormant.Dedicated	
DCR-BurferShor tData. Indication	DCR-BufferShortData. Response(send) Dormant.Common	RC-AllocateAndLock. Reqeust(SR, this.sr); DCR-BufferDta.Response (hold); Dormant.Dedicated	
RC-Lock.Confirm (ctch)	DCR-BufferShortData. Response(send); Dormant.Burst		
RC-UnLock. Confirm(ctch)			Dormant.Common
DCR-DataCompl ete. Indication			RC-Unlock.Reqeust (ctch) Dormant.Burst

(2) Voice PLICF

1) Overview(informative)

- Voice PLICF
- Mobile Phone system에서 TIA/EIA-95-B backward compatible voice services를 지원하는 control entity
  - Voice Service가 요구되어서 상응하는 Physical channels가 setup될 때 Resource Control에 의해서 생성된다.
  - Voice PLICF의 생성을 위한 trigger는 user가 생성하며, 이 primitive는 Service Option negotiation의 종료시 수행되며 그 이후 Voice PLICF에 대해서 Physical Channel을 setup한다.
  - base station Voice PLICF는 생성되자마자 dtch와 다른 resources에 대해서 AllocateAndLock을 요구한다. Logical dtch에 대한 locking은 RC가 할당된 resources에 대해서 추적하는데 이용된다. Voice service가 끝났을 때, user generated end trigger는 logical resources를 release하기 위해서 사용된다. Voice PLICF는 resources의 release에 대한 confirm 또는 indication을 받자마자 Null State로 변한다. 어떤 service도 release되는 Physical Channel를 사용하지 않는다면, RC는 상응하는 Physical resource를 release한다.

2) Mobile Station Procedures

- mobile station's Voice PLICF에 대한 state diagram
- mobile station은 표 3-14와 표 3-15에서 보이는 procedure에 따라서 events를 처리한다.

표 3-14 Mobile Station State Transitions for the Null state

Event	Null State
UserTrigger.Indication(Start, this.sr)	RC-AllocateAndLock.Request(dtch, dmch, SR, this.sr) Null
RC-AllocateAndLock.Confirm (dtch, dmch, SR, this.sr)	Voice Active
RC-AllocateAndLock.Indication (dtch, dmch, SR, this.sr)	RC-AllocateAndLock.Response(dtch, dmch, SR, this.sr) Voice Active

표 3-15 Mobile Station State Transitions for the Voice Active State

Event	Null State
UserTrigger.Indication(End, this.sr)	RC-ResourceRelease.Request(dtch, dmch, SR, this.sr) Voice_Active
RC-ResourceRelease.Confirm (dtch, dmch, SR, this.sr)	Null
RC-ResourceReleased.Indication (dtch, dmch, SR, this.sr)	RC-ResourceReleased.Response(dtch, dmch, SR, this.sr) Null

(3) Packet and Circuit Data PLICF Object Description

1) Mobile Station Data Service PLICF Entity

① Attributes of the Mobile Station Data Service PLICF Entity

- Mobile station은 각 Data Service PLICF entity에 대해서 다음과 같은 변수들을 저장한다.
  - State : mobile station Data Service PLICF의 current state(null, Active, Control_Hold, Suspended)
  - RLP_Instance : Data Service PLICF가 생성될 때 mobile station Data Service PLICF에 의해서 생성되는 RLP entity
  - RLP_Queue_Instance : Data Service PLICF가 생성될 때 mobile station Data Service PLICF에 의해서 생성되는 RLP Queue entity
  - sr : mobile station Data Service PLICF entity와 관련된 Service Reference로 mobile station Data Service PLICF entity가 DCR PLICF entity에 의해서 생성될 때 sr값이 mobile station Data Service PLICF entity에 제공된다.

② Invocation of the Mobile Station Data Service PLICF Entity

- Mobile station Data Service PLICF entity는 mobile station DCR PLICF entity에 의해서 생성되며 이때 다음과 같은 attribute를 제공한다.
  - sr : mobile station Data Service PLICF entity와 관련있는 Service Reference

2) Base Station Data Service PLICF Entity

① Attributes of the Base Station Data Service Entity

- base station이 각 Data Service PLICF entity에 대해서 다음과 같은 변수들을 저장한다.

- State : base station Data Service PLICF의 current state (Null, Active, Control_Hold, Suspended)
- Active_Substate : base station Data Service PLICF의 current substate로 base station Data Service PLICF entity가 Active State에 있을 때에만 의미 있음(Locked, Unlock)
- Control_Hold_Substate : base station Data Service PLICF의 current substate로 base station Data Service PLICF entity가 Control Hold State에 있을 때에만 의미 있음(locked, Unlocked)
- Suspended_Substate : base station Data Service PLICF의 current substate로 base station Data Service PLICF entity가 Suspended State에 있을 때에만 의미 있음(locked, Unlocked)
- RLP_Instance : Data Service PLICF가 생성될 때 base station Data Service PLICF에 의해서 생성되는 RLP entity
- RLP_Queue_Instance : Data Service PLICF가 생성될 때 base station Data Service PLICF에 의해서 생성되는 RLP Queue entity
- sr : base station Data Service PLICF entity와 관련된 Service Reference로 base station Data Service PLICF entity가 DCR PLICF entity에 의해서 생성될 때 sr값이 base station Data Service PLICF entity에 제공된다.
- Active_Timer : Active State에서 base station Data Service PLICF entity의 동작과 관련된 timer object
- Hold_Timer : Control Hold State에서 base station Data Service PLICF entity의 동작과 관련된 timer object
- Suspended_Timer : Suspended State에서 base station Data Service PLICF entity의 동작과 관련된 timer object

② Invocation of the Base Station Data Service PLICF Entity

- Base station Data Service PLICF entity는 base station DCR PLICF entity에 의해서 생성되며 이때 base station DCR PLICF entity는 Data Service PLICF entity에 다음과 같은 attribute를 제공한다.
  - sr : base station Data Service PLICF entity와 관련있는 Service Reference

③ Special Procedures of the Base Station Data Service PLICF Entity

- Base station Data Service PLICF entity에 대한 procedures에서 다음과 같은 procedure를 호출한다.

```
Set_Timer_Default()
{
    T-SetDefault.Request (Active, DEFAULT_ACTIVE_VALUE);
    T-SetDefault.Request (Control_Hold, DEFAULT_CONTROL_HOLD_VALUE);
    T-SetDefault.Request (Suspended, DEFAULT_SUSPENDED_VALUE);
}
```

3) Null State

Packet data service의 activation 전에, Packet Data Service는 Null State에 있는다. Packet Data Service option을 connect하는 Service negotiation은 Null State에서 발생하며, mobile station 또는 base station이 dmch를 설정하기 위해서 initiate를 한다.

① Characteristics of the Null State (Informative)

- Data Service가 activate되어 있지 않다.
- Forward 또는 Reverse link dedicated channels가 할당되어 있지 않다.
- F-PCH 또는 F-CCCH는 paging을 위해서 forward link 상에서 사용되고 R-ACH 또는 R-CCCH는 system access를 위해서 reverse link 상에서 사용된다.
- Mobile station은 IWF와의 data service instance Link Layer connection을 initiate 한다.
- Mobile station은 Packet Data Service option을 connect하려고 한다.
- Mobile station 또는 base station은 Packet data service의 사용을 위해서 authorization process를 initiate한다.
- Mobile station은 forward & reverse 방향으로 MAC messages를 위해서 dmch를 설정하려고 한다.

㉠ Transition out of the Null State

- Packet Data Service는 base station 또는 mobile station에 의해서 시작된다.
- dmch & dtch logical resources의 설정시 Null State로부터 Active state로 변한다.
  - MAC에서 RC entity는 새로운 PLICF instance에 대해서 local memory resources를 할당한다.

② Mobile Station Procedures

- Mobile station은 표 3-16에서 보이는 procedures에 따라서 Null State에서 발생하는 events를 처리한다.

표 3-16 Mobile Station State Transitions for the Null State

Event	Null State
new_PLICF	this.sr=sr; RLP Instance=new RLP(sr); RLP_Queue_Instance=new RLP_Queue(sr, RLP_Instance); Active

③ Base Station Procedures

- Mobile station은 표 3-17에서 보이는 procedures에 따라서 Null State에서 발생하는 events를 처리한다.

표 3-17 Base Station State Transitions for the Null State

Event	Null State
new_PLICF	this.sr=sr; RLP Instance=new RLP(sr); RLP_Queue_Instance=new RLP_Queue(sr, RLP_Instance); Active.Locked

4) Active State

① Characteristics of the Active State for Pakcet Data Service (Informative)

- dmch & dtch가 forward & reverse 방향으로 설정된다.
- Data service PDUs가 교환된다.
- Base station은 mobile station에 명시적인 forward link burst assignment를 보내지 않고 아무때나 rate R_{Fmin}까지 전송할 수 있다. Base station으로부터 mobile station으로 rate R_{Fmin}보다 고속으로 전송하려면 high data rate burst를 전송하기 전에 mobile station에 명시적인 forward link burst assignment을 보내야 한다.

〈high speed forward data burst assignment의 구성〉

- mobile station이 forward data burst 동안에 decode할 physical code channel resources(e.g., Forward Supplemental Channels)의 명시
- physical code channels에 대한 전송 rate(s)(explicit or implicit)
- forward data burst의 start time & duration(무한대로 설정될 수 있음)

• Mobile station은 base station의 명시적인 허가 없이(e.g., high speed reverse burst request를 보내지 않고) 아무때나 rate R_{Rmin}까지 전송할 수 있다. Mobile station으로부터 Base station으로 rate R_{Rmin}보다 high speed reverse bursts를 전송하려면 base station에 명시적인 high speed reverse link burst request를 보낸 후, base station으로부터 명시적인 high speed reverse data burst assignment를 받아야 한다.

〈high speed reverse data burst request의 구성〉

- mobile station이 전송하고자 하는 data 양(e.g., 현재의 mobile station의 buffer에 있는 data 양과 data가 mobile station에 도착하는 rate)
- 원하는 전송 rate
- mobile station이 현재 가지는 transmission power limitations의 명시(i.e., transmission power headroom)
- other pertinent RF parameters
- base station이 mobile station의 high speed reverse burst request를 accept하거나 reject할 수 있다. Base station이 accept한다면(일부 변형있을 수 있음 e.g., 불충분한 air interface capacity로 인해서 요구한 data rate를 축소), base station은 다음과 같이 구성된 high speed reverse data burst assignment로 응답한다.

〈high speed reverse data burst assignment의 구성〉

- (하나 이상의 Reverse Supplemental Channel이 존재할 경우) mobile station이 reverse data burst를 위해서 사용할 physical code channel resources(e.g., Reverse Supplemental Channels)의 명시
- physical code channels의 data transmission rate(s)(explicit or implicit)
- reverse data burst의 start time & duration(무한대로 설정될 수 있음)

• IWF와 mobile station 간의 data service instance Link Layer connection은 open state에 있다.

• Forward & Reverse link scheduling은 서로 독립적이다.

표 3-18 Definitions of Packet Data Operating Parameters

Parameter	Value
R_{Fmin}	Maximum transmission rate of the FCH or DCCH onto which the f-dtch logical resource for the Packet Data Service Instance is currently mapped in the Logical-to-Physical Mapping Table
R_{Rmin}	Maximum transmission rate of the FCH or DCCH onto which the r-dtch logical resource for the Packet Data Service Instance is currently mapped in the Logical-to-Physical Mapping Table

② Characteristics of the Active State for Circuit Data Services

- dmch & dtch가 forward & reverse 방향으로 설정된다.
- Data service PDUs가 교환된다.
- Base station은 mobile station에 명시적인 forward link stream assignment를 보내지 않고 아무때나 rate RCFmin(표 3-19 참조)까지 전송할 수 있다. Base station으로부터 mobile station으로 rate RCFmin보다 고속으로 전송하려면 high data rate stream을 전송하기 전에 mobile station에 명시적인 forward link stream assignment을 보내야 한다.

〈high speed forward data stream assignment의 구성〉

- mobile station이 forward data stream 동안에 decode할 physical code channel resources(e.g., Forward Supplemental Channels)의 명시
- physical code channels에 대한 전송 rate(s)(explicit or implicit)
- forward data stream의 start time(duration은 무한대로 설정될 수 있음)

- Mobile station은 base station의 명시적인 허가 없이(e.g., high speed reverse stream request를 보내지 않고) 아무때나 rate RCRmin까지 전송할 수 있다. Mobile station으로부터 Base station으로 rate RCRmin보다 high speed reverse stream을 전송하려면 base station에 명시적인 high speed reverse link stream request를 보낸 후, base station으로부터 명시적인 high speed reverse data stream assignment를 받아야 한다.

〈high speed reverse data stream request의 구성〉

- 원하는 전송 rate
- mobile station이 현재 가지는 transmission power limitations의 명시(i.e., transmission power headroom)
- other pertinent RF parameters

- base station이 mobile station의 high speed reverse stream request를 accept하거나 reject할 수 있다. Base station이 accept한다면(일부 변형 있을 수 있음 e.g., 불충분한 air interface capacity로 인해서 요구한 data rate를 축소), base station은 다음과 같이 구성된 high speed reverse data stream assignment로 응답한다.

〈high speed reverse data stream assignment의 구성〉

- (하나 이상의 Reverse Supplemental Channel이 존재할 경우)mobile station이 reverse data stream를 위해서 사용할 physical code channel resources(e.g., Reverse Supplemental Channels)의 명시
- physical code channels의 data transmission rate(s)(explicit or implicit)
- reverse data stream의 start time(duration은 무한대로 설정될 수 있음)

• IWF와 mobile station 간의 data service instance Link Layer connection은 open state에 있다.

• Forward & Reverse link scheduling은 서로 독립적이다.

표 3-19 Definitions of Circuit Data Operating Parameters

Parameter	Value
R_{CFmin}	Maximum transmission rate of the FCH or DCCH onto which the f-dtch logical resource for the Circuit Data Service Instance is currently mapped in the Logical-to-Physical Mapping Table
R_{CFmin}	Maximum transmission rate of the FCH or DCCH onto which the r-dtch logical resource for the Circuit Data Service Instance is currently mapped in the Logical-to-Physical Mapping Table

③ The Active Timer (Informative)

• Packet 또는 Circuit Data Service PLICF로부터 bearer data가 f/r-dtch 상에서 lower layers에 전송되거나 또는 lower layers로부터 수신할 때마다 Active Timer (T_{active})는 base station data service PLICF에서 restart 된다. Active Timer는 이전에 초기화되지 않았다면, 다시 초기화시킨다(Active Timer는 무한대일 수 있다. 즉, base station이 update된 reverse burst assignment를 전송할 때까지는 reverse data burst는 계속된다).

• Active timer에 대한 expiration timer는 packet & circuit data services에 대해서 다르다.

④ Mobile Station Procedures

- Active State에서의 mobile station의 state transitions
- mobile station은 표 3-20에서 보이는 procedures에 따라서 Active State에서 발생하는 events를 처리한다.

표 3-20 Mobile Station State Transitions for the Active State

Event	Active State
Q-BufferData.Indication	Q-BufferData.Response (); Active
RC-ResourceReleased.Indication (dtch, sr)	RC-ResourceReleased.Response(dtch, sr); Q-StopXmit.Request(); Control_Hold
RC-ResourceReleased.Indication (dtch, dmch, sr)	RC-ResourceRelease.Response(dtch, dmch, sr); Q-StopXmit.Reqeust(); Suspended
RC-ResourceReleased.Indication (dtch, dmch, SR, Purge_SR, this.sr)	RC-ResourceReleased.Response(dtch, dmch, SR, Purge_SR, this.sr); Q-StopXmit.Request(); Null
RC-ResourceReleased.Indication (dtch, dmch, SR, this.sr)	RC-ResourceReleased.Response(dtch, dmch, SR, this.sr); Q-StopXmit.Request(); Null
RC-ResourceReleased.Indication (SR, this.sr)	RC-ResourceReleased.Response(SR, this.sr); Q-StopXmit.Request(); Null

⑤ Base Station Procedures

- Active State에서의 mobile station의 state transitions
- mobile station은 표 3-21에서 보이는 procedures에 따라서 Active State에서 발생하는 events 처리

표 3-21 Base Station State Transitions for the Active State

Event	Active State	
	Locked	Unlocked
T-Expired. Indication(Active)	T-Expired.Response; RC-Unlock.Request(dtch, this.sr); OR RC-Unlock.Reqeust(dtch, dmch, this.sr); OR RC-Unlock.Request(dtch, dmch, SR, this.sr); RC-Unlock.Request(dtch, dmch, SR, Purge_SR, this.sr); Active.Locked	
Q-BufferData. Indication	Q-BufferData.Response; T-Stop.Request (Active); Active.Locked	Q-BufferData.Response; RC-Lock.Request(dtch, dmch, SR, this.sr) Active.Unlocked
Q-BufferEmpty. Indication	Q-BufferEmpty.Response; T-Start.Request (Active); Active.Locked	
Q-Unlock.Confirm (dtch, *, sr)	Q-StopXmit.Request(); Active.Unlocked	
Q-Lock.Confirm (dtch, dmch, SR, sr)		Set_Timer_Default(); Q-StartXmit.Request(); Active.Locked
RC-ResourceReleased.Indication (dtch, sr)		RC-ResourceReleased.Response (dtch, sr); T-Start.Request(Control_Hold); Control_Hold.Locked
RC-ResourceReleased.Indication (dtch, dmch, sr)		RC-ResourceRelease.Response (dtch, dmch, sr); T-StartRequest(Suspended); Suspended.Locked
RC-ResourceReleased.Indication (dtch, dmch, SR, this.sr)		RC-ResourceReleased.Response (dtch, dmch, SR, Purge_SR, this.sr); Null

RC-ResourceReleased.Indication (SR, this.sr)		RC-ResourceReleased.Response (SR, this.sr); Q-StopXmit.Request(); Null
RC-ResourceReleased.Indication (dtch, dmch, SR, Purge_SR, this.sr)		RC-ResourceReleased.Response (dtch, dmch, SR, Purge_SR, this.sr); Q-StopXmit.Request(); Null

5) Control Hold State

① Characteristics of the Control Hold State (Informative)

Control Hold State는 다음과 같은 특징을 가진다.

- Forward & Reverse link dmch channels가 할당된다.
- Forward or reverse dtch는 설정되지 않으므로 RLP frames는 교환되지 않는다.
- Forward & Reverse dmch channels는 connect되어 있다.

• Control Hold timer

data service PLICF가 Control Hold State에 진입할 때, Control Hold Timer는 base station에서 초기화되어서 restart 된다. Timer가 T_{Hold}값에 도달할 때 expired 된다.

② Mobile Station Procedures

- mobile station에서의 Control Hold State와 Resource Control entity와 PLICF 간의 interactions를 보인다.
- mobile station은 procedures에 따라서 Control Hold State에서 발생하는 events를 처리한다.

③ Base Station Procedures

- mobile station에서의 Control Hold State와 Resource Control entity와 PLICF 간의 interactions를 보인다.
- mobile station은 procedures에 따라서 Control Hold State에서 발생하는 events를 처리한다.

6) Suspended State

① Characteristics of the Suspended State (Informative)

- Suspended State의 subsates에 공통적인 특징은 다음과 같다.

- Packet Data Service Option이 connect되어 있다.
- Forward or reverse dtch가 설정되어 있지 않고 RLP frames가 교환되지 않다.
- Dedicated channels의 설정을 위해서 mobile station과 base station에 의해서 다음과 같은 state information이 유지된다.
  ① round-trip delay를 포함한 RLP state;
  ② service configuration을 포함한 traffic channel configuration(connected service options & their characteristics);
  ③ encryption variables
  ④ IWF와 mobile station 간의 Link Layer connection은 Open 상태에 있다.

• Suspended Timer

Packet Data Service가 Suspended State에 진입할 때마다 base station data service PLICF에 의해서 Suspended Timer가 initiate되고 restart 된다. timer는 $T_{suspend}$값에 도달할 때 expire 된다.

② Mobile Station Procedures

• Mobile Station에서의 Suspended State와 Resource Control entity와 PLICF 간의 interactions를 보인다.

• mobile station은 procedures에 따라서 Suspended State에서 발생하는 events를 처리한다.

③ Base Station Procedures

• Base Station에서의 Suspended State와 Resource Control entity와 PLICF 간의 interactions를 보인다.

• Base station은 procedures에 따라서 Suspended State에서 발생하는 events를 처리한다.

2.2.4 Data Plane Entities

(1) DCR

1) Overview(Informative)

• Data LAC entity로부터 오는 user data는 RLP Queue 또는 RLP entity로 지정된다. Reverse direction으로 수신하는 user data는 DCR state에 관계없이 Data LAC entity에 직접 pass 된다. 이 section에서는 forward direction으로의 data flow를 설명한다.

• DCR의 states
  - Dedicated : DCR instance가 생성될 때의 default state로 user data는 RLP Queue entity에 지정된다. 이 state는 DCR PLICF의 Data Service Connected State에 해당한다.
  - Common : 전송 buffer에서의 user data의 양은 조사되어서 DCR PLICF에 보고된다. User data는 RBP entity에 지정된다. 이 state는 DCR PLICF의 Dormant Common or Dormant Dedicated Substate에 해당한다.
  - Common Burst : user data는 RBP entity에 지정되고 air 상으로 전송될 수 있다. 이 state는 DCR PLICF의 Dormant Burst Substate에 해당한다.

• DCR의 state transition은 DCR PLICF에 의해서 주로 제어된다.
  - DCR PLICF가 Data Service Connected State로부터 Dormant State로 상태 변이를 할 때 DCR에 DCR-SetMode.Request(RBP)를 보낸다. 이 primitive는 DCR에 RLP로부터 Common state로 상태 변이를 하고 전송 buffer를 조사하도록 명령을 내린다. buffer가 empty가 아니면, DCR은 DCR PLICF에 DCR-BufferData.Indication 또는 DCR-BufferShortData.Indication을 전송한다.
  - DCR PLICF가 Data Service Connected State로 상태 변이를 하고자 한다면, DCR에 DCR-SetMode.Request(RLP)를 전송해서 Dedicated State로 이동하게 한다.
  - DCR PLICF가 Common Traffic Channel을 통해서 data를 전송하고자 할 때, DCR에 DCR-BufferShortData.Response(Send)를 보내서 RBP entity에 data(Short Data Burst)를 pass하고 Common Burst State로 상태변이를 하게 한다. 이 때 DCR은 Short Data Burst 전송의 종료를 나타내는 RBP-Data.Confirm primitive를 수신하기 전에는 Common State로 return하지 않는다.

• DCR에 대한 state diagram

(2) RLP Queue

1) Overview (Informative)

RLP Queue entity는 (MAC Layer 밖에서) Data Service Option으로부터의 bearer data의 RLP entity와의 flow에 따라서 Data Service PLICF instances에 control information을 제공한다. 이 control events는 Data Service PLICF instances가 전송할 bearer data의 availability 또는 수신한 bearer data의 존재에 따라서 state 변이를 신속하게 하도록 한다.

2) RLP Queue Object Description

RLP Queue object은 attributes 또는 변수들을 가지지 않는다.

3) Mobile Station Procedures

- mobile station에서 RLP Queue에 대한 state transition을 보인다.
- mobile station은 procedures에 따라서 events를 처리한다.

4) Base Station Procedures

- mobile station에서 RLP Queue에 대한 state transition을 보인다.
- mobile station은 procedures에 따라서 events를 처리한다.

(3) Short Data Bursts

1) Overview(Informative)

- Data Burst Messages를 통해서 SDBs를 전송할 때 data flow에 대한 overview를 보인다.

  새로운 entity, Short Data Burst TeleService(SDBTS)는 RBP entity에 의해서 기대되는 service interface로의 (Common Channel Data Burst Messages에 의해서 전송되는) Signaling teleservice capabilities의 mapping을 제공한다.

  Data service instance Link Layer entity에 의해서 DCR로 download되어 전송되는 Short Data Bursts(SDBs)는 Common Channels(R-ACH/F-PCH 또는 F/R-CCCH)를 통해서 전송하기 위해서 RBP entity에 전달된다.

  RBP entity는 normal Signaling teleservices capabilities를 통해 전송하기 위해서 SDB를 SDBTS entity에 전달하는 function을 제공한다.
- SDB의 Attributes

  SDB의 Attributes는 data block, data length, data service가 connect된 service option number, Service reference와 mobile termination SDB에 대해서는 mobile station의 address information을 포함한다.

  Service Reference와 terminating mobile station의 address는 DCR에서 이용 가능하다.

  특정 Service Reference, sr은 상응하는 RBP entity에 SDB의 다른 attributes를 지정하기 위해서 receiver SDBTS entity에 의해서 사용된다.

  service option number는 적당한 data service instance Link Layer entity에 data block과 그 size를 전달하기 위해서 receiver DCR에 의해서 사용된다.
- RBP entity

  DCR로부터 수신한 SDB를 SDBTS에 forward하는 null entity

  DCR로부터 RBP-Data.Request primitive를 수신하자마자, transmitting RBP entity는 SDBTS entity에 SDBTS-Data.Request primitive를 전송한다.

SDBTS entity로부터 SDBS-Data.Confirm primitive를 수신하자마자, next SDB의 전송을 시작하기 위해서 DCR에 RBP-Data.Confirm primitive를 전송한다.

- SDBTS entity

SDBTS-Data.Request(sr, so, length, DataBlock) primitive를 수신하자마자, SDBTS entity는 SDBTS-SDU를 형성함으로써 SDB를 encapsulate하고 그것을 Upper Layer Signaling Data Burst service의 기대되는 service interface(i.e., Teleservices service interface)에 전달한다.

SDB의 전달을 종료했을 때(Data Burst Message에 대해서 layer 2 acknowledgment를 수신했을 때 또는 acknowledgment를 수신하지 못했을 때), SDBTS는 RBP entity에 SDB의 전송 종료를 알리기 위해서 SDBTS-Data.Confirm primitive로 응답한다.

- Upper Layer Signaling entity

Upper Layer Signaling entity는 제공받은 Data Burst SDU를 Upper Layer Signaling procedures를 이용하여 Common Channel Data Burst Message를 형성하여 SRBP를 통해서 Muxtiplex Sublayer에 전달하도록 한다.

Data Burst Message의 BURST_TYPE field는 Short Data Burst로 설정되고 CHARi fields는 SDU로 설정된다.

2) RBP

① Mobile Station Procedures

㉠ Transmitting Procedures

- 전송하는 mobile station DCR entity는 RBP-Data.Request(sr, so, length, DataBlock) primitive를 이용하여 SDB를 전송한다. Mobile station RBP entity는 RBP-Data.Request(sr, so, length, DataBlock) primitive를 수신하자마자, SDTS-Data.Request(sr, so, length, DataBlock)을 통해서 수신한 parameter를 SDBTS entity에 forward 한다.
- 전송하는 RBP entity가 SDBTS로부터 SDBTS-Data.Confirm primitive를 수신할 때, RBP-Data.Confirm() primitive를 DCR에 전달하고 SDB transmission session을 종료한다. RBP entity는 현재의 SDB transmission session을 종료할 때까지 새로운 SDBTS-Data.Request primitive의 전송을 시작하지 않는다.

㉡ Receving Procedures

Mobile station RBP entity가 SDBTS-Data.Indication(SO, length, DataBlock) primtive를 수신하자마자, SDB의 도착을 알리는 RBP-Data.Indication(SO, length, DataBlock) primitive를 통해서 수신한 parameters를 DCR entity에 forward 한다.

② Base Station Procedures

㉠ Transmitting Procdures

• 전송하는 base station DCR entity는 RBP-Data.Request(sr, so, length, DataBlock, addr_len, address) primitive를 이용하여 SDB를 전송한다. Base station RBP entity는 RBP-Data.Request(sr, so, length, DataBlock, addr_len, address) primitive를 수신하자마자, SDTS-Data. Request(sr, so, length, DataBlock, addr_len, address)을 통해서 수신한 parameter를 SDBTS entity에 forward 한다.

• 전송하는 RBP entity가 SDBTS로부터 SDBTS-Data.Confirm primitive를 수신할 때, RBP-Data.Confirm() primitive를 DCR에 전달하고 SDB transmission session을 종료한다. RBP entity는 현재의 SDB transmission session을 종료할 때까지 새로운 SDBTS-Data.Request primitive의 전송을 시작하지 않는다.

㉡ Receiving Procedures

Base station RBP entity가 SDBTS-Data.Indication(SO, length, DataBlock) primtive를 수신하자마자, SDB의 도착을 알리는 RBP-Data.Indication(SO, length, DataBlock) primitive를 통해서 수신한 parameters를 DCR entity에 forward 한다.

3) SDBTS

① Mobile Station Procedures

㉠ Transmitting Procedures

• Mobile station SDBTS entity는 SR과 관련된 RBP entity로부터 SDBTS-Data.Request(sr, so, length, DataBlock)을 수신하자마자, 다음과 같은 procedures를 수행한다.

SDBTS는 미리 정해진 규칙에 따라 p.196 ③ SDBTS-SDU Format을 구성한다. 여기서 sr field=sr, so field=so, SDU_DATA field=DataBlock 안의 data로 설정되어 있다.

$AUTH_s$=='01'로 설정되어 있다면, SDBTS는 authentication을 위해서 6개까지의 4-bit digits로 구성된 SDB_AUTH 변수와 SDB_AUTH에 포함된 개수를 나타내는 SDB_AUTH_LEN을 생성한다. SDBTS는 MOBILE PHONE에서 정의된 procedures에 따라서 SDU_DATA의 처음 24bits 또는 SDU_DATA가 24 bits보다 작다면 SDU_DATA 전체를 이용한다.

BURST_TYPE=Short Data Burst에 해당하는 값, NUM_MSGS=1, MSG_NUMBER=1, NUM_FIELDS=length+3, CHARIFIELDS=SDBTS-SDU로 설정하여 Data Burst Message(MOBILE PHONE 참조)를 형성하라. 변수 SDB_AUTH & SDB_AUTH_LEN은 MOBILE PHONE에서 정의된 procedures에 따라서 Data Burst Message의 authentication fields을 계산하기 위해서 사용된다.

- mobile station은 MOBILE PHONE에서 정의된 procedures에 따라서 common traffic channel을 통해서 Data Burst Message를 전송한다. Data Burst Messages는 layer 2 acknowledgment를 필요로 하므로 SDBTS entity는 ACK_REQ layer field=1로 설정한다. Access attempt가 acknowledge되든지 또는 실패하든지, SDBTS는 RBP entity에 현재의 SDB transmission session의 종료를 나타내는 SDBTS-Data.Confirm()으로 응답한다. SDBTS는 현재의 SDB transmission을 종료하기 전에 새로운 SDBTS-Data.Request primitive를 무시한다.

㉡ Receiving Procedures

- SDB capability를 지원하는 Mobile station은 common traffic channel 상으로 수신한 모든 Data Burst Messages를 처리한다. SDBT entity에 의해서 message errors의 검출 여부에 관계없이 Layer 2 acknowledgment는 항상 return되어야 한다. Mobile station SDBTS는 다음 항목 중 하나라도 해당되면 더 이상 처리하지 않고 message를 discard 한다.

  MSG_NUMBER field가 1이 아닌 값으로 설정되어 있을 때
  NUM_MSGS field가 1이 아닌 값으로 설정되어 있을 때
  NUM_FIELDS field가 zero일 때
- 위에 해당하지 않으면, mobile station SDBTS는 p.196 ③ SDBTS-SDU Format에서 정의된 것처럼 수신한 Data Burst Message의 CHARi fields를 SDBTS-SDU로 해석하여 SR, SO & SDU_DATA field를 추출한다. mobile station SDBTS는 Service Reference sr을 가지는 RBP entity에 SDBTS-Data.Indication(so, length, DataBlock)을 전송하는데, 여기서 so field=so, length=수신한 Data Burst message의 NUM_FIELDS field값-3, DataBlock=SDU_DATA로 설정되어 있다.
- SDBTS는 SDBTS-Data.Response()를 수신할 때, 아무런 action도 취하지 않는다.

② Base Station Procedures

㉠ Transmitting Procedures

- Base station SDBTS entity는 SR과 관련된 RBP entity로부터 SDBTS-Data.Request(sr, so, length, DataBlock)을 수신하자마자, 다음과 같은 procedures를 수행한다.
  SDBTS는 p.196 ③ SDBTS-SDU Format에서 정의된 바와 같이 SDBTS-SDU를 구성한다. 여기서 sr field=sr, so field=so, SDU_DATA field=DataBlock 안의 data로 설정되어 있다.
  BURST_TYPE=Short Data Burst에 해당하는 값, NUM_MSGS=1, MSG_NUMBER=1, NUM_FIELDS=length+3, CHARIFIELDS=SDBTS-SDU, ADDR_TYPE field=addr_type, ADDR_LEN field=addr_len, ADDRESS field=address로 설정하여 Data Burst Message(MOBILE PHONE 참조)를 형성하라. 변수 SDB_AUTH & SDB_AUTH_LEN은 MOBILE PHONE에서 정의된 procedures에 따라서 Data Burst Message의 authentication fields을 계산하기 위해서 사용된다.
- Base station은 MOBILE PHONE에서 정의된 procedures에 따라서 common traffic channel을 통해서 Data Burst Message를 전송한다. Data Burst Messages는 layer 2 acknowledgment를 필요로 하므로 SDBTS entity는 ACK_REQ layer field=1로 설정한다. Data Burst Message가 acknowledge되든 안되든(MOBILE PHONE 참조), SDBTS는 RBP entity에 현재의 SDB transmission session의 종료를 나타내는 SDBTS-Data.Confirm()으로 응답한다. SDBTS는 현재의 SDB transmission을 종료하기 전에 새로운 SDBTS-Data.Request primitive를 무시한다.

㉡ Receiving Procedures

- SDB capability를 지원하는 Base station은 common traffic channel 상으로 수신한 모든 Data Burst Messages를 처리한다. SDBT entity에 의해서 message errors가 검출여부에 관계없이 Layer 2 acknowledgment는 항상 return되어야 한다. Mobile station SDBTS는 다음 항목 중 하나라도 해당되면 더 이상 처리하지 않고 message를 discard 한다.
  - MSG_NUMBER field가 1이 아닌 값으로 설정되어 있을 때
  - NUM_MSGS field가 1이 아닌 값으로 설정되어 있을 때
  - NUM_FIELDS field가 zero일 때
- 위에 해당하지 않으면, mobile station SDBTS는 sectionp.196 ③ SDBTS-SDU Format에서 정의된 것처럼 수신한 Data Burst Message의 CHARi field

를 SDBTS-SDU로 해석하여 SR, SO & SDU_DATA field를 추출한다.

base station SDBTS는 Transmitting Procedures에서 설명한 것처럼, SDU_DATA로부터 authentication digits를 형성해야 한다.

base station SDBTS는 authentication signature를 계산하기 위해서 일련의 digits를 사용해야 하고 계산된 signature와 수신한 Data Burst Message의 AUTHR field값과 비교해야 한다.

base station SDBTS는 수신한 Data Burst Message의 RANDC field값과 내부적으로 저장된 RAND의 최상위 8 bits와 비교해야 한다.

base station은 SDBTS는 수신한 Data Burst Message의 COUNT field값과 수신한 IMSI/ESN과 관련된 내부적으로 저장된 값과 비교해야 한다.

- authentication이 성공하면, base station SDBTS는 Service Reference sr을 가지는 RBP entity에 SDBTS-Data.Indication(so, length, DataBlock)을 전송하는데, 여기서 so field=so, length=수신한 Data Burst message의 NUM_FIELDS field값-3, DataBlock=SDU_DATA로 설정되어 있다.
- SDBTS는 SDBTS-Data.Response()를 수신할 때, 아무런 action도 취하지 않는다.

③ SDBTS-SDU Format

Mobile station 또는 Base station은 SDBTS-SDU에 대해서 다음과 같은 formant을 이용한다.

Field	Length(bits)
SR	3
RESERVED	5
SO	16
SDU_DATA	Variable

SR - Service Reference

RESERVED - Reserved bits == '00000'

SO - Service option number

mobile station 또는 base station은 Data Service PLICF가 Data Service Connected State에 있을 때 이 field를 data service의 service option number로 설정한다.

SDU_DATA - Data octets

(4) Mux and QoS Sublayer

1) The Multiplex Sublayer

- Multiplex sublayer는 다음과 같은 두 mode 중 한 mode에서 동작한다.
  - Mode A : TIA/EIA-95-B physical alyer와 동작할 때 사용된다.
  - Mode B : cdma 2000 physical layer와 동작할 때 사용된다.
- Transmitting function
- QoS control 하에, transmitting function은 signaling & connected services로부터 또는 logical channels로 부터 information bits를 요구한다.
  p.210 Interface to Signaling에서 설명하는 primitives를 이용하여 signaling과 multiplex sublayer 간에 Information bits가 교환된다.; multiplex sublayer는 signaling으로부터 수신한 information bits를 data block으로 변환한다. Information bits는 connected service 또는 logical channel와 multiplex sublayer 간에 data block 단위로 교환된다.
  Multiplex sublayer는 하나 이상의 data block들을 하나의 MuxPDU로 multiplex하고 하나 이상의 MuxPDU들을 Physical layer에 의한 전송을 위해서 하나의 physical layer SDU로 결합시킨다. Physical layer SDU는 p.211 Interface to the Physical Layer service interface operations를 이용하여 multiplex sublayer와 physical layer 간에 교환된다.
- 각 Physical layer FCH or DCCH SDU에 하나의 MuxPDU가 존재한다.
  20ms physical layer FCH or DCCH SDU를 형성하는 MuxPDU에서 허용되는 data block combinations 설명
  5ms physical layer FCH or DCCH SDU를 형성하기 위해서 사용되는 MuxPDU 안에 하나의 data block이 사용된다.

표 3-22 Multiplex Options Applicable to a FCH or DCCH

	Multiplex Option	
	Rate Set 1	Rate Set 2
FCH	0x01	0x02
DCCH	0x01	0x02

- Mode A에서 동작할 때, 각 physical layer SCCH SDU를 형성하기 위해서 하나의 MuxPDU가 사용된다. 각 MuxPDU는 하나의 data block을 포함한다.

• SCCH를 가지고 사용되는 여러 multiplex options

표 3-23 Multiplex Options Applicable to SCCHs

Maximum Number of SCCHs	Maximum Number of MuxPDUs	Muxtiplex Option	
		Rate Set 1	Rate Set 2
1	1	0x03	0x04
2	2	0x05	0x06
3	3	0x07	0x08
4	4	0x09	0x0a
5	5	0x0b	0x0c
6	6	0x0d	0x0e
7	7	0x0f	0x10

• Mode B에서 동작할 때, 각 physical layer SCCH SDU를 형성하기 위해서 하나 또는 MuxPDUs가 사용된다. 각 MuxPDU는 하나의 data block을 포함한다.

• SCH를 가지고 사용되는 여러 multiplex options

표 3-24 Multiplex Option Applicable to an SCH

SCH Rate	Maximum Number of MuxPDUs in the Physical Layer SDU			Multiplex Option					
				Rate Set 1			Rate Set 2		
	MuxPDU Type 1 or 2	MuxPDU Type 3		MuxPDU Type 1 or 2	MuxPDU Type 3		MuxPDU Type 1 or 2	MuxPDU Type 3	
		single	double		single	double		single	double
1x	1			0x03			0x04		
2x	2	2	1	0x05	0x809	0x905	0x06	0x80a	0x906
3x	3			0x07			0x08		
4x	4	4	2	0x09	0x811	0x909	0x0a	0x812	0x90a
5x	5			0x0b			0x0c		
6x	6			0x0d			0x0e		
7x	7			0x0f			0x10		
8x		8	4		0x821	0x911		0x822	0x912
16x			8			0x921			0x922

Note SCH Rate는 base rate의 배수로 표현된다. Rate Set 1에 대해서, base rate는 9600 bps이고 Rate Set 2에 대해서는 base rate는 14400 bps이다. 따라서 2xSCH rate는 Rate Set 1에 대해서는 2*9600(19200)이거나 Rate Set 2에 대해서는 2*14400(28800)이다.

- SCH는 rate 1x, 2x, 4x, 8x 또는 16x로 동작한다. SCH rate가 3x, 5x, 6x 또는 7x인 multiplex options에 대해서, 실제로는 next higher SCH rate가 사용된다(e.g., 3xSCH rate를 명시하는 multiplex option 0x07을 지원하기 위해서 4xSCH가 사용된다).
- 0x10보다 큰 multiplex options에 대해서, multiplex option number를 계산하기 위해서 사용되는 fields를 표 3-25에서 설명한다.

표 3-25 Fields Used to Compute Multiplex Option Numbers 〈Greater than 0x10〉

Field Name	Number of Bits	Value
Rate_Set	2	'01' – Rate Set 1 '10' – Rate Set 2
Max_Data_Blocks	6	'000001' – '001000'
Data_Block_Size	2	'00' – Single Size '01' – Double Size
MuxPDU_Type	2	'00' – MuxPDU Type 1, 2, or 4 '10' – MuxPDU Type 3
Format Descriptor	4	'0000' – Format 1

- Signaling Traffic : signaling data block 안의 information bits

  Primary Traffic : service 1 data block 안의 information bits

  Secondary Traffic : service 2 data block 안의 information bits

① Mobile Station Support

- Mobile station이 radio configuration 1을 지원한다면, FCH를 지원하고 FCH 상에서 Mode A를 지원한다.
- Mobile station이 2보다 큰 radio configuration을 지원한다면, FCH를 지원하고 FCH 상에서 Mode B를 지원한다.

② Default Service Priority

- Multiplex sublayer가 Mode A에서 동작할 때 또는 Multiplex sublayer가 Mode B에서 동작하고 QoS가 service priority를 지정하지 않을 때, multiplex sublayer는 service priority를 지정하기 위해서 다음과 같은 순서로 우선 순위를 매긴다.

  ① Signaling traffic

  ② Primary traffic

  ③ Secondary Traffic

③ Multiplex Sublayer Transmitting Function

㉠ Assembling the Physical Layer FCH SDU for Transmission

(A) Mode A

- Null traffic MuxPDU : signaling & all services가 Blank data block을 제공할 때, multiplex sublayer가 생성하는 MuxPDU로 모든 bits가 '1'인 the lowest negotiated transmit rate primary traffic data block
- Multiplex sublayer는 Transmit FCH Request service interface operation을 이용하여 physical layer에 assembled physical layer SDU를 전달한다.

(B) Mode B

- FCH physical channel이 할당되었다면, multiplex sublayer는 매 20ms interval의 시작에서 physical layer FCH SDU를 assmble 한다. 매 20ms interval의 시작 시점이 아닌 곳에서는 20ms FCH SDU를 assmble하지 않는다.
- Multiplex sublayer는 5ms마다 MuxPDU Type 4를 형성할 수 있다.
- signaling이 20ms interval의 시작시 5ms data block을 제공한다면 multiplex sublayer는 다음을 수행한다.
  - multiplex sublayer는 같은 20ms interval 안에 20ms FCH SDU를 assemble하지 않는다면, multiplex sublayer는 하나의 Blank data block을 제공하기 위해서 FCH-mapped logical channels를 필요로 한다. multiplex sublayer는 다음 20ms interval의 시작시까지 5ms마다 MuxPDU Type 4 또는 Null MuxPDU를 형성한다.
  - multiplex sublayer는 같은 20ms interval 안에 20ms FCH SDU를 assemble 한다면, multiplex sublayer는 MuxPDU 4를 형성하기 위해서 제공된 5ms data block을 이용하고 같은 20ms interval 안에서 20ms FCH SDU를 assemble 한다.
- signaling이 20ms interval의 시작이 아닌 시점에서 5ms data block을 제공한다면, multiplex sublayer는 MuxPDU Type 4를 형성하기 위해서 제공된 5ms data block을 사용한다.
- FCH-mapped logical channel이 non-Blank 20ms data block을 제공한 후에, multiplex sublayer는 assemble된 MuxPDU에 대해서 5ms data block을 accept하지 않는다.
- 20ms interval의 시작에서, signaling & 모든 FCH-mapped logical channels가 Blank data blocks를 제공한다면, multiplex sublayer는 null traffic MuxPDU를 생성한다(Null traffic MuxPDU : signaling & all services가 Blank data block을 제공할 때, multiplex sublayer가 생성하는 MuxPDU로

모든 bits가 '1'인 the lowest negotiated transmit rate primary traffic data block).

- Multiplex sublayer는 Transmit FCH Request service interface operation을 이용하여 physical layer에 assembled physical layer SDU를 전달한다.

ⓛ Assembling the Physical Layer DCCH SDU for Transmission

(A) Mode B

㉠ Assembling the Physical Layer FCH SDU for Transmission에서의 Mode B에서 동작하는 방법과 같다.

ⓒ Assembling the Physical Layer SCCH SDU for Transmission

(A) Mode A

㉠ Assembling the Physical Layer FCH SDU for Transmission에서의 Mode A에서 동작하는 방법과 같다.

(B) Procedures for Adding And Dropping R-SCCHS

- Multiplex Sublayer가 Type 1 또는 2의 MuxPDUs를 전송하는 R-SCCHs의 개수가 부족하다면, Multiplex Sublayer는 먼저 높은 code channel index를 가지는 R-SCCHs에 대해서 Physical Layer에 전송하는 것을 중단한다.
- REV_DTX_DURATIONs가 '1111'이 아니고 multiplex sublayer가 REV_DTX_DURATIONs X 20ms보다 긴 시간 동안에 R-SCCH에 대해서 Physical Layer에 Type 1 또는 2의 MuxPDUs를 전송하는 것을 중지한다면, Multiplex sublayer는 R-SCCH가 재할당될 때까지는 그 R-SCCH에 대해서 Phsycial Layer에 Type 1 또는 2의 MuxPDUs를 전송하는 것을 재개하지 않는다. 비슷하게, Multiplex Sublayer는 j에서 j+1까지 사용중인 R-SCCHs에 대해서 Physical layer에 전송되는 Type 1 또는 2의 MuxPDUs의 개수를 증가시키면 (불연속적인 전송이 허용될 때 전송의 재개 또는 부가적인 R-SCCHs가 할당될 때), Multiplex sublayer는 더 큰 index를 가지는 code channels에 대해서 전송하기 이전에 code channel index j+1을 가지는 R-SCCH에 대해서 Type 1또는 2의 MuxPDUs를 전달해야 한다.

(C) Procedures for the R-SCCH Transmission Preamble

- Multiplex Sublayer가 하나 이상의 Null MuxPDUs를 전달한 다음에 하나의 R-SCCH에 대해서 Physical Layer에 Type 1또는 2의 MuxPDUs를 전달하려면, Supplemental Code Channel preamble을 R-SCCH 상에 전송하도록 Physical Layer에 지시한다.

(D) Procedures for the R-SCCH Discontinuous Transmission (DTX) Preamble

- 현재의 connected service option이 discontinuous Reverse Supplemental Code Channel transmission을 허용하는 경우, Multiplex Sublayer가 하나 이상의 Null MuxPDUs를 전달한 다음에 하나의 R-SCCH에 대해서 Physical Layer에 Type 1또는 2의 MuxPDUs의 전달을 재개한다. Multiplex Sublayer가 R-SCCH에 대해서 Type 1 또는 2의 MuxPDUs의 전달을 재개할 때, Multiplex Sublayer는 Supplemental Code Channel preamble을 R-SCCH 상에 전송하도록 Physical Layer에 지시한다.
- Multiplex Sublayer는 R-SCCH의 할당 다음에 R-SCCH에 대해서 Type 1 또는 2의 MuxPDUs를 전달하기 시작할 때, Multiplex Sublayer는 Supplemental Code Channel Discontinuous Transmission preamble을 physical layer이 전송하도록 지시하지 않는다.

㉣ Assembling the Physical Layer SCH SDU for Transmission

(A) Mode B

- SCH가 multiplex option 0x03, 0x05, 0x07, 0x09, 0x0b, 0x0d, or 0x0f를 가지고 사용될 때, multiplex sublayer는 MuxPDU Type 1을 형성하기 위해 제공되는 각 non-Block data block을 이용한다. Multiplex sublayer는 MuxPDUs를 serial하게 physical layer SCH SDU에 삽입하고 SCH SDU의 남아 있는 공간을 '1' bit로 시작해서 '1'과 '0' bits를 교대로 채운다.
- SCH가 multiplex option 0x04, 0x06, 0x08, 0x0a, 0x0c, 0x0e, or 0x10을 가지고 사용될 때, multiplex sublayer는 MuxPDU Type 2를 형성하기 위해 제공되는 각 non-Block data block을 이용한다. Multiplex sublayer는 MuxPDUs를 serial하게 physical layer SCH SDU에 삽입하고 SCH SDU의 남아 있는 공간을 '1' bits로 채운다.
- SCH가 0x10보다 큰 값을 가지는 multiplex option을 가지고 사용될 때, multiplex sublayer는 uxPDU Type 3을 형성하기 위해 제공된 각 non-Block data block을 이용한다.
  - physical layer가 SDU를 포함하는 physical layer frame의 전송 동안에 SCH에 대해서 convolutional coding을 이용하고 SDU 안에 non-zero개수의 LTUs를 지시한다면, multiplex sublayer는 LTUs를 이용해서 physical layer SCH SDU를 assemble한다. 그렇지 않으면, multiplex sublayer는 MuxPDUs를 serial하게 physical layer SCH SDU에 삽입한다.

- 삽입된 MuxPDUs의 개수가 SCH에 대한 mutlplex option이 필요로 하는 MuxPDUs의 개수보다 작으면, multiplex sublayer는 SCH와 관련된 multiplex option에 의해서 지시된 크기의 data block을 가지는 하나의 Fill MuxPDU('0' bits로 채워짐)를 삽입한다. Multiplex sublayer는 SCH SDU의 남아있는 공간을 '0' bits로 채운다.

• Multiplex sublayer는 Transmit SCH Request service interface operation을 이용하여 physical layer에 assemble된 physical layer SCH SDU를 배달한다.

(B) Procedures for Reverse Discontinuous Transmission (DTX) on the R-SCH

• REV_DTX_DURATIONs가 '1111'이 아니고 multiplex sublayer가 REV_DTX_DURATIONsX20ms보다 긴 시간 동안에 Physical Layer에 연속적으로 Null MuxPDUs를 배달한다면, Multiplex Sublayer는 R-SCH가 base station에 의해서 할당될 때까지는 그 R-SCH에 대해서 Physical Layer에 Type 1, 2, or 3의 MuxPDUs의 전달을 재개하지 않는다.

• REV_DTX_DURATIONs가 '1111'이면, multiplex sublayer는 R-SCH가 할당된 어느 시점에도 그 R-SCH에 대해서 Physical Layer에 Type 1, 2, or 3의 MuxPDUs의 전달을 재개한다.

(C) LTU Assmbly

• Multiplex sublayer는 MuxPDUs를 LTUs로 결합한다.

- 각 LTU는 16-bit CRC와 single size non-Blank data block을 포함하는 2 MuxPDUs 또는 double size non-Block data block을 포함하는 1 MuxPDUs를 포함한다.
- Physical layer SCH SDU 안에 모든 LTU를 채우기 위해서 제공된 MuxPDUs가 충분하지 않으면, multiplex sublayer는 충분하지 않은 각 LTU 안에 충분한 Fill MuxPDUs를 삽입한다. 각 Fill MuxPDUs는 SCH와 관련된 multiplex option에 의해서 지시된 크기 만큼 '0' bits로 채워진 data block을 포함한다.
- multiplex sublayer는 LTU 안에 포함된 모든 bits(CRC 제외)에 대해서 16-bit CRC를 계산하고 LTU 안에 MuxPDUs 다음에 CRC를 삽입한다.
- Multiplex sublayer는 physical layer SCH SDU 안에 LTUs를 serial하게 삽입하고 physical layer SCH SDU 안의 남아있는 공간을 '0' bits로 채운다.

표 3-26 Number of LTUs in a SCH Physical Layer SDU

SDU Transmit Rate (bits/sec)	Number of LTUs in the SDU
9600	0
19200	0
38400	2
76800	4
153600	8
14400	0
28800	0
57600	2
115200	4

ⓜ Mobile Station Transmission Statistics

- Mobile station은 multiplex sublayer가 physical layer에 전달한 physical channel별 physical layer SDU의 개수와 type을 count 한다.
  - 각 counter는 24bit 길이를 가지며 modulo 2^{24}로 관리된다.
  - 각 counter는 Power-on때 zero로 초기화된다.
  - mobile station은 base station으로 부터 command를 받은 경우를 제외하고는 counter를 재초기화하지 않는다.
  - Mobile station이 LTU processing을 지원한다면, physical layer SDU에 있는 각 LTU에 대해서 physical channel에 상응하는 counter를 증가시킨다.

ⓑ Mobile Station Transmission Statistics for the FCH

- FCH Transmission Counters for Multiplex Option 0x01
- FCH Transmission Counters for Multiplex Option 0x02

ⓢ Mobile Station Transmission Statistics for the DCCH

- DCCH Transmission Counters for Multiplex Option 0x01
- DCCH Transmission Counters for Multiplex Option 0x02

ⓞ Mobile Station Transmission Statistics for the SCCH

- SCCH Transmission Counters
  - mutliplex option 0x03 or 0x04 지원시 : counter 1 ~ 2
  - mutliplex option 0x05 or 0x06 지원시 : counter 1 ~ 4
  - mutliplex option 0x07 or 0x08 지원시 : counter 1 ~ 6
  - mutliplex option 0x09 or 0x0a 지원시 : counter 1 ~ 8

- mutliplex option 0x0b or 0x0c 지원시 : counter 1 ~ 10
- mutliplex option 0x0d or 0x0e 지원시 : counter 1 ~ 12 사용됨

④ Multiplex Sublayer receving Function

- Physical layer는 physical-channel specific *Receive Indication* service interface operation을 이용하여 multiplex sublayer에 physical layer SDU를 전달한다.
- Mobile station의 multiplex sublayer는 수신한 각 physical layer SDU 안에 각 MuxPDU를 분류하여 SDU로부터 data block을 logical channel에 전달할 때 category를 제공한다.
  - FCH 또는 DCCH 상으로 수신한 각 MuxPDU Type 1과 관련된 category들 설명
  - FCH 또는 DCCH 상으로 수신한 각 MuxPDU Type 2와 관련된 category들 설명
  - FCH 또는 DCCH 상으로 수신한 각 MuxPDU Type 4와 관련된 category들 설명
  - 9600bps로 동작하는 SCCH 또는 SCH 상으로 수신한 각 MuxPDU Type 1과 관련된 category들 설명
  - 14400bps로 동작하는 SCCH 또는 SCH 상으로 수신한 각 MuxPDU Type 2와 관련된 category들 설명
  - rate 2x 이상으로 동작하는 SCH 상으로 수신한 각 MuxPDU Type 3와 관련된 category들 설명

㉠ Processing the Received Physical Layer FCH SDU

(A) MODE A

- FCH physical channel이 할당되었다면, physical layer는 20ms마다 physical layer FCH SDU를 배달한다. 각 physical layer FCH SDU는 많아야 하나의 MuxPDU를 포함한다.
- physical layer가 physical layer frame size는 20ms이고 physical layer frame quality는 충분하다고 지시하면, multiplex sublayer는 physical layer SDU 안에 있는 MuxPDU를 MuxPDU Type과 구성을 식별한다.
- Multiplex sublayer가 valid, non-null traffic MuxPDU를 식별하면, signaling data block을 signaling, connected service에 대한 각 data block을 각 service로 전달한다.
- Multiplex sublayer가 다음 중 하나에 해당할 때, Blank data block을 signaling과 각 connected service에 배달한다.
  - physical layer frame's size가 20ms가 아니라고 physical layer가 지시할 때
  - physical layer frame's quality가 불충분하다고 phsycial layer가 지시할 때

- multiplex sublayer가 physical layer SDU 안에 있는 MuxPDU를 식별할 수 없거나 MuxPDU가 invalid하다고 판정할 때
- multiplex sublayer가 null traffic MuxPDU를 수신했다고 판정할 때

• multiplex sublayer가 signaling에 data block을 배달할 때, p.210 Interface to Signaling에 있는 procedures를 이용한다.

(B) MODE B

• FCH physical channel이 할당되었다면, physical layer는 적어도 20ms마다 physical layer FCH SDU를 배달한다. 각 physical layer FCH SDU는 많아야 하나의 MuxPDU를 포함한다.

• physical layer가 physical layer frame size는 5ms이고 physical layer frame quality는 충분하다고 지시하면, multiplex sublayer는 physical layer SDU 안에 있는 MuxPDU(MuxPDU Type 4)를 식별하여 signaling data block을 signaling에 전달한다.

• physical layer가 physical layer frame size는 20ms이고 physical layer frame quality는 충분하다고 지시하면, multiplex sublayer는 physical layer SDU 안에 있는 MuxPDU를 MuxPDU Type과 구성을 식별한다.

• Multiplex sublayer가 valid, non-null traffic MuxPDU를 식별하면, signaling data block을 signaling, FCH-mapped logical channel에 대한 각 data block을 해당 logical channel로 전달한다.

• Physical layer frame's bit rate가 negotiated maximum bit rate보다 작으면, mobile station의 multiplex sublayer는 FCH-mapped logical channel에 Blank data block을 전달할 때 *null physical layer frame category*(service가 정보를 전달할 기회를 가졌지만 전달하지 못했고 retransmission timers를 가동하기 위해서 이 category가 쓰일 수 있다.)를 사용한다.

• Multiplex sublayer가 다음 중 하나에 해당할 때, Blank data block을 signaling과 각 connected service에 배달한다.
  - physical layer frame's size가 5ms or 20ms가 아니라고 physical layer가 지시할 때
  - physical layer frame's quality가 불충분하다고 phsycial layer가 지시할 때
  - multiplex sublayer가 physical layer SDU 안에 있는 MuxPDU를 식별할 수 없거나 MuxPDU가 invalid하다고 판정할 때
  - multiplex sublayer가 null traffic MuxPDU를 수신했다고 판정할 때

• multiplex sublayer가 signaling에 data block을 배달할 때, p.210 Interface to Signaling에 있는 procedures를 이용한다.

ⓛ Processing the Received Physical Layer DCCH SDU

(A) MODE B

ⓛ Processing the Received Physical Layer FCH SDU의 Mode B에서의 동작 방법과 같다.

ⓒ Processing the Received Physical Layer SCCH SDU

(A) MODE A

ⓛ Processing the Received Physical Layer FCH SDU의 Mod A에서의 동작 방법과 같다.

ⓔ Processing the Received Physical Layer SCH SDU

(A) MODE B

- 각 할당된 SCH physical channel에 대해서, physical layer는 20ms마다 physical layer SCH SDU를 전달한다. 각 physical layer SCH SDU는 하나 이상의 MuxPDUs를 포함한다.
- Multiplex sublayer는 다음 항목 모두에 해당할 때 A-2) LTU PROCESSING에 따라서 physical layer SDU를 처리한다.
  - SCH가 0x10보다 큰 multiplex option을 가지고 사용된다.
  - Physical layer frame's size가 20ms라고 physical layer가 지시할 때
  - Physical layer가 Physical layer frame의 전송 중 SCH에 대해서 convolutional coding을 사용했다.
  - SDU 안에 non-zero 개수의 LTUs를 나타날 때

A-1) NON-LTU PROCESSING

- Physical layer frame's size가 20ms이고 physical layer frame's quality가 충분하다고 physical layer가 지시할 때, multiplex sublayer는 physical layer SDU 안의 MuxPDUs의 Type과 구성을 식별한다.
- 각 valid MuxPDU Type 1 또는 MuxPDU Type 2에 대해서, multiplex sublayer는 SCH-mapped logical channel에 대해서 각 data block을 그 logical channel에 전달한다. 각 valid, non-Fill MuxPDU Type 3에 대해서, multiplex sublayer는 data block을 MuxPDU 안의 sr에 매칭하는 Service Reference를 가지는 SCH-mapped logical channel에 전달한다.
- Multiplex sublayer는 다음 항목 중 하나라도 해당하면 Blank data block을 각 SCH-mapped logical channel에 전달한다.
  - physical layer frame's size가 20ms가 아니라고 physical layer가 지시할 때
  - physical frame's quality가 불충분하고 physical layer SDU 안에 LTUs가 없다고 physical layer가 지시할 때

- multiplex sublayer가 physical layer SDU 안의 MuxPDU를 식별할 수 없거나 MuxPDU가 invalid하다고 판정할 때

A-2) LTU PROCESSING

- multiplex sublayer는 physical layer SDU 안의 LTUs의 개수를 식별하기 위해서 이용한다.
- 각 LTU에 대해서, multiplex sublayer는 다음과 같이 LTU 안에 있는 MuxPDUs를 식별한다.
  - physical layer frame's quality가 불충분하다고 physical layer가 지시하면, multiplex sublayer는 LTU 안의 CRC를 check한다. CRC가 잘못되어 있으면, multiplex sublayer는 LTU 안의 MUXPDU를 식별할 수 없다. CRC가 올바르면, multiplex sublayer는 LTU 안의 각 MuxPDU Type 3를 식별하기 위해서 이용한다.
  - physical layer frame's quality가 충분하다고 physical layer가 지시하면, multiplex sublayer는 LTU 안의 각 MuxPDU Type 3를 식별하기 위해서 이용한다.
- 각 valid, non-Fill MuxPDU Type 3에 대해서, multiplex sublayer는 data block을 MuxPDU 안의 sr에 매칭하는 Service Reference를 가지는 SCH-mapped logical channel에 전달한다.
- Multiplex sublayer는 다음 항목 중 하나라도 해당하면 Blank data block을 각 SCH-mapped logical channel에 전달한다.
  - physical layer frame's quality가 불충분하고 physical layer SDU에 올바른 CRC를 가지는 LTUs가 없다고 physical layer가 지시할 때
  - multiplex sublayer가 physical layer SDU 안의 어떤 MuxPDU도 식별할 수 없거나, 모든 MuxPDUs가 invalid하다고 판정할 때

㉤ Mobile Station Reception Statistics

- Multiplex sublayer는 physical layer로부터 수신한 모든 physical layer SDU에 대해서 mobile station은 다음과 같은 일을 수행한다.
  - 관련된 physical layer frame quality가 충분하다면, mobile station은 physical channel type 별로 physical layer SDU의 개수와 type을 count 한다.
  - 각 physical layer SCH SDU에 대해서 multiplex sublayer는 SDU에 대해서 LTU processing을 수행한다면, mobile station은 SDU 안의 LTU의 총 개수와 성공적으로 복구한 LTUs의 개수를 count 한다.

- 각 counter는 24 bit 길이이고 modulo 2^{24}로 관리된다.
  - power on 때 각 counter는 zero로 초기화된다.
  - base station으로부터 command를 받은 경우를 제외하고는 counter를 재초기화하지 않는다.

⑤ MuxPDU Types Processed by the Multiplex Sublayer

- MuxPDU Types Processed by the Multiplex Sublayer
  - service reference : Rate 2x 이상의 SCH에서의 MuxPDU Type 3를 사용하는 경우 MuxPDU header 3bit로 service 1(primary traffic), service 2(secondary traffic)와 null service(fill MuxPDU)의 구분을 위해서 사용한다.

㉠ MuxPDU Type 1

- FCH, DCCH, SCCH, & SCH에 대한 가능한 data combinations
  - SCCH : 9600bps로 동작하는 TIA/EIA-95-B Supplemental Code Channel
  - SCH : 9600bps로 동작하는 MOBILE PHONE Supplemental Channel

㉡ MuxPDU Type 2

- FCH, DCCH, SCCH, & SCH에 대한 가능한 data combinations
  - SCCH : 14400bps로 동작하는 TIA/EIA-95-B Supplemental Code Channel
  - SCH : 14400bps로 동작하는 MOBILE PHONE Supplemental Channel

㉢ MuxPDU Type 3

- MuxPDU Type 3에 대한 가능한 data combinations
  - Rate Set 1 : single size data block=170bits를 포함하는 data block
  - Rate Set 1 : double size data block=346 bits를 포함하는 data block
  - Rate Set 2 : single size data block=266 bits를 포함하는 data block
  - Rate Set 2 : double size data block=538 bits를 포함하는 data block
  - SR '001' : primary traffic(traffic from service 1)을 포함하는 MuxPDU를 나타냄
  - SR '010' : secondary traffic(traffic from service 2)을 포함하는 MuxPDU를 나타냄
  - SR '111' : 어떤 service와도 관련 없는 fill bits를 포함하는 data block(=Fill MuxPDU)을 나타냄

㉣ MuxPDU Type 4

- MuxPDU Type 4에 대한 가능한 data block combinations
  - MuxPDU Type 4 : 5ms data block을 전송함

⑥ Interface to Signaling

- MAC-Availability.Indication(type, max_size, system_time) : signaling으로부터 information bits를 요구하기 위해서 multiplex sublayer가 Signaling LAC entity에 전달하는 primitive
- MAC-Data.Request(type, data, size) : Signaling LAC entity가 multiplex sublayer에 information을 전달하기 위해서 사용하는 primitive
- MAC-Data.Indication(type, datat, size, system_time); Signaling LAC entity에 대한 data를 수신했음을 Signaling LAC에 알리기 위해서 multiplex sublayer가 사용하는 primitive

㉠ The MAC-Availability.Indication Primitive

- MAC-Availability.Indication(type, max_size, system_time) : signaling으로부터 information bits를 요구하기 위해서 multiplex sublayer가 Signaling LAC entity에 전달하는 primitive
  - type : 허용되는 signaling message의 type(i.e., 5ms or 20ms or either)
  - max_size : multiplex sublayer가 physical layer SDU에 채울 수 있는 bits의 최대 개수
  - system_time : physical layer가 signaling에 의해서 제공된 모든 information bits를 포함하여 physical layer frame의 첫번째 bit를 전송할 수 있는 system time

㉡ The MAC-Data.Request Primitive

- MAC-Data.Request(type, data, size) : Signaling LAC entity가 multiplex sublayer에 information을 전달하기 위해서 사용하는 primitive
  - data : Signaling LAC data
- MAC-Data.Request(type, dta, size) primitive는 physical layer SDU assembly 동안에 다음과 같은 procedure에 따라서 signaling data block을 생성함으로써 처리된다.
  - signaling이 information bits을 제공하지 않는다면(i.e., data is NULL), multiplex sublayer는 Blank data block을 생성한다.
  - Signaling이 해당하는 MAC-Availability.Indication(type, max_size, system_time)의 max_size보다 많은 information bits를 제공했다면, multiplex sublayer는 information bits를 discard하고 Blank data block을 생성한다.
  - Multiplex sublayer는 수신한 모든 bits를 포함하는 physical channel에 의해서 사용 중이면서 Rate Set에 의해서 허용된 가장 가까운 size data block

안에 수신한 information bits를 채운다. Data block을 완전히 채우는데 충분한 information bits가 없다면, multiplex sublayer는 '0' bits로 된 unfilled space를 채운다.

㉢ The MAC-Data.Indication Primitive

- MAC-Data.Indication(type, datat, size, system_time); Signaling LAC entity에 대한 data를 수신했음을 Signaling LAC에 알리기 위해서 multiplex sublayer가 사용하는 primitive
  - multiplex sublayer는 signaling data를 포함하는 각 physical layer SDU에 대해서 Signaling LAC entity에 MAC-Data.Indication(type, data, size, system_time) primitive를 전달한다.
  - multiplex sublayer는 multiplex physical SDUs로부터 information bits를 combine하지 않는다.
- Multiplex sublayer는 MAC-Data.Indication(type, data, size, system_time) primitive에 다음과 같은 parameters를 포함한다.
  - type : physical layer frame type(i.e., 5ms or 20ms)
  - data : signaling LAC entity에 대한 data
  - size : data의 크기(bits)
  - system_type : physical layer가 information bits를 포함하는 physical layer frame의 첫번째 bit를 수신한 system time

⑦ Interface to the Physical Layer

- multiplex sublayer는 physical-channel specific Transmit Request service interface operation을 이용하여 physical layer에 physical layer SDU를 전달한다.
- Physical layer는 physical-channel specific Receive Indication service interface operation을 이용하여 multiplex sublayer에 physical layer SDU를 전달한다.

㉠ The Transmit FCH Request Service Interface Operation

- Physical layer에 physical layer FCH SDU를 전달하기 위해서, multiplex sublayer는 다음과 같은 arguments를 가지고 physical layer에 Transmit FCH request를 전달한다.
  - SDU=NULL, if physical layer FCH SDU==Null MuxPDU or SDU=physical layer FCH SDU if physical layer FCH SDU가 MuxPDU Type 1 or 2 or 4를 포함

- FRAME_SIZE=5ms if physical layer FCH SDU가 MuxPDU Type 4를 포함
- FRAME_SIZE=20ms if physical layer FCH SDU가 MuxPDU Type 1 or 2를 포함
- FRAME_RATE=MuxPDU의 transmit rate if physical layer FCH SDU가 MuxPDU Type 1 or 2 or 4를 포함

ⓛ The Transmit DCCH Request Service Interface Operation

- Physical layer에 physical layer DCCH SDU를 전달하기 위해서, multiplex sublayer는 다음과 같은 arguments를 가지고 physical layer에 Transmit DCCH request를 전달한다.
  - SDU=NULL, if physical layer DCCH SDU==Null MuxPDU or
  - SDU=physical layer DCCH SDU if physical layer DCCH SDU가 MuxPDU Type 1 or 2 or 4를 포함
  - FRAME_SIZE=5ms if physical layer DCCH SDU가 MuxPDU Type 4를 포함
  - FRAME_SIZE=20ms if physical layer DCCH SDU가 MuxPDU Type 1 or 2를 포함
  - FRAME_RATE=MuxPDU의 transmit rate if physical layer DCCH SDU가 MuxPDU Type 1 or 2 or 4를 포함

ⓒ The Transmit SCCH Request Service Interface Operation

- Physical layer에 physical layer SCCH SDU를 전달하기 위해서, multiplex sublayer는 다음과 같은 arguments를 가지고 physical layer에 Transmit SCCH request를 전달한다.
  - SDU=NULL, if physical layer SCCH SDU==Null MuxPDU or DU=physical layer SCCH SDU if physical layer SCCH SDU가 MuxPDU Type 1 or 2를 포함
  - FRAME_SIZE=20ms if physical layer SCH SDU가 MuxPDU Type 1 or 2를 포함
  - FRAME_RATE=MuxPDU의 transmit rate if physical layer SCCH SDU가 MuxPDU Type 1 or 2를 포함

ⓡ The Transmit SCH Request Service Interface Operation

- Physical layer에 physical layer SCH SDU를 전달하기 위해서, multiplex sublayer는 다음과 같은 arguments를 가지고 physical layer에 Transmit SCH request를 전달한다.

- SDU=NULL, if physical layer SCH SDU==Null MuxPDU or SDU= physical layer SCH SDU if physical layer SCH SDU가 MuxPDU Type 1 or 2 or 3을 포함
- FRAME_SIZE=20ms if physical layer SCH SDU가 MuxPDU Type 1 or 2 or 3을 포함
- FRAME_RATE=SCH의 transmit rate

ⓜ The Receive FCH Request Service Interface Operation

- Physical layer는 다음과 같은 arguments를 가지고 Receive FCH Indication을 이용하여 multiplex sublayer에 FCH SDU를 전달한다.
  - SDU=physical layer FCH SDU if physical layer가 physical layer FCH frame을 수신
  - FRAME_SIZE=수신한 physical layer frame의 duration(i.e., 5ms or 20ms)
  - FRAME_RATE=수신한 physical layer frame의 data rate
  - FRAME_QUALITY=수신한 physical layer frame의 frame quality(i.e., sufficient or insufficient)

ⓑ The Receive DCCH Request Service Interface Operation

- Physical layer는 다음과 같은 arguments를 가지고 *Receive DCCH Indication*을 이용하여 multiplex sublayer에 DCCH SDU를 전달한다.
  - SDU=NULL if physical layer가 physical layer DCCH frame을 수신하지 않음=physical layer DCCH SDU if physical layer가 physical layer DCCH frame을 수신
  - FRAME_SIZE=수신한 physical layer frame의 duration(i.e., 5ms or 20ms)
  - FRAME_RATE 수신한 physical layer frame의 data rate
  - FRAME_QUALITY = 수신한 physical layer frame의 frame quality(i.e., sufficient or insufficient)

ⓢ The Receive SCCH Request Service Interface Operation

- Physical layer는 다음과 같은 arguments를 가지고 *Receive SCCH Indication*을 이용하여 multiplex sublayer에 SCCH SDU를 전달한다.
  - SDU=physical layer DCCH SDU if physical layer가 physical layer DCCH frame을 수신
  - FRAME_SIZE=수신한 physical layer frame의 duration(i.e., 20ms)
  - FRAME_RATE=수신한 physical layer frame의 data rate

- FRAME_QUALITY=수신한 physical layer frame의 frame quality(i.e., sufficient or insufficient)

◎ The Receive SCH Request Service Interface Operation

- Physical layer는 다음과 같은 arguments를 가지고 *Receive SCH Indication*을 이용하여 multiplex sublayer에 SCH SDU를 전달한다.
  - SDU=physical layer SCH SDU if physical layer가 physical layer SCH frame을 수신
  - FRAME_SIZE=수신한 physical layer frame의 duration(i.e., 20ms)
  - FRAME_RATE=수신한 physical layer frame의 data rate
  - FRAME_QUALITY=수신한 physical layer frame의 frame quality(i.e., sufficient or insufficient)

2) SRBP and Common Channel Mutiplex Sublayer

① Overview (Informative)

㉠ Sync Channel Procedures

- Sync Channel은 mobile station에 time & frame synchronization을 제공하는데 사용된다.
- Sync Channel Structure(1200bps) Example

㉡ Paging Channel Procedures

Paging Channel Structure Example

㉢ Access Procedures

- access attempt : 하나의 Layer 2 encapsulated PDU를 전송하고 acknowledgment를 수신하는 전체의 과정
- access sub-attempt : 하나의 access attempt는 하나 이상의 acccess sub-attempts로 구성되어 있다.
- access probe : acess sub-attempt에서의 각 전송 단위로 R-ACH preamble과 R-ACH message capsule로 구성되어 있다.
- access probe sequence : 하나의 access sub-attempt내에서 access probes들은 access probe sequences로 그룹핑된다.
  - 각 access probe sequence에 대해서 사용된 R-ACHsms 현재의 F-PCH와 관련된 모든 R-ACHs 중에서 pseudorandom하게 선택된다.
    ① 현재의 F-PCH와 관련된 R-ACH가 유일하게 하나라면, acess probe sequence 내의 모든 access probe들은 같은 R-ACH를 통해서 전송된다.

② 현재의 F-PCH와 관련된 R-ACH가 여러 개라면, acess probe sequence 내의 모든 access probe들은 다른 R-ACH를 통해서 전송된다.

- 각 access probe sequence의 첫번째 access probe는 nominal open power level에 상대적인 initial power level(physical layer에 의해서 결정됨)로 전송된다.
- 각 access probe sequence의 다음 연속적인 access probe는 SRBP entity에 의해서 계산되는, PWR_LVL의 함수인 power level로 전송된다.

• Access probes와 access probe sequences의 timing은 R-ACH slots의 단위로 표현된다.

• Calculated, Random, and Hashed Variables

㉣ R-ACH Structure

• 특정 F-PCH와 관련된 모든 R-ACHs는 같은 slot size를 가지며 모든 slot들은 같은 시간에 시작한다.

• Example of R-ACH Slot Structure

• R-ACH Structure

- 각 R-ACH transmission는 R-ACH preamble과 Layer 2 encapsulated PDU로 구성되어 있다.
- R-ACH 전송은 R-ACH frames의 개수만큼 하고 4+MAX_CAP_SZs+PAM_SZs R-ACH frames를 초과하지 않는다.
- 각 R-ACH transmission에서, mobile station은 slot의 시작(+PN randomiozation(RN))에서 하며 (ACH_FRAME_SIZE+Length of Tail bits) zeros를 가지는 frames로 구성된 preamble과 1+Pam_SZs R-ACH frames를 전송한다. ACH_FRAME_SIZE는 physical layer에 의해서 결정되는 상수이다.

㉤ R-ACH Message Capsule Structure

• R-ACH Message Capsule Structure

- R-ACH message capsule은 Layer 2 encapsulated PDU와 Common Channel Multiplex Sublayer에 의해서 덧붙여진 padding으로 구성되어 있다.
- R-ACH message capsule의 길이=CAP_SZ=size/ACH_FRAME_SIZE(size는 MAC-SDUReady.Request primitive에 의해서 pass됨)
- padding의 길이=CAP_SZ X ACH_FRAME_SIZE size

② Mobile Station Procedures

㉠ Sync Channel Procedures

- Common Channel Multiplex Sublayer는 Physical Layer로부터 argument로서 SDU를 가지는 *Receive F-SYNC Indication*을 수신한다면, SRBP entity는 MAC-Data.Indication(type, data, size, system_time) primitive를 전송한다.
  - type : F-SYNC frame
  - data : SDU
  - size : bit 단위로 data의 크기
  - system_time : F-SYNC SDU를 운송했던 Physical Layer frame과 관련된 system time

㉡ Paging Channel Procedures

- Common Channel Multiplex Sublayer는 Physical Layer로부터 argument로서 SDU를 가지는 *Receive F-PCH Indication*을 수신한다면, SRBP entity는 MAC-Data.Indication(type, data, size, system_time) primitive를 전송한다.
  - type : F-PCH frame
  - data : SDU
  - size : bit 단위로 data의 크기
  - system_time : F-PCH SDU를 운송했던 Physical Layer frame과 관련된 system time

㉢ Access Procedures

이 절은 R-ACH 상으로 Layer 2 encapsulated PDUs를 전송하기 위한 mobile station에서의 random access procedures를 설명한다.

(A) PROCESSING OF THE MAC-SDUREADY.REQUEST PRIMITIVE

MAC-SDUReady.Request(type, size, P, seqno, scheduling_hint) 수신시, SRBP entity는 다음을 수행한다.

- If seqno=0, (각 access probe sequence의 첫번째 access probe 송신시)
  - SRBP entity는 2.2.4.4.2.2.3.4절에서 설명된 hashing 기술을 이용하여 RN을 계산한다. ($RN=0\sim2^{PROBE\_PN\_RANs}-1$)
  - SRBP entity는 test가 pass할 때까지 각 R-ACH slot에 대해서 random number RP (0〈RP〈1)를 생성해서 persistence test를 수행한다. RP가 P 값보다 작으면 persistence test는 pass됨
  - Common Channel Multiplex Sublayer는 random number, RA(0~ ACC_CHANs)를 생성한다.

- If seqno0이고(seqno mod (NUM_STEPs+1))=0, (각 access probe sequence의 다음 access probe 송신시)
  - SRBP entity는 random number, RS(0~BKOFFs+1)를 생성한다.
  - SRBP entity는 RS R-ACH slots 동안 기다리고 test가 pass할 때까지 각 R-ACH slot에 대해서 persistence test를 수행한다.
  - Common Channel Multiplex Sublayer는 random number, RA (0~ACC_CHANs)를 생성한다.
- If(seqno mod (NUM_STEPs+1)) 0, (각 access probe sequence의 마지막 access probe 송신시)
  - Common Channel Multiplex Sublayer는 같은 R-ACH 상으로 access probes sequence 내의 모든 access probes를 전송한다면, SRBP entity는 random number, RT(0~1+PROBE_BKOFFs)를 생성한다.
  - Common Channel Multiplex Sublayer는 현재의 F-PCH와 관련된 모든 R-ACHs 중에서 하나의 R-ACH를 pseudorandom하게 선택한다면, SRBP entity는 random number, RT(0~PROBE_BKOFFs)를 생성한다. 현재의 Paging Channel과 관련된 R-ACH 개수가 하나를 초과하면, Common Channel Multiplex Sublayer는 random number, RA (0~ACC_CHANs)를 생성한다.
  - SRBP entity는 RT R_ACH slots 동안 기다린다.

(B) TRANSMITTING AN ACCESS PROBE

하나의 access probe를 전송할 때, SRBP entity는 다음을 수행한다.

- PWR_LVL를 (seqno mod (NUM_STEPs+1))로 설정한다.
- Common Channel Multiplex Sublayer는 다음과 같은 arguments를 가지고 Physical layer에 Transmit R-ACH Request를 전송한다.
  - RA,
  - PWR_LVL,
  - RN,
  - NUM_PREAMBLE_FRAMES=(1+PAM_SZs)
- Preamble을 전송한 후에, SRBP entity는 각 R-ACH frame에 대해서 MAC-Availability.Indication primitive를 전달하고, Layer 2 encapsulated PDU의 모든 fragments가 전송될 때까지 매칭하는 MAC-Data.Request primitive의 수신을 기다린다. MAC-Availability. Indication primitive를 전달할 때, SRBP entity는 max-size는 ACH_ FRAME_SIZE, system_time은 frame이 전송될 system time으로 설정한다.

(C) PROCESSING OF THE MAC-DATA.REQUEST PRIMITIVE

- Non-zero인 size를 가지는 MAC-Data.Request(type, data, size primitive를 수신할 때, SRBP entity는 다음을 수행한다. : SRBP entity는 physical layer R-ACH SDU를 형성하가 위해서 data에 (ACH_FRAME_SIZE-size) '0' bits를 덧붙인다.
- Common Channel Multiplex Sublayer는 다음과 같은 arguments를 가지고 *Transmit Access Frame Request*를 전달한다.
  - RA,
  - PWR_LVL,
  - RN,
  - SDU=assembled R-ACH SDU

(D) HASH FUNCTION

- 다음과 같은 함수는 arguments로서 RN_HASH_KEYs와 PROBE_PN_RANs를 이용하여 RN 값을 반환한다. DECORR은 같은 mobile station으로부터 여러 applications가 획득한 값들을 decorrelate하는데 사용되는 modifier이다.
  - Word L=RN_HASH_KEYs의 bits 0~15 (bit 0 : RN_HASH_KEYs의 최하위 bit)
  - Word H=RN_HASH_KEYs의 bits 16~31 (bit 0 : RN_HASH_KEYs의 최하위 bit)
  - N=$2^{\text{PROBE\_PN\_RANs}}$
  - DECORR=RN_HASH_KEYs[0..11] (RN_HASH_KEYs[0..11]은 RN_HASH_KEYs의 최하위 12 bits)
  - RN=N X ((40503 X (L H DECORR)) mod 2^{16}) / 2^{16} (: bitwise modulo-2 addition)

③ Base Station Procedures

㉠ Sync Channel Procedures

- Base station이 F-SYNC를 전송할 때, SRBP entity는 MAC-Availability. Indication(type, max-size, system_time) primitive를 ($\frac{80}{3}$) ms마다 생성한다.
  - type : F-SYNC frame
  - max-size : SYN_FRAME_SIZE
  - system_time : F-SYNC SDU를 운송할 F-SYNC frame과 관련된 system time

- MAC-Data.Request(type, data, size) primitive를 수신할 때, SRBP entity는 다음을 수행한다.
  - SRBP entity는 physical layer F-SYNC SDU를 형성하기 위해서 data에 (SYNC_FRAME_SIZE-size) '0' bits를 덧붙인다.
  - Common Channel Multiplex Sublayer는 Physical layer에 assembled F-SYNC SDU로 설정된 argument SDU를 가지는 *Transmit F-SYNC Request*를 전달한다.

㉡ Paging Channel Procedures

- Base station이 F-FCH를 전송할 때, SRBP entity는 MAC-Availability. Indication(type, max-size, system_time) primitive를 20 ms마다 생성한다.
  - type : F-FCH frame
  - max-size : PCH_FRAME_SIZE
  - system_time : F-FCH SDU를 운송할 F-FCH frame과 관련된 system time
- MAC-Data.Request(type, data, size) primitive를 수신할 때, SRBP entity는 다음을 수행한다.
  - SRBP entity는 physical layer F-FCH SDU를 형성하기 위해서 data에 (FCH_FRAME_SIZE-size) '0' bits를 덧붙인다.
  - Common Channel Multiplex Sublayer는 Physical layer에 assembled F-FCH SDU로 설정된 argument SDU를 가지는 Transmit F-FCH Request를 전달한다.

㉢ Access Channel Procedures

- Common Channel Multiplex Sublayer가 Physical Layer로부터 argument로서 SDU를 가지는 Receive R-ACH Indication을 수신한다면, SRBP entity는 MAC-Data.Indication(type, data,size, system_time) primitive를 전달한다.
  - data : SDU
  - size : bits로 된 data의 크기
  - system_time : SDU를 운송할 R-ACH frame과 관련된 system time

3 인터페이스 Primitives

3.1 Interfaces to Signaling Control

각 Signaling Control primitive는 air 상으로 signaling message에 의해서 투명하게 전달될 7-bit block of bits field(BLOB)를 전달한다.

표 3-27 Structure of BLOB

Field	Number of Bits
dtch	1
dmch	1
SR	1
sr	3
Purge_SR	1

BLOB의 처음 3 fields에 다음과 같은 rules가 적용된다.

- BLOB가 RC-Lock.Request 또는 R-AllocateandLock.Request 안에 포함되어 있고 해당하는 resource가 각각 AllocateandLock or Locked이도록 요구받으면, PLICF entity는 field를 '1'로 설정한다. 그렇지 않으면, field를 '0'으로 설정한다.
- BLOB가 RC-Unlock.Request 안에 포함되어 있고 해당하는 resource가 Unlocked되도록 요구받으면 PLICF entity는 field를 '1'로 설정한다. 그렇지 않으면, field를 '0'으로 설정한다.

3.1.1 SR Maintenance Rules

- base station과 mobile station에서의 RC entity는 Service Reference Table을 유지한다. Service Reference Table은 CON_REF(Service Configuration Record에 포함되어 있음)와 SR (service reference)간에 일대일 mapping을 설정한다.
- 다음과 같은 rules가 적용된다.
  - Resource Control entity는 하나의 DCR-PLICF를 가지는 각 service에 대해서(Dormant State에 있는 services에 대해서도 DCR-PLICF 가짐), 하나의 Service Reference값(sr)을 할당한다.
  - Dormant로부터 Active로 PLICF state transition이 발생할 때
    ① Connecting PLICF에 의해서 할당된 해당하는 sr은 BLOB 안의 SR field를 통해서 peer PLICF와 통신한다.

② SIG-Allocate.Confirm(Physical_Resource_List, so, con_ref, blob) primitive를 수신했을 때, Resource Control entity는 base station or mobile station에서의 Resource Control entity에 의해서 할당된 Service Reference값을 connected service에 해당하는 Service Reference에 mapping시킨다.

- Service Option을 disconnecting할 때, Service Option을 식별하기 위해서 SIG-Release.Request primitive 안의 con_ref parameter값이 사용된다.

① Null state로의 state transition을 하기 위해서 SIG-Release.Request primitive가 전송되면 PLICF entity는 BLOB 안의 Purge_SR field를 '1'로 설정한다. Peer Resource Control entity는 Null State로의 state transition이 발생할 때 PLICF에 해당하는 Service Reference의 값을 재사용할 수 있다.

② Dormant state로의 state transition을 하기 위해서 SIG-Release.Request primitive가 전송되면, PLICF entity는 BLOB 안의 Purge_SR field를 '0'으로 설정한다. Peer Resource Control entity는 Dormant State로의 state transition이 발생할 때 PLICF에 해당하는 Service Reference의 값을 재사용하지 않는다.

- sr=7값은 NULL로 reserve되어 있다.

(1) Peer-to-Peer RC Primitives

1) Structure of the State Transition Request BLOB

Mobile station이 Peer-to-Peer RC Message를 전송할 때, BLOB에 대해서 다음과 같은 structure를 사용한다.

표 3-28 Structure of the BLOB in the RC Peer-to-peer primitives

Field	Number of Bits
SERVICE_REF	3
STATE	3
RESERVED	8

- SERVICE_REF : Service Reference ID

Mobile station은 이 field를 BLOB에 의해서 명시된 logical resources와 관련된 Service Reference identifier로 설정한다.

- STATE : Requested state indicator

Chapter 4

모바일 디바이스 전력 모델 소프트웨어

1 개요

1.1 멀티 코어 기반 임베디드 시스템에서 설계 이슈

임베디드 시스템, 심지어 모바일 기기에서도 멀티코어는 이제 피할 수 없는 대세이다. 실제 코어의 개수가 많을수록 대체로 좋은 성능을 보이기는 하지만, 대부분의 경우 실행할 태스크가 많지 않아서 성능의 차이가 없더라도 더 많은 코어는 더 좋은 성능으로 인식되고 있다. 즉, 소비자는 작은 수의 코어를 탑재하면 성능이 뒤떨어진 제품이라고 인식하고 있다. 그러므로, 앞으로 임베디드 코어의 개수는 4개 이상으로 늘어날 것으로 예측된다. 하지만, 이렇게 늘어나는 성능과 마찬가지로 전력 소모 또한 늘어나고 있다. 이에 대한 대비책이 시급하다. 대부분의 임베디드 프로세서에서는 전력 소모와 이로 인한 온도 문제를 줄이기 위한 해결책을 하드웨어와 소프트웨어 측면에서 적용하고 있다.

현재 대부분의 멀티코어가 모든 코어에 같은 전압과 주파수를 할당하는 것과는 달리, 코어의 개수가 많아짐에 따라서 차세대 멀티코어는 코어 별로 다른 전압과 주파수를 할당할 수 있어서 더 효율적인 DVFS(per core DVFS)를 위한 기반을 지원할 것이다(이미 퀄컴사의 최신 제품에서는 이를 지원하고 있음). 이에 비해서 더 발전된 구조로 차세대 멀티코어는 전력 소모를 효율적으로 하기 위하여 SMP(Symmetric Multi-Processor) 구조가 아닌 AMP(Asymmetric Multi- Processor)의 구조를 가질 것으로 예상된다. 이는 CPU+GPU 구조와는 달리, 같은 ISA를 가지지만 다른 성능의 CPU 코어를 의미한다. 이러한 AMP의 예는 차세대 Intel 멀티코어에서 낮은 성능과 높은 성능의 코어를 같이 탑재한 것과 차세대 ARM 멀티코어에서 Big.Little이라고 불리는 높은 성능의 프로세서와 낮은 성능의 프로세서를 같이 탑재하는 것이다. ARM의 Big.little에서는 웹브라우징이나 센싱 등의 단순한 연산을 위해서는 저성능의 코어들만으로 수행하고, 저성능 코어들의 컴퓨팅 파워로 감당할 수 없는 프로그램이 수행될 때만 고성능의 코어들을 켜서 수행하는 방식으로 동작한다.

1.2 멀티 코어 기반 임베디드 시스템에서 저전력 기법의 효율성

전력 소모를 좀 더 자세히 살펴보면, 그림 4-1에서 보여지는 것처럼 하나의 코어에서 100%의 성능으로 수행하거나 두 개의 코어에서 나누어서 100%의 성능으로 모두 수행할 수도 있으며, 혹은 DVFS (Dynamic Voltage Frequency Scaling)를 통하여 하나나 두 개의 코어에서 줄어든 성능으로 작업을 수행할 수도 있다. 정적 전력 소모(leakage power consumption)가 심각하지 않을 때는 DVFS를 하면서 작업을 분배하는 것이 전력 측면에서 유리하다고 알려져 있으나, 전체 전력 소모 대비 정적 소모 비율이 클 때는, 하나의 코어에서 다수 개의 작업을 수행하면서 다른 코어의 전력을 차단하는 것이 유리할 수도 있다. 언제 DVFS를 적용하고 언제 DPM (Dynamic Power Management=ICPD)를 적용할지, 또한 이와 연계하여 태스크를 코어에 어떻게 배치하는 방법이 더 효율적인지 직관적으로 판단하기가 매우 힘들다. 왜냐하면 이를 멀티코어 뿐 아니라, 전체 시스템 측면에서 성능, 전력 소모를 측정하기 위한 방법론이 없기 때문이다. 또한 하나의 코어에 태스크가 집중될 경우 심각한 발열로 인하여 오동작을 하거나 성능이 감소하므로, 온도 관리에 대한 고려도 필요하다. 하지만, 운영체제에서 태스크 스케줄러와 저전력 모듈(governor)를 이용하여 시스템에 대한 전력 소모를 감소하는 것은 구현하기 간단하면서도, 차별화하기 쉬운 부분이다.

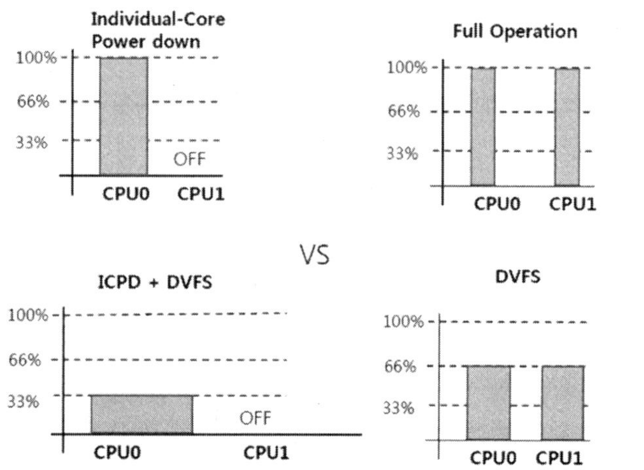

그림 4-1 저전력 기법과 작업 분배 기법의 조합

이러한 저전력 기법을 적용할 때 고려해야 할 두 가지 사항이 있다. 첫 번째는 두 개의 코어가 있을 때 과연 하나의 프로그램을 두 개로 나눌 수 있는지, 두 번째는 DVFS를 채택하여 천천히 수행하였을 경우 사용자가 불편을 느끼지 않는지이다. 현실적으로 대부분의 임베디드 시스템에서 병렬 프로그램을 하지 않으므로(일부 GPU 응용 프로그램 제외), 두 개의 코어로 수행할 경우, 별개의 프로그램으로 이루어져 있다고 생각할 수 있다. 또한, 사용자가 불편을 느끼는지 아닌지는 주기적인 동영상 재생과 같은 프로그램의 경우에는 정해진 기한 내에만 동작을 마치면 되는 실시간성을 갖고 있으므로, 기한 내에 빨리 수행하는 것이 의미가 없다. 또한 백그라운드에서 수행되는 프로그램이라면 상대적으로 사용자에게 불편이 덜 할 것이다. 이에 대한 고려를 통하여 저전력 기법을 적용할 수 있다. 스마트폰 등의 임베디드 시스템의 경우에는 다행스럽게도 수행하는 대부분의 프로그램이 기본 탑재되어 있거나, 앱 마켓(app market)을 통해서 다운로드 받으므로 프로그램에 대한 특성을 미리 활용할 수 있다.

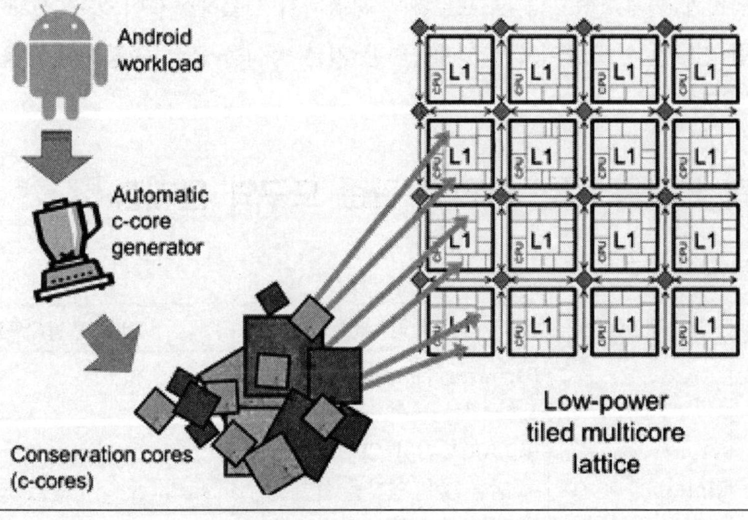

그림 4-2 GreenDroid 구조(HotChips, 2010)

1.3 멀티 코어 기반 임베디드 시스템에서 기존의 저전력 관련 연구

최근 임베디드 시스템에서 많이 활용되는 안드로이드 운영체제에서의 전력 최적화 연구에 있어서, 미국과 일본은 안드로이드 가속기 구현에 초점이 맞추어 왔다. 하지만, 태스크 스케줄링 부분은 Linux 2.6.x에서 그대로 가져와서, 모바일 기기에 특화된 전력 부분에 대한 고려는 사실상 없는 것임. GreenDroid(그림 4-2)는 미국의 UCSD에서 연구되고 있는 하드웨어/소프트웨어 통합 에너지 고효율 안드로이드 기반 프로젝트로 자주 사용되는 전력 소모가 큰 코드 영역을 Conservation cores(C-cores)라 불리는 다수의 저전력 코어에서 실행하여 기존의 구조보다 약 18배 가량 적은 전력으로 동일 성능을 나타내는 configurable(시스템 요소

설정 가능) 시스템이다. 그러나 C-core로 전환할 수 있는 코드 영역이 제한적이며(loop, 즉 반복 코드 영역), 안드로이드 버전 향상에 따른 확장성이 부족하고 복잡한 하드웨어 구조를 지녀 스마트 제품에 적용하여 상용화하는 데에는 큰 어려움이 있다. 이 뿐만 아니라, 정적 도구로 응용 프로그램의 실행 시간 내 변화되는 전력 소모 패턴을 최적화 할 수 없는 것이 단점이다. Ultra Android는 일본의 TOPS system社에서 연구되고 있는 안드로이드 기반 프로젝트로 기존의 안드로이드 플랫폼에 멀티 코어 환경에 맞게 작업을 분배하는 미들웨어를 추가하고 수정된 확장 가상 머신을 사용하여 최대 10배의 성능 향상 및 최대 1/10의 전력을 소모하는 시스템을 목표로 하고 있다. 이 연구는 다수의 코어를 사용하는 시스템에서 응용 프로그램의 특성이 멀티 코어 시스템에 적합할 경우에만 성능 및 에너지 효율을 기대할 수 있으며 GreenDroid와 마찬가지로 기존의 스마트 제품에 비해 매우 복잡한 구조로 구현 및 상용화가 어렵다. 국내에서는 지금까지 대부분의 연구소나 학교들에서 시뮬레이션을 통한 일반적인 저전력 설계에 관한 연구는 수행해 왔으며, MTCMOS 소자 개발 등의 회로 연구는 상대적으로 활발하게 이루어졌으나, 소프트웨어 레벨에서 시뮬레이션이 아닌 실제 측정을 통한 저전력에 대한 연구는 안드로이드에서 제공하는 기본 방식을 조금 수정해서 사용하는 기술의 초기 단계에 있다.

1.4 저전력 연구를 위한 제안된 관련 도구와 문제점

표 4-1 제안된 분석 도구

제품/기술명	서술적인 내용	정량적인 내용	비고(인용자료)
실시간 성능 분석 도구	Vtune (Intel)	Performance counter를 이용한 성능 분석 도구. 하지만, ARM 기반 CPU에서는 이 만큼 많은 인자를 살펴볼 수 있는 공개 성능 분석 도구가 존재하지 않음	http://software.intel.com/en-us/articles/intel-vtune-amplifier-xe/
실시간 시스템 전력 분석 도구	Powertutor (U. of Michigan funded by Google)	Nexus 1에서의 평가 결과오차가 최대 3% 미만이라고 주장함. 하지만, 모바일 기기별로 튜닝을 해야하고 이 과정이 복잡함. 또한 소스 코드가 공개되어 있지 않음	http://ziyang.eecs.umich.edu/projects/powertutor/ Virtual Platform이 아니라, 실제 모바일 기기에서의 전력 분석 도구를 의미하는 것임. 실제로 앱으로 작성되어 있어서 쉽게 동작시킬 수 있음.

이러한 저전력 기법들을 평가하려면, 각 임베디드 시스템에 적합한 분석 도구가 필요하다. 표 4-1에서 보이는 것처럼 Intel에서는 Vtune이라는 분석 도구를 공개하였고, Android를 위해서 Google에서는 Powertutor라는 전력 분석 도구를 공개하였다. 하지만, Vtune은 프로세

서 자체에 대해서만 또한 성능에 대해서만 데이터를 제시한다. 또한 Powertutor는 Android 기반 시스템에서 프로세서 뿐만 아니라, 시스템 전반에 대한 전력 소모 분석을 제공하지만, 특정한 시스템에 대해서만 제공하고 다른 기기에서 사용하면 오차율이 매우 높다. 타겟 임베디드 시스템에 대해서 전력 분석을 정확하게 하기 위해서, 본 서에서는 임베디드 시스템에서 전력 분석 도구를 설계하고 활용하는 기법에 대해서 설명한다.

<u>시스템 분석기를 활용하여 고성능/저전력 구현할 수 있는 예</u>

1. 여러 개의 코어에 작업을 분배할 경우, DVFS(Dynamic Voltage Frequency Scaling)를 적용하여 각 코어가 천천히 동작함으로써 성능과 전력 소모에서 이점이 있다고 알려져 왔다. 하지만, 실제로는 코어가 소모하는 leakage power 때문에, 하나의 코어에서 정상 전압/주파수로 모든 작업을 수행하는 것이 성능/전력 측면에서 이득이 될 수 있다.

2. 어떤 방법이 더 유리할 지를 시뮬레이션 등으로 예측하는 것은 거의 불가능하며, profiling을 통하여, 캐쉬 적중율을 살펴보면 다음과 같은 결과를 얻을 수 있다.
   - 만약 캐쉬 적중률이 높아서, 해당 응용 프로그램들이 필요로 하는 캐쉬의 총합이 하나의 코어에 장착되어 있는 캐쉬의 크기보다 작다면, 하나의 코어에서 모든 작업을 수행하는 것이 유리
   - 만약 캐쉬 적중률이 낮아서, 해당 응용 프로그램들이 필요로 하는 캐쉬의 총합이 하나의 코어에 장착되어 있는 캐쉬의 크기보다 크다면, 작업들을 다른 코어에 분배하는 것이 유리

3. 위는 하나의 예로서 단순히 캐쉬 적중률을 살펴서 판단을 하였으나, 실제로는 이외에도 TLB 적중률, ALU 사용률 등 많은 요소를 함께 고려해야 한다.

1.5 기존에 제안된 운영체제 레벨의 전력 관력 정책

현재 대부분의 멀티코어가 모든 코어에 같은 전압과 주파수를 할당하면서 실시간 응용과 비실시간 응용을 차별화하지 않지 않고 있다. 하지만 실시간 응용 프로그램은 기한을 맞추기만 하면, 사용자는 전혀 불편을 느끼지 않으므로, 실시간 응용 프로그램이 수행되고 있을 경우, 그림 4-3과 같이 코어 세 개를 사용하는 대신 하나의 코어에서 실시간 작업을 할 수 있다. 이 경우, 다른 코어들에 대한 전력을 차단함으로써 전력 소모(특히 정적 전력 소모)를 줄인다. 그림 4-4는 캐쉬 사용량이 많지 않은 네 개의 실시간 응용 프로그램을 ARM1136 코어를 네 개 탑재한 삼성의 MPCore test chip에서 실행하면서 실제 측정한 전류를 보여준다. (ARM1136 기반 MPCore test chip에서 DVFS는 적용되지 않았다). 코어 네 개의 정적 전류가 400mA나 되기 때문에, 작업을 분배하지 않을 경우 실시간성을 지키면서도 전력 소모를 줄일 수 있다.

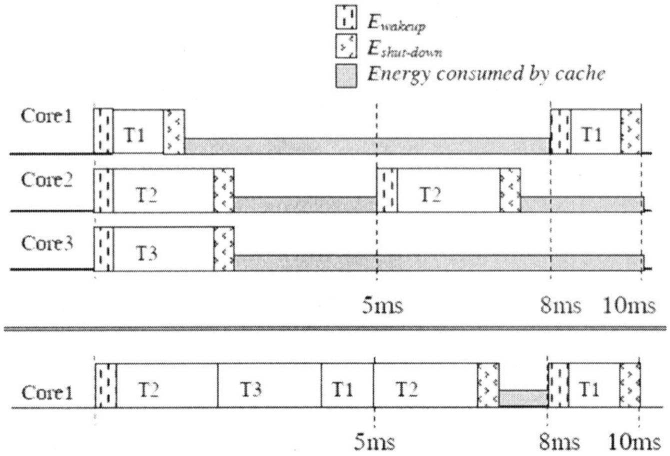

그림 4-3 사용하는 코어의 개수에 따른 실시간 작업 스케줄링 비교

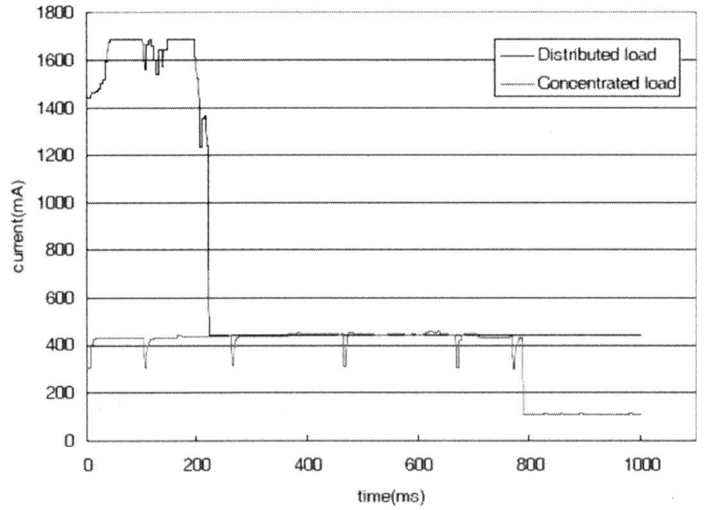

그림 4-4 스케줄링 기법에 따른 전류량 비교(MPCore에서 실제 측정)

이 경우, 전력 소모가 줄어듦과 동시에, 비실시간 작업의 응답 시간도 그림 4-5와 같이 줄어들었다. 작업을 분배하지 않았을 경우(unbalanced load), 아무런 작업도 수행하지 않고 전력 공급이 중단된 코어가 있으므로 비실시간 작업은 쉬고 있는 코어를 깨워서 수행된다. 하지만, 작업을 분배했을 경우(balanced load), 실시간 작업을 수행하고 있는 모든 코어로 인하여 순위가 낮은 비실시간 작업의 실행이 늦추어지게 되어 응답 시간이 늘어난다. 이는 기존에 통용되었던 작업을 분배하는 것이 성능 상에 유리하고, 작업을 분배하고 DVFS를 적용함으로써 전력 소모를 줄일 수 있다는 것과 상반되는 결과이다. 이런 결과를 얻은 것은 정적 전력 소모

가 늘어남에 기인하고, 정적 전력 소모는 반도체 공정이 미세화됨에 따라서 향후 더욱 커질 것으로 예상된다. 하지만, 앞의 모든 실험은 실제 응용 프로그램이 아닌 임의의 작업으로 하였으며 DVFS가 적용되지 않은 멀티코어 프로세서에서 수행되었다. 반면, 최근 임베디드 프로세서는 DVFS(심지어 코어 별로 다른 전압과 주파수를 제공하는 per core DVFS)를 지원하는 멀티코어를 채택하고 있으므로, 어떠한 결과를 보일 지는 불확실하지만, 이를 모두 아우를 수 있는 기법을 고안한 후에, 임베디드 시스템의 특성에 따라서 기법을 선택하는 것이 필요하다. 위에서 언급한 시스템 분석 도구를 사용하여, 고성능/저전력을 체계적으로 최적화할 수 있으리라 기대한다. 또한 실험에서 캐쉬 사용량이 매우 작다고 가정한 것과는 달리, 각 태스크의 캐쉬 사용량이 많을 경우는 실시간성을 지키지 못할 수도 있으므로, 이는 시스템 분석 도구를 통하여 신중하게 접근되어야 한다.

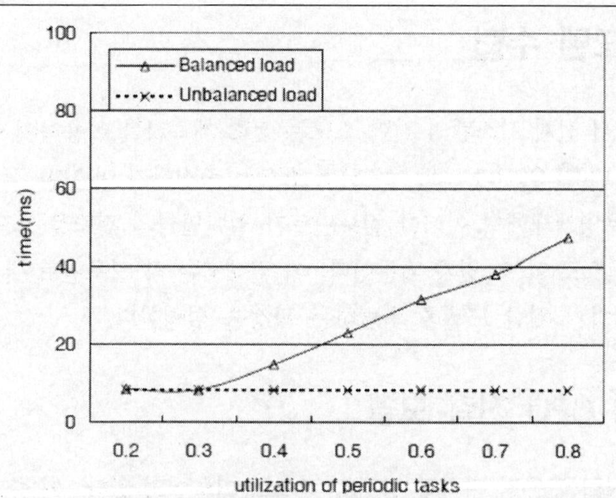

그림 4-5 스케줄링 기법에 따른 응답 시간 비교

1.6 멀티코어 임베디드 시스템에서 운영체제 레벨의 전력 관력 정책의 가능성

리눅스와 안드로이드는 특정 하드웨어를 목표로 하여 개발되지 않았으므로, 서로 다른 하드웨어에 대한 최적화가 힘들다. 특히, 멀티코어 환경에서 저전력을 위해서 중요한 안드로이드의 스케줄러 부분은 기존의 Linux를 그대로 사용하고 있으므로, 모바일 기기에 적합하지 않다. 이에 따라 일부에서는 안드로이드의 스케줄러를 모바일 기기에 최적화하자는 움직임이 있다. 하지만, 안드로이드는 특정 하드웨어를 목표로 하지 않으므로, 애플사와 같이 특정 하드웨어를 목표로 하여 최적화된 운영체제를 가진 경쟁사와 비교하면 늦은 응답 시간과 많은 전력 소모가 나타날 수 밖에 없다. 다른 하드웨어에 최적화하기 위해서 분석 도구가 필요하다.

시스템이 멀티코어 환경으로 이동해 감에 따라서 자연스럽게 늦은 응답 시간과 전력 소모를 해결할 수 있을 것으로 기대되지만, 이 두 가지는 상충되는 면을 가지고 있다. 즉, 응답 시간을 줄이려면 전력 소모를 늘이게 되고, 전력 소모를 줄이려면 응답 시간은 늘어나야 한다. 이 둘 사이에 최적화된 스케줄러를 찾기 위해서는 방대한 성능과 전력에 대한 평가가 필요하다. 하지만, 멀티 코어에서는 싱글 코어 대비 스케줄링 측면에서 더 많은 대안이 있다. 또한 코어의 개수가 늘어남에 따라서, 또한 DVFS 레벨과 정도가 세밀화됨에 따라서 더 많은 가능성이 있다. 그러므로, 스케줄러를 전력 소모에 최적화하는 것은 현 추세와도 잘 부합되며, 본 교재에서는 이를 위한 도구와 실제 전력 관리 정책에 대해서 이론적으로 설명한 후, 이를 어떻게 구현하는지에 대해서 상세히 설명한다.

2 전력 모델 수립

임베디드 시스템에서 전체 시스템의 전력 소모는 전력 계측기를 이용하여 쉽게 측정할 수 있지만, 각 컴포넌트 별(예 CPU나 LCD 등) 전력 소모는 측정하기 어렵다. 각 컴포넌트 별 전력 소모를 구하여야 운영체제에서 어떠한 컴포넌트가 얼마만큼의 전력을 소모하는지 확인하여 전력 관리를 효율적으로 할 수 있기 때문이다. 이 절에서는 각 컴포넌트 별 전력 소모를 소프트웨어적으로 확인하기 위한 모델을 수립하는 과정을 설명한다.

2.1 멀티 코어 CPU 전력 모델

CPU가 소모하는 전력은 동적 전력과 정적 전력으로 이루어져 있다. 이 중 동적 전력을 모델링하기 위해서 멀티코어 중 CPU 코어 1개만을 켠 상태에서 CPU Frequency 별로 (300MHz, 600MHz, 800MHz, 1008MHz) 해당 코어의 Utilization을 증가시키는 실험을 진행하여 얻은 결과가 그림 4-6에 나타나 있다. CPU Utilization이 0%인 경우 전력 소모가 0mW에 가깝게 나타난 이유는, 실험 진행 시 CPU 동적 전력 소모 이외의 전력을 소모하는 다른 컴포넌트들(LCD, Wi-fi, 3G, Audio, GPS)를 끈 상태에서 진행하였으며, CPU 정적 전력을 미리 산출하여 이를 제외하고 분석을 진행하였기 때문이다. 그림 4-6에 나타난 것처럼, 해당 코어의 전력 소모는 CPU Utilization에 따라 선형적으로 증가하며, 높은 CPU Frequency에서 더 빠르게 증가하였다. 이러한 특성을 반영하기 위하여, 입력되는 Frequency에 맞는 계수값을 반환하는 함수를 각각의 코어의 Utilization에 곱하는 방식으로 해당 코어의 동적 전력 소모를 모델링하였다.

CPU가 소모하는 정적 전력은 해당 코어가 Idle 상태(Utilization이 0%에 가까운 상태)인 경우 소모하는 전력을 뜻하며, 각각의 코어의 On/Off 상태에 영향을 받는다. Core 별 Clock

Gating이 구현된 보드의 경우, 각각의 코어 전원 공급 여부가 독립적으로 제어되므로, 각각의 Core의 정적 전력을 모델링하였다. 이러한 특성을 반영하기 위하여, 각각의 Core의 정적 전력에 해당하는 계수를 해당 코어의 on/off 상태를 나타내는 변수에 곱하는 방식으로 해당 Core의 정적 소모를 모델링한다.

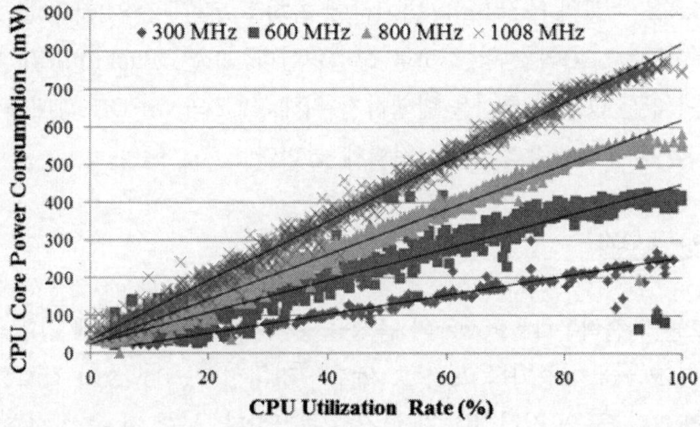

그림 4-6 CPU Core의 Utilization 증가에 따른 Core 동적 전력소모 증가

2.2 LCD 전력 모델

발전된 형태의 LCD는 Backlight가 꺼진 상태에서는 전력을 거의 소모하지 않으며, Backlight가 켜진 상태에서는 밝기에 따라 전력소모가 증가한다. 하지만, 이 증가는 Backlight에 정비례하지는 않으며, Backlight 밝기 구간 별로 증가 속도가 다르다.

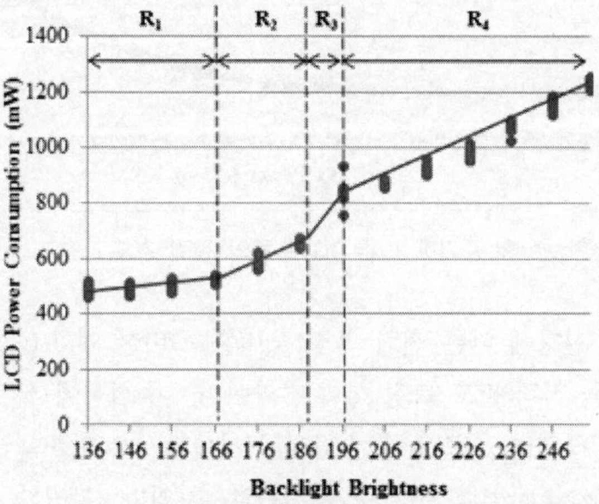

그림 4-7 LCD의 Backlight 밝기 증가에 따른 전력 소모 증가

그림 4-7은 LCD Backlight 밝기를 Android API를 사용하여 136(사용자가 조절 가능한 최소값)부터 255(사용자가 조절 가능한 최대값)까지 증가시키며 소모 전력을 측정한 실험의 결과이다. 그림 4-7을 통해 Backlight 밝기가 증가함에 따라, 밝기 구간 R1, R2, R3, R4에서 전력이 증가하는 속도(그래프의 기울기)가 상이함을 알 수 있다. 이러한 특성을 반영하기 위하여, Backlight값을 입력으로 받아 해당 값의 밝기 구간에 맞는 기울기를 반환하는 계단 함수(step function)를 현재의 Backlight 밝기값에 곱하고, 각 구간의 첫 값을 보정해 주는 상수를 더하는 방식으로 LCD의 전력 소모를 모델링한다. 또한, Backlight가 꺼져 있을 때는 전력 소모가 거의 없는 LCD의 특성을 반영하기 위해, LCD의 On/Off 상태를 나타내는 이진(binary)변수를 앞에서 모델링 한 LCD 전력에 곱한다.

2.3 3G 전력 모델

통화 시에 3G 모듈의 전력은 Tx Power와 음성을 듣거나 말하는 행위에 영향을 받는다. 신호 세기가 약하면 Tx Power가 증가하고, 신호 세기가 강하면 Tx Power가 감소하며, Tx Power가 증가함에 따라 3G 모듈의 전력 소모가 급격히 증가한다. 통화 시 음성 신호가 실제로 발생하게 되면 전력 소모가 소폭 증가하게 된다.

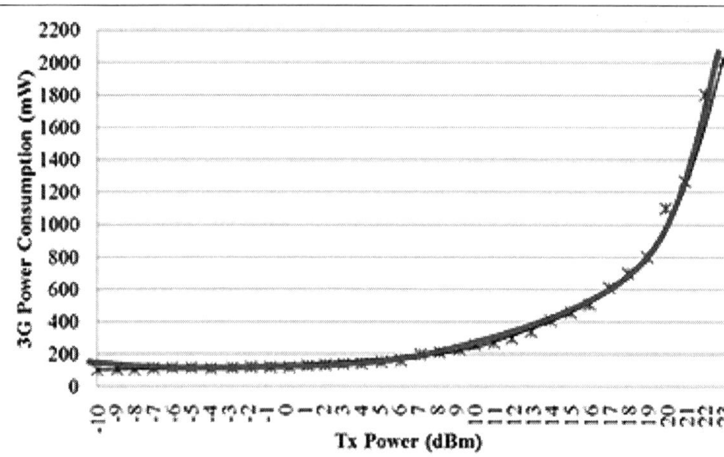

그림 4-8 Tx Power의 증가에 따른 3G 모듈의 전력 소모

위의 그림 4-8은 3G 신호에 따른 전력 측정 장비를 구비한 연구소를 방문하여 진행한 Tx Power에 따른 3G 모듈 전력 소모 측정 실험 결과이며, 이 실험에서는 -10dBm부터 23dBm까지 Tx Power를 조절하였다. 그림 4-8에 나타난 것처럼, 3G 모듈의 전력 소모는 Tx Power에 따라 기하급수적(Exponential)으로 증가함을 알 수 있다. 이러한 특성을 반영하기 위해 Tx Power를 변수로 하는 지수 함수를 지수 회귀분석(Exponential Regression)을 사용하여

구함으로써 3G 모듈의 전력 소모를 모델링하였다. 음성에 의한 3G 모듈의 전력 소모 증가를 알아보기 위하여 통화를 연결한 뒤 음성을 차단하고 대기한 경우와 보통의 경우처럼 통화한 경우의 평균 전력을 분석하였다. 그 결과, 음성의 영향을 고려하면 평균 11.7% 정도의 전력 소모 증가를 보였다. 이러한 특성을 반영하기 위해 앞에서 지수 회귀 분석을 사용하여 구한 3G 전력 모델에 1.117(11.7%)을 곱하여 모델링을 진행하였다. 또한, 3G 모듈은 통화 중이 아닌 경우에는 절전 모드에 들어가므로, 통화 여부를 모니터링하여 통화중인 경우에만 전력을 계산하도록 하였다. 하지만, 다른 컴포넌트와 달리 3G 모델의 경우, 3G 신호의 세기를 인위적으로 바꾸기가 쉽지 않아서, 실제 다른 3G 칩을 부착한 경우 전력 소모 모델링을 정확하게 하는 것은 쉽지 않다.

2.4 Wi-fi 전력 모델

Wi-fi NIC는 초당 송신된 패킷의 수가 일정 개수를 초과하게 되면 High Power 모드로 진입하고, 이와 반대로, 초당 송신된 패킷의 개수가 일정 개수(High Power 모드 진입 요건과 같지 않을 수도 있음)를 초과하게 되면 Low Power 모드로 진입한다. 초당 송신된 패킷의 수가 High Power 모드 진입 요건 미만, Low Power 모드 진입 요건 초과이면 현재 상태를 유지한다. High Power 모드인 경우의 전력 소모는 Channel Rate와 Data Rate에 영향을 받는다. Channel Rate가 높을수록 전송이 빠르게 이루어져 High Power 모드에 있는 시간의 비율이 줄어들고, Data Rate가 높을수록 전송량이 늘어나 High Power 모드에 있는 시간의 비율이 늘어난다. 반면 Low Power 모드인 경우는 거의 일정한 전력이 소모된다.

2.5 Wi-fi 전력 모델

Audio와 GPS는 On/Off 상태(aud_on, GPS_on)에 따라 거의 일정한 전력을 소모한다. 단, Audio의 실제 재생볼륨이 일정 크기 이상 커지게 되면 Amplifier를 사용하게 되는데, 이를 모니터링 할 수 있는 방법이 없고 일반적인 경우가 아니므로 모델링 대상에서 제외한다.

2.6 Application 별 전력 모델

Application의 전력 소모는 측정 장비로 측정이 불가능하기 때문에, 앞에서 모델링 한 CPU, LCD, Wi-fi의 전력 모델을 사용하여 다음 가정에 따라 계산한다.

- Application의 CPU 전력 소모 : 해당 Application의 CPU점유율에 비례한다고 가정함
  - (Application의 CPU 전력 소모)=(현재의 CPU Frequency에 해당하는 계수)×(Application의 CPU 점유율)

- Application의 LCD 전력 소모 : 해당 Application이 Foreground를 점유하고 있을 때에만 LCD 전력을 소모한다고 가정함
  - (Application의 LCD 전력 소모)=(현재의 LCD 전력)×(Foreground 여부)
  - Foreground 여부는 0 또는 1의 값을 가지며, Foreground를 점유하고 있을 경우는 1, 그렇지 않은 경우는 0의 값을 가짐
- Application의 Wi-fi 전력 소모 : 해당 Application이 전송한 Byte 수에 비례한다고 가정함
  - (Application의 Wi-fi 전력 소모)=(현재의 Wi-fi 전력)×(Application의 Tx Bytes)/(전체 Tx Bytes)
- 단, Application에 대해서는 전력 소모 대신에 에너지 소모(Wh)를 보여줌
- 어떤 프로세스가 수행중인지 찾아내는 부분은 PowerTutor에서 GNU GPL에 따라 공개한 SystemInfo.java에서 제공하는 Android Hidden API를 사용함
- 각 프로세스 별 CPU, LCD, Wi-fi 사용량을 분석하기 위해서는 상당히 많은 수의 프로세스를 "/proc" 디렉토리에서 파싱하여야 하며, 이를 다시 Application 별 UID (User ID)로 환산하기 위해서는 앞에서 파싱한 프로세스 정보에 여러 번 접근해야 함
  - 이러한 접근 시 Overhead를 최소화하기 위하여 Java의 HashMap Class를 이용하여 Application 정보를 저장함

3 전력 모델 계수 산출 방법

2절에서 얻어진 모델링 방법을 통하여, 각 컴포넌트 별 전력 소모를 얻는 방법을 습득하였다. 이 절에서는 2절에서 얻어진 식에서 각 임베디드 시스템마다 다른 계수를 구하기 위한 방법을 차례로 설명한다. 계수 산출 진행 순서는 아래 그림 4-9와 같으며, 앞의 과정에서 구한 계수가 뒤의 과정에서 쓰이는 경우가 있으므로, 순차적으로 진행하여야 한다.

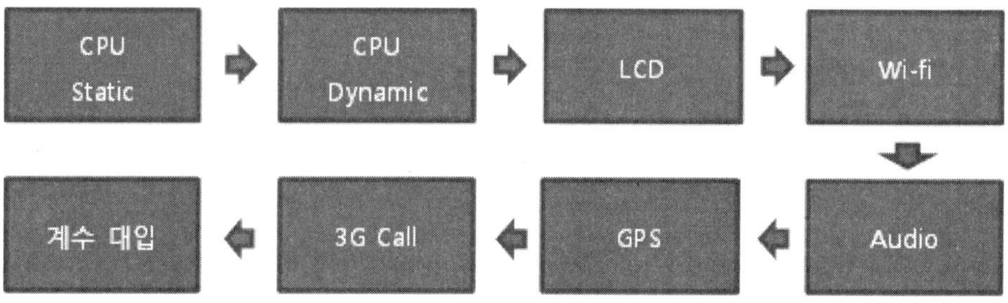

그림 4-9 계수 산출 진행 순서

3.1 멀티코어 CPU 정적 전력 모델 계수

① 준비물

- Leakage Application(자료와 같이 배포, LCD를 끄고 Wakelock을 걸어 CPU만 켜져있게 만드는 Application)
- Eclipse-Android 개발 환경
- Monsoon Power Monitor(다른 전력 측정 기기로 대체 가능, 1000ms 단위로 Averaging out이 가능해야 함)
- 핸드폰-컴퓨터 Connect Cable
- Root 권한을 획득한 Target Device(Airplane Mode, Wi-fi, Audio, Bluetooth, GPS 모두 Off, 화면 Time-off 시간 15초)

② 진행 과정 설명

㉠ CPU1 끄기

- ADB Shell을 실행한 뒤, /sys/devices/system/cpu/cpufreq/hotplug/로 이동
- "Echo 100 > up_threshold"를 실행해서 Scaling Up을 방지
- "Echo 0 > down_threshold"를 실행해서 Scaling Down을 방지
  - 이 과정은 Target device의 Scaling Governor에 따라 달라질 수 있음 (Optimus 3D의 Scaling Governor는 Hotplug)

㉡ CPU0 Frequency 고정

- ADB Shell에서 /sys/devices/system/cpu/cpu0/cpufreq/로 이동
- "Echo [target frequency] > scaling_min_freq"로 최소 가능 Frequency를 [Target frequency]로 설정

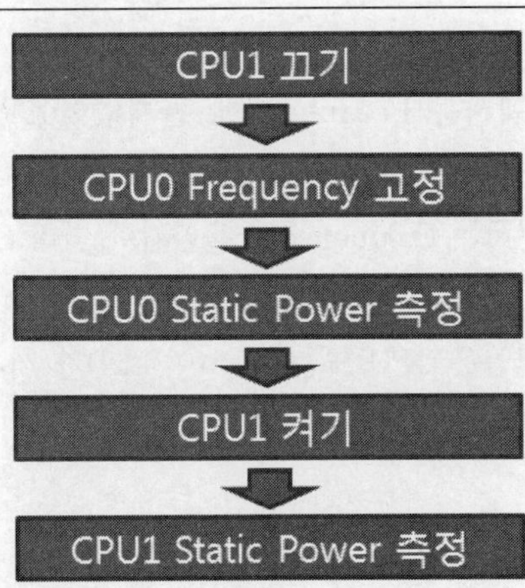

그림 4-10 멀티코어 CPU 정적 전력 모델의 계수 산출 과정

- CPU Frequency는 300MHz, 600MHz, 800MHz, 1008MHz의 4가지가 있음. 예를 들면 "echo 300000 > scaling_min_freq"라고 입력하면 최소 가능 Frequency가 됨

• "Echo [target frequency] > scaling_max_freq"

- 즉, scaling_min과 scaling_max를 같은 값으로 설정하면 Frequency가 고정되며, 이를 위해서는 Root 권한이 필요함(Root 권한을 획득하게 되면 그림 4-8처럼 "$" 대신에 "#"가 프롬프트에 나오게 됨

ⓒ CPU0 Always-on Power 측정

• DDMS에서 모든 프로세스를 종료한 뒤, Leakage 애플리케이션 실행하여 정적 전력 측정

• 화면이 꺼진 다음부터 100초간 전력을 측정(만약 어떤 이유로도, 전력이 크게 상승하는 일이 발생하면 다시 측정해야 함)

• 100초 간의 평균 전력이 CPU0의 Always-on Power

ⓓ CPU1 켜기 및 Frequency 고정

• ADB Shell을 실행한 뒤, /sys/devices/system/cpu/cpufreq/hotplug/로 이동

• "Echo 10 > up_threshold"를 실행해서 CPU1을 켬

• /sys/devices/system/cpu/cpu1/cpufreq/로 이동한 뒤, B에서 한 방법으로 Frequency를 최소로 고정하고 CPU Always-on Power 측정

• DDMS에서 모든 프로세스를 종료한 뒤, Leakage 애플리케이션 실행

• 화면이 꺼진 다음부터 100초 간의 전력을 측정

• (100초 간의 평균 전력)=(CPU0 Always-on Power)+(CPU1 Always-on Power)이므로, 여기서 얻은 100초 간의 평균 전력에서 CPU0 Always-on Power를 빼주면 CPU1 Always-on Power를 얻을 수 있음

③ 특이사항

• LCD가 꺼진 상태에서는 Frequency에 관계없이 CPU의 Always-on Power가 일정함

• LCD가 켜진 상태에서는 Frequency가 올라감에 따라 CPU의 Always-on Power가 최대 120mW(Optimus 3D 기준) 상승함

- 이러한 현상의 원인은 GPU 또는 Neon이 LCD가 꺼지게 되면 같이 꺼지는 것으로 추측됨

3.2 멀티코어 CPU 동적 전력 모델 계수

① 진행 순서

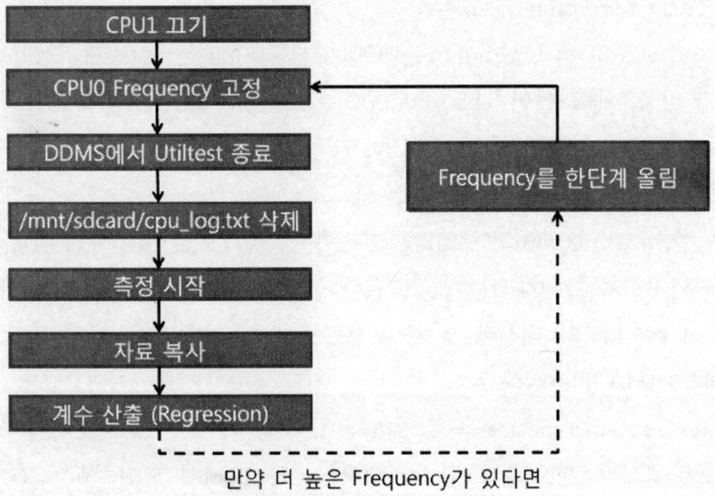

그림 4-11 멀티코어 CPU 동적 전력 모델의 계수 산출 과정

② 준비물

- Utiltest Application(자료와 같이 배포, Utilization을 0~100까지 증가시키는 프로그램)
- Eclipse-Android 개발 환경
- Monsoon Power Monitor(다른 전력 측정 기기로 대체 가능, 단 1000ms 단위로 Averaging out이 가능해야 함)
- 핸드폰-컴퓨터 Connect Cable
- Root 권한을 획득한 Target Device(Airplane Mode, Wi-fi, Audio, Bluetooth, GPS 모두 Off)

③ 진행 과정 설명

㉠ CPU1 끄기

- ADB Shell을 실행한 뒤, /sys/devices/system/cpu/cpufreq/hotplug/로 이동
- "Echo 100 > up_threshold"를 실행해서 Scaling Up을 방지
- "Echo 0 > down_threshold"를 실행해서 Scaling Down을 방지
  - 이 과정은 Target device의 Scaling Governor에 따라 달라질 수 있음 (Optimus 3D의 Scaling Governor는 Hotplug)

㉡ CPU0 Frequency 고정

- ADB Shell에서 /sys/devices/system/cpu/cpu0/cpufreq/로 이동
- "Echo [target frequency] > scaling_min_freq"로 최소 가능 Frequency를 [Target frequency]로 설정
- Optimus 3D의 Frequency는 300MHz, 600MHz, 800MHz, 1008MHz의 4가지가 있음. 예를 들면 "echo 300000 > scaling_min_freq"라고 입력하면 최소 가능 Frequency가 됨"
- "Echo [target frequency] > scaling_max_freq"
  - 즉, scaling_min과 scaling_max를 같은 값으로 설정하면 Frequency가 고정되며, 이를 위해서는 Root 권한이 필요함(Root 권한을 획득하게 되면 그림 4-8처럼 "$" 대신에 "#"가 프롬프트에 나오게 됨.

㉢ DDMS에서 Utiltest 종료

- Utiltest Application을 실행하기에 앞서 Target Device에서 실행되고 있는 프로세스가 있으면 그림 4-10처럼 DDMS에서 Kill 해준다(Utiltest 포함, Frequency가 바뀔 때마다 매번 Kill 해야 함).

㉣ DDMS에서 "/mnt/sdcard/cpu_log.txt"를 삭제

- "cpu_log.txt"는 Utiltest가 남기는 log 파일인데, 이전 실행에서 기록한 log에 이어서 기록하는 방식으로 기록하기 때문에 그림 4-12과 같이 새로운 측정을 하기 전에 지워야 함

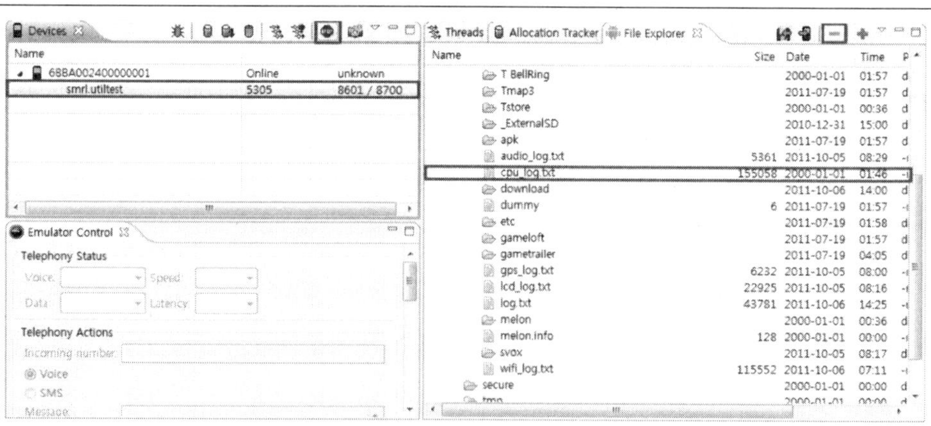

그림 4-12 DDMS에서 Utiltest를 Kill하고 cpu_log.txt를 삭제

㉤ 측정 시작

- Target Device에서 Utiltest를 실행하는 동시에, Monsoon Power Monitor(또는 전력 측정 도구)를 사용하여 측정을 시작한다. 이 때, 반드시 기기와 컴퓨터

를 연결하는 케이블을 분리하고 진행하여야 함(연결되어 있으면 전력 측정값이 달라짐)

- 두 동작은 전력 측정 결과와 기록한 log 간의 싱크를 맞추기 위해서 될 수 있으면 동시에 시작되는 것이 좋음
- Monsoon Power Monitor (또는 전력 측정 도구)에서 Power가 Saturation 될 때까지 측정한다. 그림 4-13와 같은 파워 패턴이 나오면 측정을 종료함
- 측정을 마치면 ⓒ에서 했던 방법으로 Utiltest 프로세스를 종료시켜 주어야 함

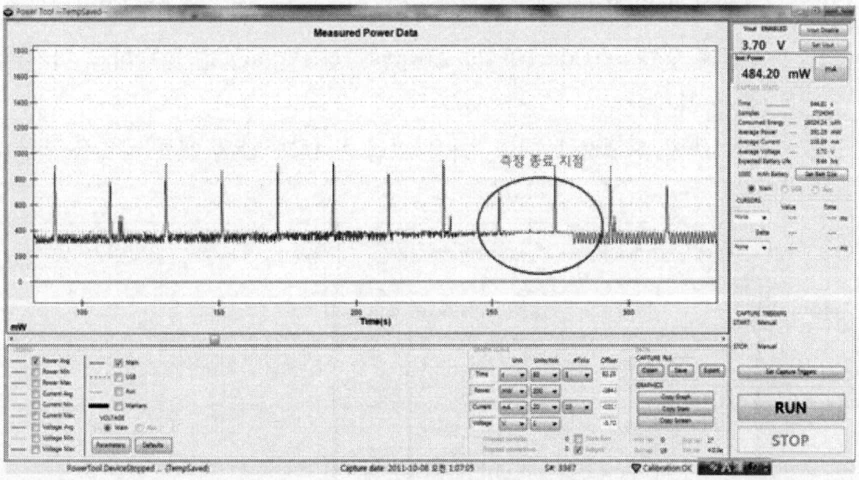

그림 4-13 Monsoon Power Monitor에서 나타난 측정 종료 지점

ⓑ 자료 복사

- 기기를 케이블로 연결하고, Eclipse의 DDMS로 돌아가서, "/mnt/sdcard/ cpu_log.txt"를 적당한 폴더에 복사함
- Monsoon Power Monitor를 사용하였다면, "Capture File" 탭의 "Export"를 눌러 CSV 파일 형식으로 적당한 폴더에 저장한다. 이 때, 저장 범위를 물어보는 창이 뜨는데, "Entire time range"를 선택함
  - Monsoon Power Monitor를 사용한 경우에 한해서, 동봉되는 AVGER.EXE를 사용하여 기기를 사용해 측정한 Power(CSV 파일)를 1000ms 단위로 Average Out 시킴
  - AVGER.EXE 사용법 : AVGER.EXE를 실행하면 프롬프트가 뜨는데, 이 때 Export 시킨 CSV 파일 명을 확장자까지 적어준다. 결과물로 AVG_POW.CSV 파일이 생성됨

• Monsoon Power Monitor를 사용하지 않았다면, 해당 전력 측정 도구에서 측정한 전력을 1000ms 단위로 Average Out해서 Microsoft Excel에서 불러올 수 있는 형식으로 저장함

• Average Out이 끝난 뒤, Microsoft Excel을 사용해서 두 파일 (Target Device에서 얻은 cpu_log.txt와 Average Out한 엑셀 파일)을 열고, 다음의 작업을 진행함

  – Cpu_log.txt를 연 시트의 C열 (세번째 열)에 Average Out한 파일을 붙여 넣음(CPU_log.txt – A열 : Timestamp, B열 : Utilization)

  – D열의 값은 "(C열의 값)−(CPU0 Always-on Power)"로 구한다. 즉, D열의 0번째 행에 "=C0−(CPU0 Always-on Power)"를 입력하고 마지막 행까지 이를 복사함

  – 여기까지 진행하게 되면, 다음 그림 4-14과 같은 엑셀 파일을 얻을 수 있음

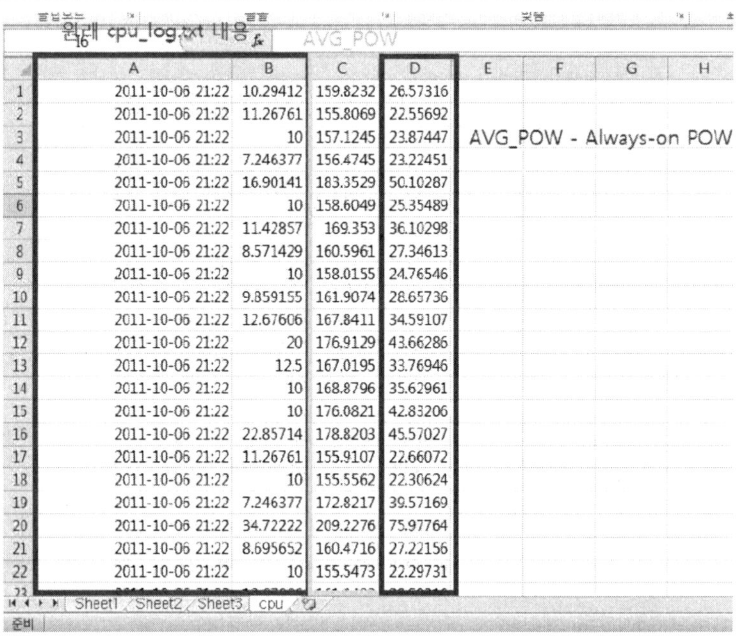

	A	B	C	D
1	2011-10-06 21:22	10.29412	159.8232	26.57316
2	2011-10-06 21:22	11.26761	155.8069	22.55692
3	2011-10-06 21:22	10	157.1245	23.87447
4	2011-10-06 21:22	7.246377	156.4745	23.22451
5	2011-10-06 21:22	16.90141	183.3529	50.10287
6	2011-10-06 21:22	10	158.6049	25.35489
7	2011-10-06 21:22	11.42857	169.353	36.10298
8	2011-10-06 21:22	8.571429	160.5961	27.34613
9	2011-10-06 21:22	10	158.0155	24.76546
10	2011-10-06 21:22	9.859155	161.9074	28.65736
11	2011-10-06 21:22	12.67606	167.8411	34.59107
12	2011-10-06 21:22	20	176.9129	43.66286
13	2011-10-06 21:22	12.5	167.0195	33.76946
14	2011-10-06 21:22	10	168.8796	35.62961
15	2011-10-06 21:22	10	176.0821	42.83206
16	2011-10-06 21:22	22.85714	178.8203	45.57027
17	2011-10-06 21:22	11.26761	155.9107	22.66072
18	2011-10-06 21:22	10	155.5562	22.30624
19	2011-10-06 21:22	7.246377	172.8217	39.57169
20	2011-10-06 21:22	34.72222	209.2276	75.97764
21	2011-10-06 21:22	8.695652	160.4716	27.22156
22	2011-10-06 21:22	10	155.5473	22.29731

그림 4-14 완성된 엑셀 파일

㉦ Regression

• Excel의 메뉴에서 "데이터 – 분석 – 데이터 분석"을 선택함

• 여러 개의 분석 중 회귀분석을 선택함

• 회귀 분석을 선택하면 새로운 창이 뜨는데, 다음과 같이 입력하고 "확인" 버튼을 누름

- Y축 입력 범위 : D열 0행 ~ 마지막 행
- X축 입력 범위 : B열 0행 ~ 마지막 행
- "상수에 0을 사용"에 Check
- "새로운 워크시트에 출력"에 Check

• 회귀분석을 마치면, 새로운 시트가 생성되는데, X1과 계수가 만나는 지점의 박스 있는 부분이 해당 Frequency의 CPU 계수임

ⓞ Frequency를 한단계 올림

• 만약, 현재의 Frequency가, CPU가 지원 가능한 최대 Frequency가 아니라면, 최대 Frequency가 될 때까지 Frequency만을 바꿔가며 실험을 반복해야 함
  - 예를 들면, Optimus 3D는 300, 600, 800, 그리고 1008MHz을 지원하는데, 만약 300MHz에 대해서 실험을 했다면, B에 설명된 방법으로 Frequency를 한 단계 올려서 실험을 반복함

• 실험을 반복할 때, cpu_log.txt를 삭제하고 시작하여야 함

3.3 LCD 전력 모델 계수

① 준비물

• BrightnessTest Application(LCD Brightness를 136~255까지 21초 주기로 10씩 증가시키는 Application)
• Eclipse-Android 개발 환경
• Monsoon Power Monitor(다른 전력 측정 기기로 대체 가능, 1000ms 단위로 Averaging out이 가능해야 함)
• 핸드폰-컴퓨터 Connect Cable
• Root 권한을 획득한 Target Device(Airplane Mode, Wi-fi, Audio, Bluetooth, GPS 모두 Off, 화면 Time-off 시간 15초)

② 진행 과정 설명

㉠ CPU1 끄기

• ADB Shell을 실행한 뒤, /sys/devices/system/cpu/cpufreq/hotplug/로 이동
• "Echo 100 > up_threshold"를 실행해서 Scaling Up을 방지
• "Echo 0 > down_threshold"를 실행해서 Scaling Down을 방지
  - 이 과정은 Target device의 Scaling Governor에 따라 달라질 수 있음 (Optimus 3D의 Scaling Governor는 Hotplug)

㉡ CPU0 Frequency 고정

• ADB Shell에서 /sys/devices/system/cpu/cpu0/cpufreq/로 이동

- "Echo [target frequency] > scaling_min_freq"로 최소 가능 Frequency를 [Target frequency]로 설정
  - Optimus 3D의 Frequency는 300MHz, 600MHz, 800MHz, 1008MHz의 4가지가 있음. 예를 들면 "echo 300000 > scaling_min_freq"라고 입력하면 최소 가능 Frequency가 됨"
- "Echo [target frequency] > scaling_max_freq"
  - 즉, scaling_min과 scaling_max를 같은 값으로 설정하면 Frequency가 고정되며, 이를 위해서는 Root 권한이 필요함(Root 권한을 획득하게 되면 그림 4-8처럼 "$" 대신에 "#"가 프롬프트에 나오게 됨)

ⓒ DDMS에서 BrightnessTest 종료

Eclipse-Android 개발 환경의 DDMS에서 BrightnessTest 및 다른 프로세스를 모두 종료한 뒤 측정해야 함

ⓓ /mnt/sdcard/lcd_log.txt 삭제

남아있는 Lcd_log.txt는 기존 BrightnessTest의 결과물이며, 현재 Brightness Test Application은 기존의 Log 뒤에 이어서 기록을 하므로, 처음부터 측정하고 싶을 때는 기존의 Log를 삭제해야 함

ⓔ 측정 시작

- 기기와 컴퓨터를 연결하는 케이블을 분리하고 LCD Brightness를 가장 어둡게 한 상태의 평균 전력(100초 동안의 평균)을 측정한 뒤 여기서 (CPU0 Always-on Power)를 빼 주어 (LCD 기본 소모 전력)을 구함
- Target Device에서 BrightnessTest를 실행하는 동시에, Monsoon Power Monitor(또는 전력 측정 도구)를 사용하여 측정을 시작함
- 이 때, 반드시 기기와 컴퓨터를 연결하는 케이블을 분리하고 진행하여야 함(연결되어 있으면 전력 측정값이 달라짐)
- 두 동작은 전력 측정 결과와 기록한 log 간의 싱크를 맞추기 위해서 될 수 있으면 동시에 시작되는 것이 좋음
- Target Device의 화면의 첫 행에 255라는 숫자가 나타난 뒤 20초 후에 측정 종료
- 측정을 마치면 ⓒ에서 했던 방법으로 BrightnessTest 프로세스를 종료시켜 주어야 함

ⓕ 자료 복사

- 기기를 케이블로 연결하고, Eclipse의 DDMS로 돌아가서, "/mnt/sdcard/lcd_log.txt"를 적당한 폴더에 복사함

- Monsoon Power Monitor를 사용하였다면, "Capture File" 탭의 "Export"를 눌러 CSV 파일 형식으로 적당한 폴더에 저장함
- 이 때, 저장 범위를 물어보는 창이 뜨는데, "Entire time range"를 선택함
  - Monsoon Power Monitor를 사용한 경우에 한해서, 동봉되는 AVGER.EXE를 사용하여 기기를 사용해 측정한 Power(CSV 파일)를 1000ms 단위로 Average Out 시킴
  - AVGER.EXE 사용법 : AVGER.EXE를 실행하면 프롬프트가 뜨는데, 이 때 Export 시킨 CSV 파일 명을 확장자까지 적어줌
    * 결과물로 AVG_POW.CSV 파일이 생성됨
- Monsoon Power Monitor를 사용하지 않았다면, 해당 전력 측정 도구에서 측정한 전력을 1000ms 단위로 Average Out해서 Microsoft Excel에서 불러올 수 있는 형식으로 저장함
- Average Out이 끝난 뒤, Microsoft Excel을 사용해서 두 파일(Target Device에서 얻은 lcd_log.txt와 Average Out한 엑셀 파일)을 열고, 다음의 작업을 진행함
  - lcd_log.txt를 연 시트의 D열 (네번째 열)에 Average Out한 파일을 붙여 넣음(lcd_log.txt - A열 : Timestamp, B열 : Brightness, C열 : Utilization)
  - E열의 값은 "(D열의 값)－(LCD 기본 소모 전력)"로 구한다. 즉, E열의 0번째 행에 "＝D0－(LCD 기본 소모 전력)"를 입력하고 마지막 행까지 이를 복사함
  - 이렇게 하면, CPU 전력 모델과 같은 엑셀 파일을 얻을 수 있음

㈧ 계수 산출

- 계수를 구간 별로 나누어서 구해야 하기 때문에, Regression을 진행하기 이전에 먼저, B열과 E열을 가지고 분산형 그래프를 그려봄 (B열 및 E열 선택 후, 삽입-분산형)
- 그래프 위에 추세선을 그려보면, 다음과 같은 그래프를 얻을 수 있다. 눈으로 보기에 기울기가 급격히 변하는 지점들을 기준으로 구간을 나눔
- 구간을 나누었으면, 구간별로 추세선의 기울기 및 상수를 구함
  - 이 예제를 기준으로 설명하면, Excel의 메뉴에서 밝기 136~166 구간(B열)과 전력(E열)을 선택한 뒤 "삽입 - 분산형 - 표식만 있는 분산형 그래프"를 선택함
  - 그리고, "오른쪽 클릭 - 추세선 추가 - 수식을 차트에 표시"를 클릭함.
  - 이 때, 표시된 수식의 x 앞의 계수(기울기)는 해당 구간의 계수가 되고, 상수항은 해당 구간의 상수값이 됨
    * 추세선의 Y절편 값 : 해당 구간의 상수
    * 추세선의 기울기 : 해당 구간의 계수(기울기)

- 이어서 이 예제를 기준으로 설명하면, 위의 작업을 Brightness 구간 166~186, 186~196, 196~255에 대해서도 (총 3번) 반복함

ⓞ 특이사항

- "LCD Backlight Brightness가 0인 상태" ≠ "LCD가 꺼진 상태"
- Frequency 별로 LCD 기본 소모 전력이 차이가 나는 경우, Frequency를 가장 낮은 상태에서 가장 높은 상태까지 조절하며 LCD 기본 소모 전력을 산출하여 평균값을 사용함

3.4 LCD 전력 모델 계수

① 준비물

- wifiTest Application(초당 전송하는 1KB Ping Packet(TCP)의 갯수를 늘이는 Application)
- Eclipse-Android 개발 환경
- Monsoon Power Monitor(다른 전력 측정 기기로 대체 가능, 1000ms 단위로 Averaging out이 가능해야 함)
- 핸드폰-컴퓨터 Connect Cable
- Root 권한을 획득한 Target Device(Airplane Mode, Audio, Bluetooth, GPS 모두 Off, 화면 Time-off 시간 15초)

② 진행 과정 설명

㉠ CPU1 끄기

- ADB Shell을 실행한 뒤, /sys/devices/system/cpu/cpufreq/hotplug/로 이동
- "Echo 100 > up_threshold"를 실행해서 Scaling Up을 방지
- "Echo 0 > down_threshold"를 실행해서 Scaling Down을 방지
  - 이 과정은 Target device의 Scaling Governor에 따라 달라질 수 있음 (Optimus 3D의 Scaling Governor는 Hotplug)

㉡ CPU0 Frequency 고정

- ADB Shell에서 /sys/devices/system/cpu/cpu0/cpufreq/로 이동
- "Echo [target frequency] > scaling_min_freq"로 최소 가능 Frequency를 [Target frequency]로 설정
  - Optimus 3D의 Frequency는 300MHz, 600MHz, 800MHz, 1008MHz의 4가지가 있음. 예를 들면 "echo 300000 > scaling_min_freq"라고 입력하면 최소 가능 Frequency가 됨"

- "Echo [target frequency] > scaling_max_freq"
  - 즉, scaling_min과 scaling_max를 같은 값으로 설정하면 Frequency가 고정되며, 이를 위해서는 Root 권한이 필요함(Root 권한을 획득하게 되면 그림 4-8처럼 "$" 대신에 "#"가 프롬프트에 나오게 됨)

ⓒ DDMS에서 wifiTest 종료

Eclipse-Android 개발 환경의 DDMS에서 wifiTest 및 다른 프로세스를 모두 종료한 뒤 측정해야 함

ⓡ /mnt/sdcard/wifi_log.txt 삭제

남아있는 wifi_log.txt는 기존 wifiTest의 결과물이며, 현재 wifiTest Application은 기존의 Log 뒤에 이어서 기록을 하므로, 처음부터 측정하고 싶을 때는 기존의 Log를 삭제해야 함

ⓜ 측정 시작

- Target Device에서 wifiTest를 실행하는 동시에, Monsoon Power Monitor (또는 전력 측정 도구)를 사용하여 측정을 시작함
- 이 때, 반드시 기기와 컴퓨터를 연결하는 케이블을 분리하고 진행하여야 함(연결되어 있으면 전력 측정값이 달라짐)
- 두 동작은 전력 측정 결과와 기록한 log 간의 싱크를 맞추기 위해서 될 수 있으면 동시에 시작되는 것이 좋음
- Target Device의 화면의 두번째 행에 150라는 숫자가 나타난 뒤 30초 후에 측정 종료
- 측정을 마치면 ⓒ에서 했던 방법으로 wifiTest 프로세스를 종료시켜 주어야 함

ⓑ 자료 복사

- 기기를 케이블로 연결하고, Eclipse의 DDMS로 돌아가서, "/mnt/sdcard/wifi_log.txt"를 적당한 폴더에 복사함
- Monsoon Power Monitor를 사용하였다면, "Capture File" 탭의 "Export"를 눌러 CSV 파일 형식으로 적당한 폴더에 저장함
- 이 때, 저장 범위를 물어보는 창이 뜨는데, "Entire time range"를 선택함
  - Monsoon Power Monitor를 사용한 경우에 한해서, 동봉되는 AVGER.EXE를 사용하여 기기를 사용해 측정한 Power(CSV 파일)를 1000ms 단위로 Average Out 시킴
  - AVGER.EXE 사용법 : AVGER.EXE를 실행하면 프롬프트가 뜨는데, 이 때 Export 시킨 CSV 파일 명을 확장자까지 적어준다. 결과물로 AVG_POW.CSV 파일이 생성됨

- Monsoon Power Monitor를 사용하지 않았다면, 해당 전력 측정 도구에서 측정한 전력을 1000ms 단위로 Average Out 해서 Microsoft Excel에서 불러올 수 있는 형식으로 저장함
- Average Out이 끝난 뒤, Microsoft Excel을 사용해서 두 파일 (Target Device에서 얻은 wifi_log.txt와 Average Out한 엑셀 파일)을 열고, 다음의 작업을 진행함
  - wifi_log.txt를 연 시트의 H열(8번째 열)에 Average Out한 파일을 붙여 넣음 (wifi_log.txt – A열 : Timestamp, B열 : CPU Utilization, C열 : Delay (현재는 사용 안함), D열 : 송수신 패킷 개수/초, E열 : Tx Datarate, F열 : Channel Bitrate (802.11n 기준), G열 : Wifi의 상태(Low 또는 High))
  - I열의 값은 "(H열의 값) – (LCD 기본 소모 전력) – (CPU0 Always on power) – (현재 CPU Frequency에 해당하는 계수)*(Utilization)"로 구함

  * 예를 들어, Optimus 3D의 LCD 기본 소모 전력은 301.07mW, CPU0 Always-on power는 133.25mW, 그리고 300MHz에 해당하는 계수가 1.95이므로, I열의 1번째 행에 "=H1-301.07-133.15-B1*1.95"를 입력하고 마지막 행까지 이를 복사함

ⓢ 계수 산출

- Wi-fi는 Low파워 모드와 High 파워 모드가 있으므로, Low와 high 파워 모드를 나누어서 계수를 구해줘야 함
- 먼저, G열에 Low라고 표시된 행들의 I열값 평균을 구함 → (Wi-fi Low Power Mode 계수)
- 그리고, G열에 High라고 표시된 행들의 I열값 평균을 구함 → (Wi-fi High Power Mode 계수)

3.5 Audio 전력 모델 계수

① 준비물

- AudioTest Application(Audio 재생 중에 Utilization을 기록하는 Application)
- Eclipse-Android 개발 환경
- Monsoon Power Monitor(다른 전력 측정 기기로 대체 가능, 1000ms 단위로 Averaging out이 가능해야 함)
- 핸드폰-컴퓨터 Connect Cable
- Root 권한을 획득한 Target Device(Airplane Mode, Wi-fi, Bluetooth, GPS 모두 Off, 화면 Time-off 시간 15초)

② 진행 과정 설명

㉠ CPU1 끄기

- ADB Shell을 실행한 뒤, /sys/devices/system/cpu/cpufreq/hotplug/로 이동
- "Echo 100 > up_threshold"를 실행해서 Scaling Up을 방지
- "Echo 0 > down_threshold"를 실행해서 Scaling Down을 방지
  - 이 과정은 Target device의 Scaling Governor에 따라 달라질 수 있음 (Optimus 3D의 Scaling Governor는 Hotplug)

㉡ CPU0 Frequency 고정

- ADB Shell에서 /sys/devices/system/cpu/cpu0/cpufreq/로 이동
- "Echo [target frequency] > scaling_min_freq"로 최소 가능 Frequency를 [Target frequency]로 설정
  - Optimus 3D의 Frequency는 300MHz, 600MHz, 800MHz, 1008MHz의 4가지가 있음. 예를 들면 "echo 300000 > scaling_min_freq"라고 입력하면 최소 가능 Frequency가 됨"
- "Echo [target frequency] > scaling_max_freq"
  - 즉, scaling_min과 scaling_max를 같은 값으로 설정하면 Frequency가 고정되며, 이를 위해서는 Root 권한이 필요함(Root 권한을 획득하게 되면 그림 4-8처럼 "$" 대신에 "#"가 프롬프트에 나오게 됨

㉢ DDMS에서 AudioTest 종료

Eclipse-Android 개발 환경의 DDMS에서 AudioTest 및 다른 프로세스를 모두 종료한 뒤 측정해야 함

㉣ /mnt/sdcard/audio_log.txt 삭제

남아있는 Audio_log.txt는 기존 AudioTest의 결과물이며, 현재 AudioTest Application은 기존의 Log 뒤에 이어서 기록을 하므로, 처음부터 측정하고 싶을 때는 기존의 Log를 삭제해야 함

㉤ 측정 시작

- 디스플레이 자동 Off 시간을 15초로 설정, 미디어 볼륨은 Middle
- 음악 파일(GSMA reference music.mp3)을 재생
- Target Device에서 AudioTest를 실행하는 동시에, Monsoon Power Monitor (또는 전력 측정 도구)를 사용하여 측정을 시작함
- 이 때, 반드시 기기와 컴퓨터를 연결하는 케이블을 분리하고 진행하여야 함(연결되어 있으면 전력 측정값이 달라짐)
- 두 동작은 전력 측정 결과와 기록한 log 간의 싱크를 맞추기 위해서 될 수 있으면 동시에 시작되는 것이 좋음

- Display와 메뉴 버튼이 Off되는 시점으로부터 100초 뒤 측정 종료
- 측정을 마치면 ⓒ에서 했던 방법으로 AudioTest 프로세스를 종료시켜 주어야 함

ⓑ 자료 복사

- 기기를 케이블로 연결하고, Eclipse의 DDMS로 돌아가서, "/mnt/sdcard/audio_log.txt"를 적당한 폴더에 복사함
- Monsoon Power Monitor를 사용하였다면, "Capture File" 탭의 "Export"를 눌러 CSV 파일 형식으로 적당한 폴더에 저장함
- 이 때, 저장 범위를 물어보는 창이 뜨는데, "Entire time range"를 선택함
  - Monsoon Power Monitor를 사용한 경우에 한해서, 동봉되는 AVGER.EXE를 사용하여 기기를 사용해 측정한 Power(CSV 파일)를 1000ms 단위로 Average Out 시킴
  - AVGER.EXE 사용법 : AVGER.EXE를 실행하면 프롬프트가 뜨는데, 이 때 Export 시킨 CSV 파일 명을 확장자까지 적어줌
  * 결과물로 AVG_POW.CSV 파일이 생성됨
- Monsoon Power Monitor를 사용하지 않았다면, 해당 전력 측정 도구에서 측정한 전력을 1000ms 단위로 Average Out해서 Microsoft Excel에서 불러올 수 있는 형식으로 저장함
- Average Out이 끝난 뒤, Microsoft Excel을 사용해서 두 파일 (Target Device에서 얻은 audio_log.txt와 Average Out한 엑셀 파일)을 열고, 다음의 작업을 진행함
  - audio_log.txt를 연 시트의 C열(3번째 열)에 Average Out한 파일을 붙여 넣음 (audio_log.txt – A열 : Timestamp, B열 : CPU Utilization)
  - D열의 값은 "(C열의 값) – (CPU0 Always On Power) – (CPU Utilization)*(현재 Frequency의 계수)"로 구함
  * 예를 들어, Optimus 3D의 CPU0 Always-on power는 133.25mW, 그리고 300MHz에 해당하는 계수가 1.95임
  * 이 때, D열의 첫번째 행에 "=C1-133.15-B1*1.95"를 입력하고 마지막 행까지 이를 복사함

ⓢ 계수 산출

Audio는 단순히 On일 때, Off인 경우 대비 Constant한 전력 소모 증가를 보인다고 모델링하기 때문에, (D열의 평균 값)=(Audio 계수)임

3.6 GPS 전력 모델 계수

① 준비물

- GPS Test Application(GPS를 Enable 시켜주는 Application)
- Eclipse-Android 개발 환경
- Monsoon Power Monitor(다른 전력 측정 기기로 대체 가능, 1000ms 단위로 Averaging out이 가능해야 함)
- 핸드폰-컴퓨터 Connect Cable
- Root 권한을 획득한 Target Device(Airplane Mode, Wi-fi, Bluetooth, Audio 모두 Off, 화면 Time-off 시간 "없음"으로 설정)
- GPS On

② 진행 과정 설명

㉠ CPU1 끄기

- ADB Shell을 실행한 뒤, /sys/devices/system/cpu/cpufreq/hotplug/로 이동
- "Echo 100 > up_threshold"를 실행해서 Scaling Up을 방지
- "Echo 0 > down_threshold"를 실행해서 Scaling Down을 방지
  - 이 과정은 Target device의 Scaling Governor에 따라 달라질 수 있음 (Optimus 3D의 Scaling Governor는 Hotplug)

㉡ CPU0 Frequency 고정

- ADB Shell에서 /sys/devices/system/cpu/cpu0/cpufreq/로 이동
- "Echo [target frequency] > scaling_min_freq"로 최소 가능 Frequency를 [Target frequency]로 설정
  - Optimus 3D의 Frequency는 300MHz, 600MHz, 800MHz, 1008MHz의 4가지가 있음. 예를 들면 "echo 300000 > scaling_min_freq"라고 입력하면 최소 가능 Frequency가 됨"
- "Echo [target frequency] > scaling_max_freq"
  - 즉, scaling_min과 scaling_max를 같은 값으로 설정하면 Frequency가 고정되며, 이를 위해서는 Root 권한이 필요함(Root 권한을 획득하게 되면 그림 4-8처럼 "$" 대신에 "#"가 프롬프트에 나오게 됨

㉢ DDMS에서 GPSTest 종료

Eclipse-Android 개발 환경의 DDMS에서 GPSTest 및 다른 프로세스를 모두 종료한 뒤 측정해야 함

㉣ /mnt/sdcard/GPS_log.txt 삭제

남아있는 GPS_log.txt는 기존 GPSTest의 결과물이며, 현재 GPSTest Application

은 기존의 Log 뒤에 이어서 기록을 하므로, 처음부터 측정하고 싶을 때는 기존의 Log를 삭제해야 함

ⓓ 계수 산출

- Target Device에서 GPSTest를 실행하는 동시에, Monsoon Power Monitor (또는 전력 측정 도구)를 사용하여 측정을 시작함. 이 때, 반드시 기기와 컴퓨터를 연결하는 케이블을 분리하고 진행하여야 함(연결되어 있으면 전력 측정값이 달라짐)
- Target Device의 화면에 첫번째 행이 Off라고 표시되는 동안의 평균 전력 측정
- Target Device의 화면에 첫번째 행이 On라고 표시되는 동안의 평균 전력 측정
- 측정을 마치면 C에서 했던 방법으로 GPSTest 프로세스를 종료시켜 주어야 함
- (On인 경우의 평균 전력)−(Off인 경우의 평균 전력)=(GPS의 계수)
  - GPS On/Off Status는 Utilization에 거의 영향을 주지 않기 때문에 이러한 방법으로 계수를 산출하는 것이 가능함

3.7 3G 전력 모델 계수

① 준비물

- 망 실험 장비
- Target Device
- 통계 프로그램(SPSS 또는 SAS)

② 진행 과정 설명

ⓐ Tx Power 증가에 따른 Power Consumption 측정 실험

망 실험 장비를 사용해서 Target channel의 Target Power에 따른 Target Device의 Power consumption(또는 Current) 측정

ⓐ 통화 시 평균 CPU Utilization 계산

통화를 하는 동시에 Logging을 진행하여 평균 CPU Utilization 및 Frequency을 기록함

ⓒ 계수 산출

- Tx Power에 따른 Target Device의 전력 소모를 측정한 결과에서, 평균 CPU Power를 계산함(Utilization에 Frequency에 맞는 계수를 곱해서 평균을 취하고, Always-on Power를 더해줌)

- Tx Power에 따른 Target Device의 전력 소모 변화는 Exponential 한 추이를 보이므로, Linear Regression이 아닌 Exponential Regression(또는 Curve Fitting)을 진행해야 함
- SPSS(예제에서는 v12.0)를 실행하고, 첫 번째 열에는 Target Power, 두 번째 열에는 측정한 Power consumption을 삽입함
- 메뉴의 "분석 - 회귀분석 - 곡선추정"을 클릭하면 새로운 창이 뜨는데, 종속변수에는 Power Consumption, 독립변수에는 Target Power열을 입력하고 "방정식에 상수함 포함"에 체크를 풀고, "3차 모형" 과 "지수 모형"에 체크한 뒤 "확인"을 누르면 곡선 적합도가 나오는데, 이 중 더 적합한 것을 선택하면 됨

4 전력 모델 정확도 평가

4.1 LCD 밝기 조절 실험

LCD 밝기를 136(Optimus 3D에서 사용자가 지정할 수 있는 최소값)에서부터 255까지 올리는 실험을 진행하여 PowerTutor의 모델 및 실측 결과와 비교하였다. 그림 4-15에서 전 구간의 LCD 밝기에 걸쳐 실측 결과의 경향을 따라가는 데에 반해 기존의 Google의 PowerTutor의 모델은 LCD 밝기가 어두울 때에는 Power를 실측 결과보다 더 높게, LCD 밝기가 밝을 때에는 Power를 더 낮게 Estimation 하는 것을 볼 수 있다. 이러한 차이가 발생하는 이유는, 개발한 LCD 전력 모델은 LCD 밝기 구간 별 전력이 증가하는 속도를 고려하였지만, 기존의 PowerTutor 모델은 이를 고려하지 않았기 때문으로 추정된다.

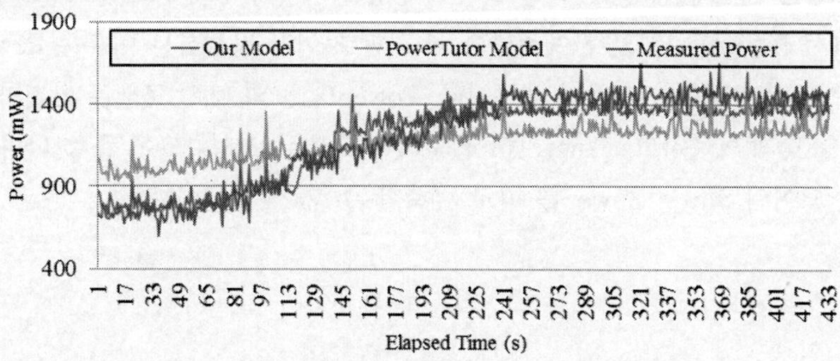

그림 4-15 LCD 밝기 조절 실험의 결과

4.2 Online Video Streaming 실험

스마트폰 사용자들이 가장 많이 사용하는 어플리케이션 중 하나인 Online Video Streaming을 실행하는 실험을 진행하고, 그 결과를 PowerTutor의 모델 및 실측 결과와 비교한다. 그림 4-16은 아래와 같이 세 가지 모드가 동작하는 것이 표현되어 있다.

- 1~13초 구간 : 화면을 터치하여 비디오를 재생시킴
- 13~131초 구간 : 온라인 비디오가 버퍼링 되는 동시에 재생됨 (Wi-fi가 High Power 모드에서 동작함)
- 131~280초 구간 : 온라인 비디오의 버퍼링은 종료되었지만, 비디오가 재생되고 있음
- 280~끝 구간 : 온라인 비디어의 재생이 종료됨

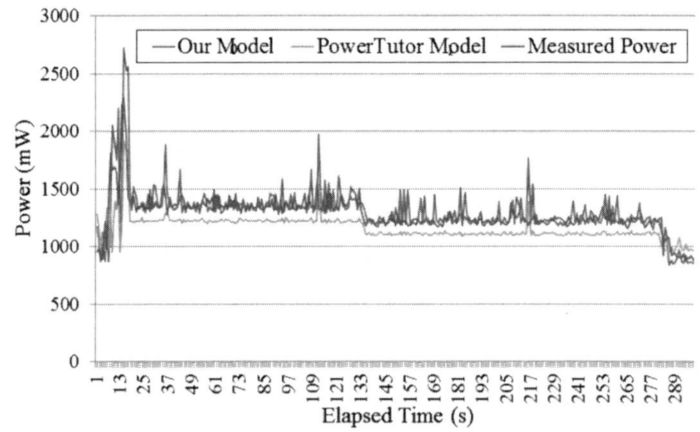

그림 4-16 Online Video Streaming 실험의 결과

앞의 전력 모델은 전 구간에 걸쳐 실측 결과의 경향을 따라가지만, PowerTutor의 모델은 거의 전 구간에서 Power를 더 낮게 예측한다. 이러한 차이가 발생하는 이유는 PowerTutor의 LCD 및 CPU 모델이 정확하지 않기 때문이다. PowerTutor의 LCD 모델은 밝기가 가장 밝을 때에 Power를 낮게 예측하고, PowerTutor의 CPU 모델은 2개의 코어 중 하나가 꺼져 있게 되더라도 각 코어의 Static Power를 따로 예측할 수 없기 때문이다.

4.3 MP3 재생 실험

스마트폰 사용자들이 가장 많이 사용하는 어플리케이션 중 하나인 MP3 재생을 실행하는 실험을 진행하고, 그 결과를 PowerTutor의 모델 및 실측 전력과 비교한다.

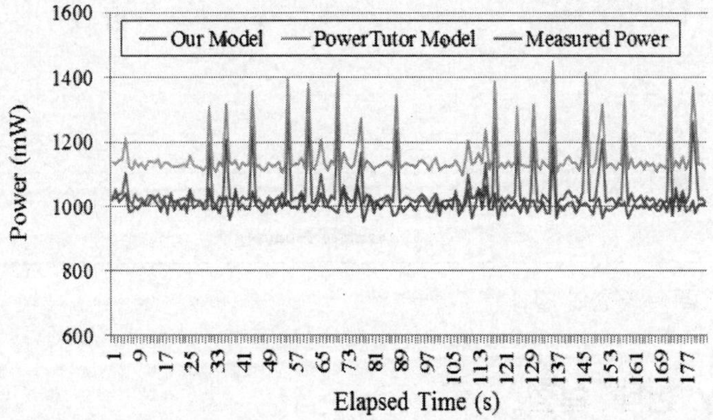

그림 4-17 MP3 재생 실험의 결과

그림 4-17에서 확인할 수 있듯이, 이 전력 모델은 전체적으로 실측 결과의 경향을 잘 따라가는 반면, PowerTutor 의 전력 모델은 Power를 높게 예측한다. PowerTutor의 전력 모델이 Power를 높게 예측하는 이유는, MP3 재생 실험을 할 때에는 LCD가 꺼진 상태에서 진행하기 때문에 PowerTutor의 CPU 전력 모델이 코어가 1개만 켜진 경우에 Power를 높게 예측하는 현상이 두드러지기 때문이다. 또한 PowerTutor는 Core가 하나만 켜진 경우에도 2개 모두의 정적 전력을 사용하게 되므로 Power를 높게 예측하게 되는 것도 또 다른 이유이다.

4.4 게임 실험

스마트폰 사용자들이 가장 많이 사용하는 어플리케이션 중 하나인 Game(Angry Bird)을 실행하는 실험을 진행하고, 그 결과를 실측 전력과 비교한다. 그림 4-18을 보면, 전체적으로 제안한 모델이 실측 결과에 비해 Power를 낮게 예측하는 경향이 보이는데, 이는 모델링하지 않은 요소(그래픽 처리 또는 Touch 관련)에서 오는 것으로 생각된다. 그럼에도 불구하고 매우 낮은 오차율을 보인다.

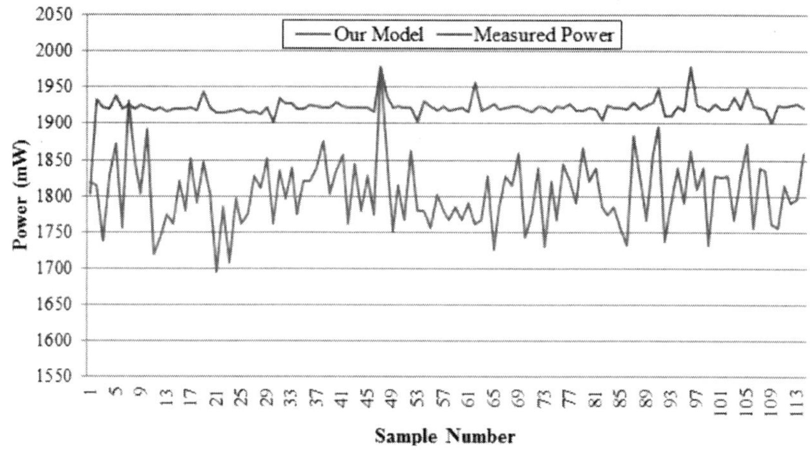

그림 4-18 Game 실험의 결과

4.5 Standby 상태 실험

스마트폰에 어떤 동작도 시키지 않고 LCD를 끈 상태로 전력을 측정하는 실험을 진행하고, 그 결과를 실측 결과와 비교한다. 그림 4-19에서 볼 수 있듯이, 전력 모델은 거의 실측 결과와 일치한다. 이 실험을 통하여 CPU 정적 전력 모델이 매우 정확함을 확인할 수 있음

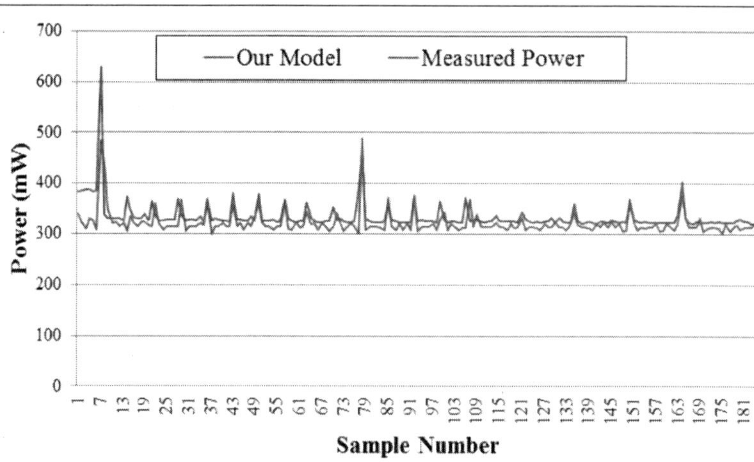

그림 4-19 Standby 실험의 결과

4.6 Video Playback 상태 실험

스마트폰 사용자들이 가장 많이 사용하는 어플리케이션 중 하나인 Video Playback(카메라로 찍은 영상 재생)을 실행하는 실험을 진행하고, 그 결과를 PowerTutor의 모델 및 실측 결과와 비교한다. 그림 4-20에서 보이듯이, 개발한 모델이 전체적으로 측정 결과의 경향을 잘 따라가지만, Fluctuation이 더 심하게 보인다. 이는 측정 결과는 1000ms 단위로 평균값을 사용한 반면, 전력 모델은 Sampling 방식으로 전력을 예측을 하기 때문에 이러한 현상이 발생한다. 실제로, 평균값 이전의 측정 결과를 확인하여 보면 이러한 Fluctuation이 있음을 알 수 있다.

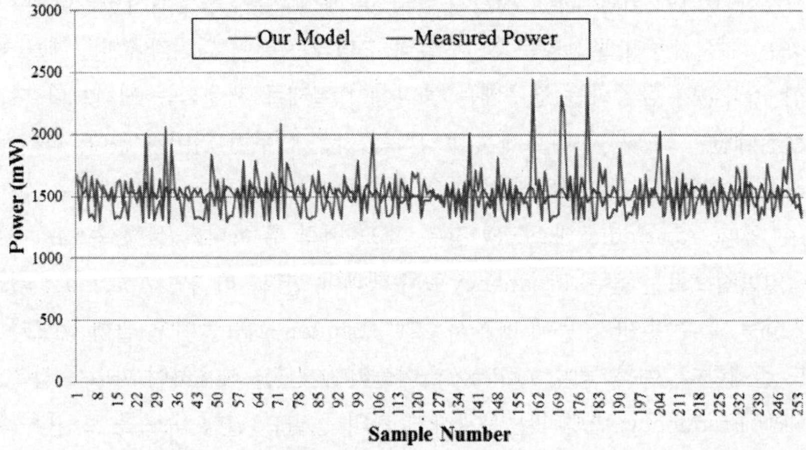

그림 4-20 Video Playback 실험의 결과

5 프로세서 전력 관리 정책

5.1 프로세서 전력 소모

CPU 동적 전력 소모는 일반적으로 Frequency 및 Voltage의 제곱에 비례한다. 동일한 Frequency와 Voltage에서 일정 시간 동안의 전력 소모는 이전 장에서 확인한 것과 같이 CPU Utilization에 비례하게 된다. 동일한 어플리케이션을 수행할 때, 더 높은 Frequency로 수행하는 경우, Frequency와 Voltage가 증가하는 반면, CPU Utilization은 감소하게 된다. 이때, Frequency와 Voltage에 의한 전력 증가분이 CPU Utilization에 의한 전력 감소분보다 크게 되어, 결과적으로는 높은 Frequency로 수행할수록 많은 전력을 소모하게 된다.

CPU 정적 전력 소모는 켜져 있는 코어의 개수에 따라 달라진다. 즉, 동일한 어플리케이션을 수행할 때, 여러 개의 코어를 켜놓을수록 소모되는 정적 전력이 높아지게 된다. 수행 중인 어플리케이션의 특성에 따라 여러 개의 코어를 사용하는 경우 수행시간이 짧아질 수도 있고, 짧아지지 않을 수도 있다. 결국, 수행 중인 어플리케이션의 특성에 따라 Core를 켜고 끄거나, Frequency를 조절할 필요가 있다.

5.2 응용 프로그램의 특성

응용 프로그램은 크게 Periodic과 Aperiodic으로 분류할 수 있다. Periodic 태스크는 대표적으로 데몬 프로그램, 사용자 입력이 없는 상태의 게임, 동영상 재생 등이 있으며, Aperiodic 태스크는 사용자 입력에 의한 반응, 파일의 압축 및 해제, 바이러스 검사 등이 있다. Periodic 태스크의 경우, 실시간성이 보장되는 한 더 빨리 수행되는 것이 의미가 없다. 예를 들어, 동영상을 특별한 조작없이 감상하는 경우에는 동영상이 실제로 재생되는 시간보다 디코딩이 더 빠르게 완료된다면, 그보다 더 빠르게 디코딩하는 것은 아무런 의미가 없다. 따라서, 프로그램의 실시간성을 해치지 않는 범위 내에서 최대한 낮은 Frequency로 수행하는 것이 전력 소모를 줄일 수 있다. Aperiodic 태스크의 경우, 소모 전력 뿐 아니라 실행 속도도 매우 중요하기 때문에, 일반적으로는 높은 Frequency로 수행해야 한다. 하지만 Aperiodic 태스크의 경우, 기기의 성능 및 수행 환경 등에 따라서 CPU Frequency를 높여도 실행 속도가 빨라지지 않는 경우도 존재한다. 예를 들어, AndroZip 어플리케이션을 사용하여 파일을 압축 해제하는 경우에는 CPU Frequency 변화와는 무관하게 거의 동일한 실행 속도를 보인다. 이는 성능 병목 현상이 CPU가 아닌 메모리 등 다른 곳에서 발생하기 때문이다. 이러한 경우에는 Aperiodic 태스크임에도 불구하고, 가능한 Frequency를 낮추어 수행하는 것이 전력 효율성 측면에서 유리하다.

5.3 Hotplug 전력 관리 정책

일반적으로 DVFS(Dynamic Voltage-Frequency Scaling)와 DPM(Dynamic Power Management)를 위한 전력 관리 정책을 하드웨어에서 제공하며, 성능을 중시하는 'performance' 정책, 노트북 등에서 전력 절감을 위한 'ondemand' 정책 등이 있다. 사용하는 기기의 특성이나 주로 사용되는 목적 및 수행 어플리케이션 등에 따라 최적화된 전력 관리 방법은 달라질 수 있다. Android의 Hotplug정책에서는 일정시간마다 CPU Utilization에 따라서 Voltage와 Frequency를 조절하는 DVFS에 추가로, 코어들에 대한 전원 공급까지 관리한다. 기본 설정 하에서, CPU Utilization이 80% 이상이 되면 Frequency를 높이고 두 번째 코어를 켜는 반면, 20% 이하가 되는 경우 Frequency를 낮추고 두 번째 코어를 끄는 방식을 취한다. 하지만, Hotplug 정책에는 한계가 있다. 태스크의 특성을 고려하지 못하고, 매 순간

CPU Utilization만을 확인하여 정책을 결정하기 때문에, 필요 이상으로 Frequency를 높이게 되거나 최적화된 Frequency보다 낮게 동작하는 경우가 발생한다. 즉, 수행중인 어플리케이션의 개수나 병렬성에 따라 최적화된 Frequency 및 코어의 개수가 달라질 수 있으나, 이러한 점들을 고려하지 못한다.

5.4 응용 프로그램의 특성을 고려한 DVFS

Periodic 태스크는 일반적으로 Real-time 태스크라고도 하며, 일정 주기로 수행되고, 매 주기가 실행 Deadline이 된다. 각 주기 별로 수행되어야 할 작업이 늦춰지지만 않는 수준에서 수행되면 성능에 영향이 없다. 일반적으로 Periodic 태스크가 수행될 때 QoS를 떨어뜨리지 않기 위한 CPU Utilization Threshold는 다음 식과 같다. (n은 수행 중인 태스크의 개수, C와T는 각각 실제 실행 시간 및 실행 주기)

$$U = \sum_{i=1}^{n} \frac{C_i}{T_i} \leq (\sqrt[n]{2} - 1)$$

위의 식을 계산해보면, 실행 중인 유저 어플리케이션의 수가 1, 2, 3개 일 때 약 100%, 80%, 78% 수준으로 나타나며 어플리케이션의 수가 아주 많아지면 70% 수준으로 수렴한다. 따라서, 프로그램 실행 시에 CPU Utilization이 사전에 정의해놓은 Utilization Threshold를 넘어가지 않는 범위에서 최대한 낮은 Frequency로 수행해 주며, 이 때 제안하는 기법에서는 안정적인 실시간성 보장을 위하여 이론상의 Utilization Threshold보다 10% 더 낮은 값을 사용한다.

Aperiodic 태스크는 성능(실행 속도)이 매우 중요할 뿐 아니라, 에너지 측면에서 고려할 때에도 가능한 빠르게 실행되는 것이 매우 중요하다. 하지만, 일반적으로 태스크가 CPU만을 사용하는 것이 아니고 Memory를 함께 사용하기 때문에, 성능 병목 현상이 어느 부분에서 발생하는지를 고려하여 Frequency를 정해주어야 한다. 메모리에 성능 병목 현상이 있는 경우에는 CPU Frequency를 아무리 높인다 해도 실행 속도가 빨라지지 않는다. 이 경우, 성능 병목 현상이 CPU로 옮겨가지 않는 한도 내에서 최대한 낮은 Frequency로 수행한다. 이 때, 메모리 성능 병목 현상을 확인하기 위해서는 아래와 같은 방법들을 사용할 수 있다.

- CPU가 NOP을 실행하는 횟수 등 성능 계수를 모니터링하고 이를 토대로 판단
- CPU Utilization을 토대로 추정
- 오프라인으로 Frequency 변화에 따른 실행 속도를 직접 측정하여 판단

그림 4-21은 이번 장에서 살펴본 태스크의 특성을 고려하여 Frequency Step을 정하는 Pseudo Code이다. 가장 먼저 현재 실행 중인 태스크가 Periodic 태스크인지 Aperiodic 태스크인지를 구분하여 각각의 경우에 대한 알고리즘을 수행한다. Periodic Task가 실행 중인 경우, 가장 낮은 Frequency에서 시작하여 CPU Utilization이 Utilization Threshold를 넘어서는 경우 Frequency를 한 단계씩 상승시킨다. CPU Utilization이 Utilization Threshold 보다 낮으면 현재의 Frequency를 선택한다. Aperiodic Task가 실행 중인 경우, 가장 낮은 Frequency에서 시작하여 현재 성능 병목 현상이 CPU에 있는 경우 Frequency를 한 단계씩 상승시킨다. 만약 CPU가 더 이상 성능의 병목 구간이 아닌 경우, 현재의 Frequency를 선택한다.

```
if (current_task = periodic task)
{
    frequency = lowest_available_frequency;
    while(cpu_utilization > utilization_threshold)
    {
        frequency = one_step_higher_frequency;
    }
}
else if (current_task = aperiodic task)
{
    frequency = lowest_available_frequency;
    while(check_cpu_bottleneck()==true)
    {
        frequency = one_step_higher_frequency;
    }
}
```

그림 4-21 응용 프로그램 특성을 고려한 DVFS 정책(Pseudo Code)

5.5 응용 프로그램의 특성을 고려한 Load Unbalancing

기존의 멀티코어 기반 시스템에서는 전력 효율성을 위해서 Load Balancing을 하여 작업을 천천히 수행한다. 하지만, 정적 전력이 증가함에 따라서 Load Unbalancing을 통한 전력 감소 기법이 각광을 받고 있다. 듀얼 코어의 경우, Core0과 Core1을 가지며 이 중 Core0은 OS를 수행하기 위해 켜져 있어야 하는 메인 코어이며, Core1은 사용 상태에 따라 전원을 On/Off할 수 있는 추가 코어가 된다. 이 때, Load Unbalancing을 적용하고 모든 태스크를 메인 코어에서 수행하는 경우, 추가 코어는 전원을 차단함으로써 정적 전력을 감소시킬 수 있다. 하지만, Load Unbalancing을 적용할 경우, 메인 코어의 작업량이 많아져서, 성능 유지를 위해 상대적으로 높은 Frequency를 선택해야 할 수도 있다. 따라서, 구성된 시스템의 특성이나 구동중인 프로그램 조합의 특성 등에 따라서 Load Unbalancing의 적용 여부를 결정해야 한다. 만약 동시간에 수행 중인 태스크들의 CPU부하가 비슷한 경우, CPU 부하가 비슷한 태스크 두 개를 하나의 코어에서 수행하는 경우에는 두 개의 코어에서 하나씩 수행하는 경우와 비교하여 훨씬 높은 CPU 부하가 걸린다. 이 경우에, 성능 유지를 위해서 Frequency를 높여야 하므로 결국 전력 소모가 다시 상승하게 된다. 그러므로 CPU 부하가 비슷한 태스크들을 수행하는 경우에는 두 개의 코어를 모두 켜고 비슷한 부하를 가지도록 코어들에 분배해주는 것이 이득이다. 하지만, 함께 수행 중인 태스크들의 CPU부하가 차이가 큰 경우, CPU 부하의 차이가 큰 태스크를 Load Balancing을 통해 두 개의 코어에 나누어 수행한다면, CPU 부하가 큰 태스크를 기준으로 DVFS가 적용된다. 이 경우, CPU 부하가 작은 태스크가 수행되는 CPU는 필요 이상의 높은 Frequency에서 수행하게 되어 전력 손실이 발생할 가능성이 높다. 그렇기 때문에, 이러한 태스크들을 함께 수행하는 경우에는 Load Unbalancing을 적용하여 메인 코어에서 모두 수행하고, 추가 코어의 전력을 차단해줘야 한다.

Load Unbalancing을 더 효율적으로 하기 위해서 어플리케이션 조합의 특성을 고려해야 한다. 그림 4-22는 어플리케이션 조합의 특성을 고려하여 Load Unbalancing을 적용하는 Pseudo Code이다.

```
if(number_of_active_user_application >= 2)
{
    power_on(core1);
    apply_load_balancing();
    if((cpu_load[core0] < threshold) or (cpu_load[core1] < threshold))
    {
        apply_load_unbalancing();
        power_off(core1);
    }
}
else
{
    power_off(core1);
}
```

그림 4-22 응용 프로그램 특성을 고려한 Load Unbalancing 정책(Pseudo Code)

실행 중인 유저 어플리케이션이 하나 뿐인 경우에는 추가 코어의 전원을 차단한다. 하지만, 여러 개의 유저 어플리케이션이 함께 실행되는 경우에는 우선 추가 코어를 켜주고 Load Balancing을 적용한다. 이 때, 두 개의 코어 중 더 적은 부하가 걸리는 CPU의 작업 부하가 특정 임계 값 이하인 경우, Load Unbalancing을 적용하여 모든 태스크를 메인 코어로 이전시킨 후, 추가 코어의 전원을 차단한다. Load Balancing/Load Unbalancing 및 추가 코어 전원 관리를 위한 본 모듈은 이전에 설명한 Frequency 선택을 위한 모듈과 별개로 독립적으로 동작한다.

이러한 기능은 기존의 Linux 스케줄러(sched.c)의 일부분만을 수정하여 구현할 수 있다. 먼저 원하는 태스크를 원하는 코어에 고정시키기 위해서 다음과 같은 함수를 사용한다.

```
cpumask_set_cpu(cpu_index,&p->cpus_allowed); //특정 CPU에 특정 태스크에 고정
cpumask_clear(&p->cpus_allowed); //특정 CPU에 고정된 태스크를 해제
```

또한 이용률의 임계값과 이를 샘플링하는 주기가 응용 프로그램마다 다르게 하여 전력 효율성을 높이기 위해서, sched.c 중 wake_up_new_task()을 아래와 같이 수정한다. 처음 수행되는 task가 프로파일링 된 태스크인지 확인하여 맞을 경우, 해당 태스크 특성에 맞는 utilization threshold 및 sampling period 값을 해당 task structure에 저장한다. 이후, 아래에 기술된 try_to_wake_up()을 통해 태스크가 실행되는 때에, ondemand 관련 파일에 정의한 함수를 활용하여 ondemand의 utilization threshold 및 sampling period를 변경하도록 설정한다. (각 function을 아래에 첨부하고, 수정된 부분을 이탤릭체로 표현함)

```
void wake_up_new_task(struct task_struct *p)
{
    unsigned long flags;
    struct rq *rq;
    int cpu;
    raw_spin_lock_irqsave(&p->pi_lock, flags);
#ifdef CONFIG_SMP
    /*
     * Fork balancing, do it here and not earlier because:
     *  - cpus_allowed can change in the fork path
     *  - any previously selected cpu might disappear through hotplug
     */

    is_profiled(p);
    if (p->profiled_type == 1 || p->profiled_type == 2){
        if(p->profiled_counter == 1){
            if(kim_util[periodic_cpu] > 70 && kim_freq[periodic_cpu] == 1400000){
                periodic_counter = 0;
                core_select(p);
            }
            //cpu = p->profiled_cpu;
        }
        else{
            core_select(p);
            //cpu = p->profiled_cpu;
        }
    }
```

```
    cpu = select_task_rq(p, SD_BALANCE_FORK, 0);
    //set profiled info for new tasks! ***modified***
    is_profiled(p);
    if(p->profiled_type==1){
        p->period=1;      //1Hz
    }
    else if(p->profiled_type==2){
        p->period=10;     //10Hz
    }
    else{
        p->period=10;
        p->threshold=95; //basic settings
    }

#endif
    rq = __task_rq_lock(p);
    activate_task(rq, p, 0);
    p->on_rq = 1;
    trace_sched_wakeup_new(p, true);
    check_preempt_curr(rq, p, WF_FORK);
#ifdef CONFIG_SMP
    if (p->sched_class->task_woken)
        p->sched_class->task_woken(rq, p);
#endif
    task_rq_unlock(rq, p, &flags);
}

static int
try_to_wake_up(struct task_struct *p, unsigned int state, int wake_flags)
{
    unsigned long flags;
    int cpu, success = 0;
    smp_wmb();
    raw_spin_lock_irqsave(&p->pi_lock, flags);
    if (!(p->state & state))
        goto out;
    success = 1; /* we're going to change ->state */
    cpu = task_cpu(p);
    if (p->on_rq && ttwu_remote(p, wake_flags))
        goto stat;
#ifdef CONFIG_SMP
    /*
     * If the owning (remote) cpu is still in the middle of schedule() with
     * this task as prev, wait until its done referencing the task.
     */
    while (p->on_cpu) {
#ifdef __ARCH_WANT_INTERRUPTS_ON_CTXSW
        /*
         * In case the architecture enables interrupts in
         * context_switch(), we cannot busy wait, since that
```

```
         * would lead to deadlocks when an interrupt hits and
         * tries to wake up @prev. So bail and do a complete
         * remote wakeup.
         */
        if (ttwu_activate_remote(p, wake_flags))
            goto stat;
#else
        cpu_relax();
#endif
    }
    /*
     * Pairs with the smp_wmb() in finish_lock_switch().
     */
    smp_rmb();
    p->sched_contributes_to_load = !!task_contributes_to_load(p);
    p->state = TASK_WAKING;
    if (p->sched_class->task_waking)
        p->sched_class->task_waking(p);
    cpu = select_task_rq(p, SD_BALANCE_WAKE, wake_flags);
    if (task_cpu(p) != cpu) {
        wake_flags |= WF_MIGRATED;
        set_task_cpu(p, cpu);
    }

#endif /* CONFIG_SMP */
    ttwu_queue(p, cpu);
stat:
    ttwu_stat(p, cpu, wake_flags);
out:
    raw_spin_unlock_irqrestore(&p->pi_lock, flags);
    return success;
}
```

6 프로세서 전력 관리 방법에 따른 결과 분석

6.1 실험 환경

① 임베디드 시스템(모바일 기기)

- Qualcomm Dual-core CPU 사용(최대 클럭 1008MHz)
- OMAP4 보드 : 기본 전력 정책으로 Hotplug 사용
- 리눅스 커널 2.6.35.7+사용
- Android Gingerbread 2.3.5 사용

② DVFS 및 Load Unbalancing

- SMP(Symmetric Multicore Processor)를 사용하며 모든 코어가 같은 Frequency에서 동작함
- 300MHz, 600MHz, 800MHz, 1008MHz의 네 단계 Frequency 사용 가능
- Core0과 Core1 두 개의 코어로 이루어져있으며, Load Unbalancing을 적용하게 되면 모든 태스크가 Core0에서 실행되고 Core1은 전력이 차단됨

③ 전력 측정 환경

- CPU의 DVFS 및 Load Unbalancing 정책 적용에 따른 시스템 소모전력을 측정하는 것을 목표로 함
- 해당 실험에서 CPU와 연관이 없는 기타 장치에서의 전력 소모로 인해 측정 결과가 불안정한 것을 방지하기 위해 3G, WIFI, GPS 등 주변 장치는 끈 상태로 실험을 진행하며, 화면의 밝기는 가장 어둡게 설정하여 실험함

6.2 응용 프로그램

① Periodic 태스크

- 특정 주기마다 반복적으로 수행되는 태스크임
- 아래의 태스크들을 사용하여 실험하였음
  - BlackBox : 차량용 블랙박스 어플리케이션(백그라운드에서 동영상을 촬영 및 저장함)
  - MediaPlayer : 동영상 재생 프로그램
  - Game 1 : Smurf Android 게임
  - Game 2 : Asphalt 6 게임

② Aperiodic 태스크

- 시작부터 끝까지 연속적으로 수행되는 태스크임
- 아래의 태스크를 사용하여 실험하였음
  - PDF 파일 열기 : Office Viewer를 이용하여 PDF 파일을 염
  - Excel 파일 열기 : Office Viewer를 이용하여 Excel 파일을 염
  - Text 파일 열기 : Office Viewer를 이용하여 Text 파일을 염
  - Gallery Lock : Gallery Lock 프로그램을 사용하여 사용자 사진을 숨김
  - Gallery Unlock : Gallery Lock 프로그램을 사용하여 사진을 숨김 해제
  - 압축 해제 : AndroZip 앱을 사용하여 압축파일을 해제하는 작업

6.3 Periodic 태스크의 DVFS

기본 전력 정책인 Hotplug를 적용한 경우와 사용 가능한 다른 Frequency로 고정하여 실행하는 경우의 전력 및 성능을 분석한다. Periodic 태스크이므로, 성능 확인을 위하여 앞에서 기술한 것과 같이 CPU Utilization을 확인한다.

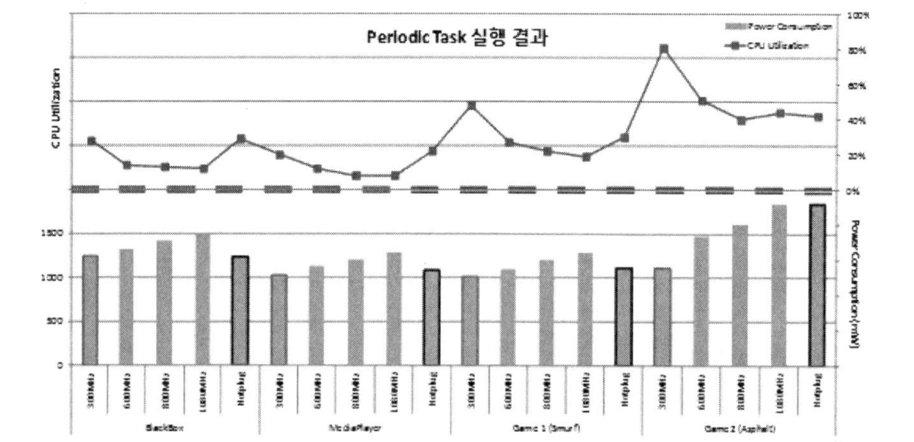

그림 4-23 DVFS에 따른 Periodic 태스크의 평균 소모 전력 및 CPU Utilization

그림 4-23의 Periodic 태스크들을 수행하면서 얻은 전력 결과에서 상단의 꺾은 선은 CPU Utilization을, 하단의 막대 그래프는 전력 소모를 나타내고, 전력 소모 그래프 중 파란색 테두리는 제안하는 DVFS 정책에 의해 채택되는 Frequency를 나타낸다. 4개의 어플리케이션이 모두 가장 낮은 Frequency인 300MHz에서도 문제없이 동작하며 CPU Utilization 또한 Utilization Threshold를 넘어서지 않는다. Hotplug 정책을 적용한 경우 BlackBox와 MediaPlayer는 가장 낮은 Frequency로 동작하지만, Game 1, Game 2의 경우 각각 600MHz, 1080MHz로 수행 된다. 하지만 CPU Utilization을 토대로 확인한 바와 같이, 위의 태스크들은 모두 300MHz에서 QoS에 이상이 없기 때문에, 제안하는 정책을 적용하여 Hotplug 정책을 적용하여 더 낮은 Frequency에서 수행하는 것이 이득이다. 이 때 Hotplug 정책을 적용한 경우와 비교하여 최대 40% 수준의 전력 절감이 가능하다. (Game 2를 300MHz에서 수행하는 경우) 이와 같이 Hotplug를 사용하는 경우 실제로 QoS를 위한 최소동작 Frequency보다 높은 Frequency에서 동작하게 되어 전력 낭비가 발생하는 이유는, 그림 4-24의 예와 같이 Periodic 태스크의 Utilization이 시간에 따라 균일하지 않기 때문이다. 그림 4-24에서의 경우, Hotplug 정책을 적용하게 되면 Up Threshold를 넘어가는 포인트에서 Frequency가 올라가는 반면, Down Threshold 이하로 떨어지는 경우가 없기 때문에 높아진 Frequency에서 계속 수행되게 된다.

BlackBox, MediaPlayer, Game 1, Game 2는 각각 Hotplug 정책에서 300MHz, 300MHz, 600MHz, 1008MHz로 수행되지만, 실제 전력 및 성능을 고려한 최적화된 Frequency는 모두 300MHz이다. Hotplug를 적용한 경우와 최적화된 Frequency에서의 전력차이는 최대 40%까지 발생한다. 이와 같은 차이가 나는 가장 주된 이유는 Periodic 태스크가 수행 중에 CPU Utilization이 일정하지 않기 때문에, Hotplug 정책을 적용하면 필요 이상의 Frequency에서 수행되기 때문이다. 즉, 어플리케이션의 특성은 Periodic 태스크가 실행 주기 내에서 실제 작업을 수행하는 동안에는 순간적으로 Aperiodic 태스크처럼 비춰질 수가 있다. 그렇기 때문에, 매 순간의 CPU Utilization만을 확인하는 것이 아니라, 어플리케이션의 특성을 고려하여, 주기별 평균 CPU Utilization을 확인해야 한다.

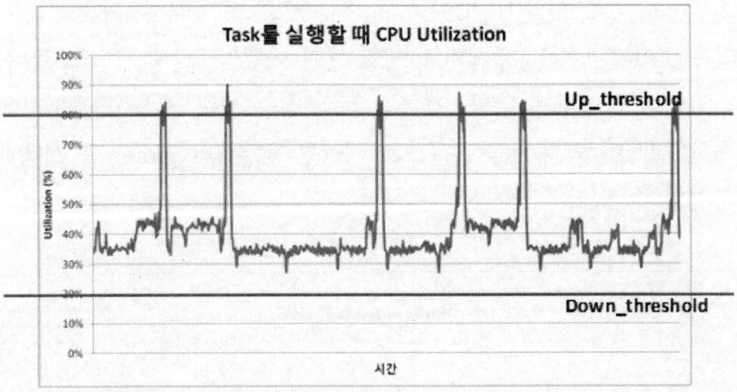

그림 4-24 Periodic 태스크 수행 예시

6.4 Aperiodic 태스크의 DVFS

Aperiodic 태스크의 경우 성능에 따른 실행 시간이 달라질 수 있기 때문에, 평균 전력이 아닌 에너지 소모를 측정하고, Hotplug 정책을 적용한 경우의 에너지를 기준으로 하여 백분율로 표시한다. Aperiodic 태스크의 성능 확인을 위해서는 Aperiodic 작업을 시작해서 해당 작업이 끝날 때까지의 실행 시간을 측정하며, 이 또한 Hotplug 정책을 적용한 경우의 에너지를 기준으로 하여 백분율로 표시한다. 그림 4-25의 그래프에서 바는 에너지 소모를 나타내며 꺾은 선은 실행 시간을 나타낸다. 이때 에너지 소모 그래프 중 파란색 테두리는 제안하는 DVFS 정책에 의해 채택 되는 Frequency를 나타낸다. 왼쪽 네 개의 Aperiodic 태스크의 경우, 실행 시간이 CPU Frequency에 거의 반비례 하는 것을 확인할 수 있다. 이 경우, Frequency를 낮추는 경우에 오히려 에너지 소모량이 더 높게 나타나기 때문에, 높은 Frequency에서 빠르게 실행해 주는 것이 가장 좋은 결과를 보여준다. 하지만, 오른쪽 두 개의 태스크의 경우에는 300MHz인 경우를 제외하면 Frequency에 따른 실행 시간의 차이가

거의 나타나지 않는다. 이는 성능 병목 현상이 메모리에서 발생하기 때문으로 생각할 수 있다. 따라서, 최대 Frequency가 아닌 600MHz에서 실행할 때 가장 낮은 에너지를 소모하며, 이는 Hotplug 정책을 적용한 경우와 비교하여 20% 수준의 절감 효과이다.

이러한 결과는, 그림 4-26에서 보이듯이 CPU Frequency가 변화하여도 CPU Utilization만 따라 변화할 뿐, 실행 시간에는 큰 변화가 없는 태스크이기 때문이다. 낮은 Frequency에서 실행하는 경우에는 Up Threshold를 넘어가기 때문에 Frequency가 올라가게 된다. 하지만, 높은 Frequency에서도 CPU Utilization이 상대적으로 낮아질 뿐, 전체 실행시간에는 변화가 없음을 확인할 수 있다. 이상의 실험에서 Aperiodic 태스크의 성능 병목 현상이 메모리에 걸리는 태스크들의 경우 최대 Frequency가 아닌 600MHz에서 동작하는 것이 최적이며, 이 경우 기존의 Hotplug 정책을 통해 실행하는 것과 같은 수준의 성능을 보여주면서 에너지 소모량을 최대 20% 감소시킬 수 있다. CPU-intensive 태스크의 경우 Frequency를 낮추게 되면, 실행 시간이 대폭 길어져서 성능 문제가 발생할 뿐만 아니라, 실행 시간의 증가로 인하여 오히려 에너지 소모량이 늘어나게 된다. 결론적으로, 성능 병목 현상이 메모리에서 발생하는 경우, CPU가 병목 현상이 되지 않을 수준으로 가능한 낮은 Frequency를 선택해서 실행하는 것이 좋음을 확인할 수 있다.

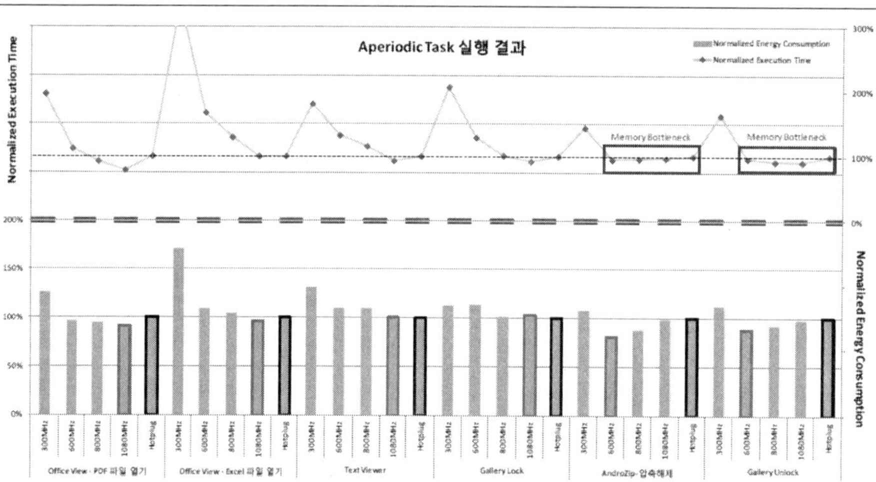

그림 4-25 DVFS에 따른 Aperiodic 태스크의 에너지 소모 및 실행 시간

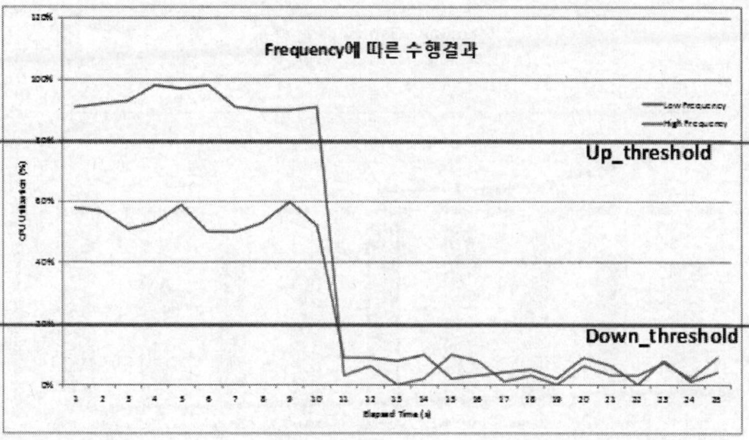

그림 4-26 Aperiodic 태스크 수행 예시

6.5 복수의 태스크를 실행하는 경우 Load Unbalancing 정책

태스크들을 동시에 실행하는 경우, 실행되는 태스크 조합에 따른 결과를 확인하기 위하여 아래와 같이 3개의 분류, 5개의 조합에 대하여 실험을 수행하였다.

- Periodic 태스크 두 개를 동시에 수행하는 경우 : BlackBox+Game1
- CPU 작업량이 많은 Periodic 태스크 + Aperiodic 태스크를 실행하는 경우 : BlackBox+GalleryLock, BlackBox+GalleryUnlock
- CPU 작업량이 적은 Periodic 태스크 + Aperiodic 태스크를 실행하는 경우 : MP3+GalleryLock, MP3+GalleryUnlock
- Periodic 태스크만 수행하는 경우에는 전력 소모량 및 CPU Utilization을 표기하며, Load Balancing을 적용한 경우에는 양쪽 코어 중 더 높은 점유율을 표기함

나머지의 경우에서는 에너지 소모 및 실행 시간을 Hotplug 정책으로 수행한 경우를 기준으로 하여 백분율로 표시한다. 각각의 결과 그래프에서 파란색 테두리가 쳐진 바는 제안하는 DVFS 및 Load Unbalancing 정책에 따라 수행된 결과를 나타낸다. 두 개의 Periodic 태스크를 함께 수행하는 경우의 Load Unbalancing 기법을 사용하면(그림 4-27), 두 개의 Periodic 태스크의 실시간성을 보장하기 위한 Utilization Threshold가 약 70%가 된다. 이 때, 하나의 코어에서 수행하는 경우 600MHz 이하의 Frequency에서는 CPU Utilization이 Utilization Threshold를 넘어감을 확인할 수 있다. 반면 두 개의 코어에서 수행하는 경우 Frequency와 관계 없이 Utilization Threshold를 넘지 않는다. 그러므로 이 경우에는 Load Balancing을 적용하여 두 개의 코어에서 가장 낮은 Frequency로 수행하는 것이 좋으며, Hotplug를 바탕으로 실행한 것과 비교하여 20% 이상 전력 소모량이 감소한다.

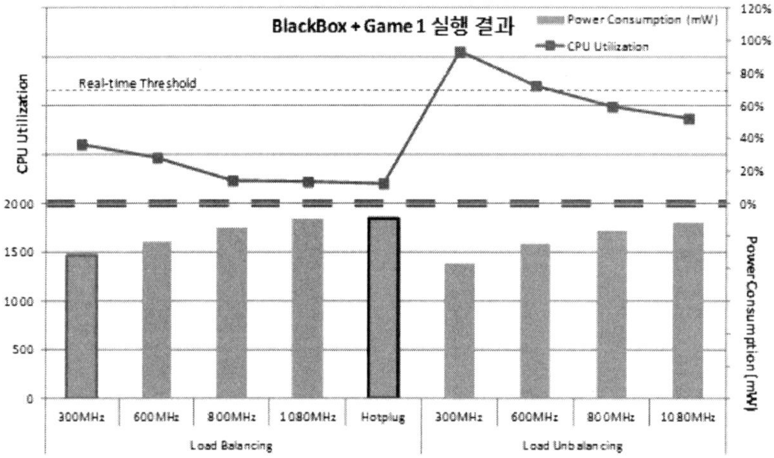

그림 4-27 Periodic 태스크 두 개를 함께 실행하는 경우

CPU 작업량이 많은 Periodic 태스크와 Aperiodic 태스크를 실행하는 경우(그림 4-28, 4-29)에는 모두 Load Unbalancing을 적용하면 CPU Frequency 변화에 따른 실행 시간 변화가 크게 나타난다. 그림 4-28의 경우, Load Balancing을 적용하고 가장 높은 Frequency로 실행하는 경우 성능도 좋을 뿐 아니라 에너지 소모도 적게 나타난다. 그림 4-29의 태스크 조합에서는 특히, Load Balancing을 적용할 경우 전 Frequency 구간에서 성능 병목 현상이 메모리에 있게 되어 가장 낮은 Frequency를 사용할 수 있지만, Load Unbalancing을 적용하게 되면 성능 병목 현상이 CPU에서 발생하게 된다. 이 경우, Load Balancing을 적용하면 300MHz로 동작하여도 성능에 큰 영향이 없으나 Load Unbalancing을 적용하게 되면 가장 높은 Frequency로 동작하여야 한다. 결론적으로 두 경우 모두 Load Balancing을 적용하여 두 개의 코어를 모두 켠 상태로 수행되는 것이 이득이다.

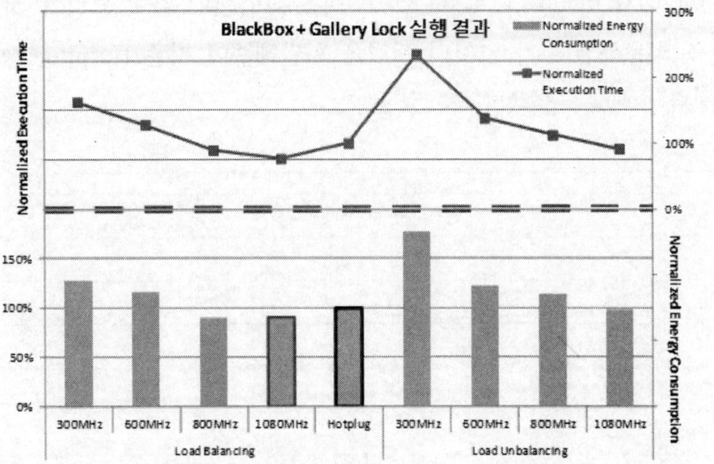

그림 4-28 작업 부하가 많은 Periodic 태스크와 Aperiodic 태스크 수행 1

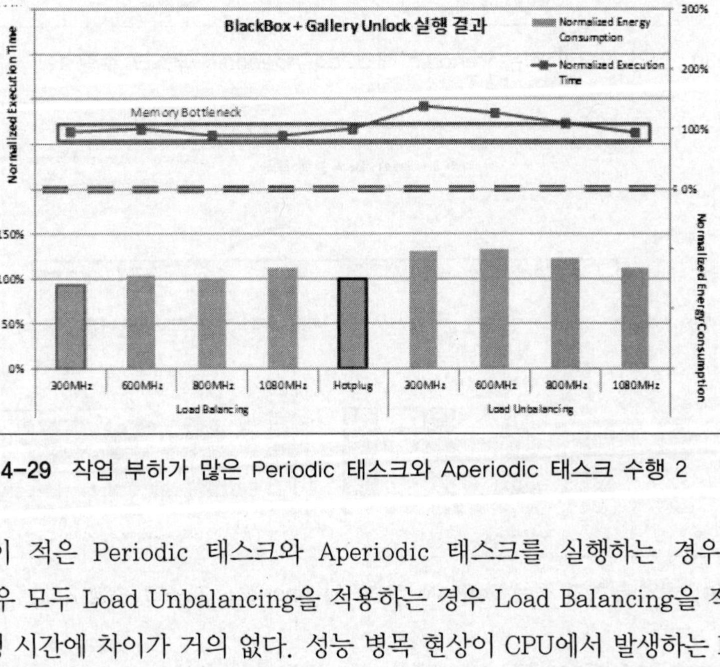

그림 4-29 작업 부하가 많은 Periodic 태스크와 Aperiodic 태스크 수행 2

CPU 작업량이 적은 Periodic 태스크와 Aperiodic 태스크를 실행하는 경우(그림 4-30, 4-31), 두 경우 모두 Load Unbalancing을 적용하는 경우 Load Balancing을 적용한 경우와 비교하여 실행 시간에 차이가 거의 없다. 성능 병목 현상이 CPU에서 발생하는 Frequency도 각각의 경우에서 모두 300MHz가 되며, Load Balancing 및 Load Unbalancing에 관계 없이 600MHz로 동작하게 된다. 이 경우, 추가 코어를 꺼주고 Load Unbalancing을 적용하는 편이 정적 전력을 감소시켜 소모 전력을 감소시킬 수 있다. (그림 상에는 실행 시간 등이 오차 범위 내에서 약간의 차이를 보이면서 에너지 소모량은 300MHz로 동작하는 경우를 제외하고 거의 비슷한 수준으로 보여짐) 결론적으로 두 경우 모두 추가 코어의 전원을 꺼주고 Load Unbalancing을 적용하여 수행하는 것이 전력 면에서 이득이다. 즉, 복수의 태스크를 함께 수행하는 경우, 각 태스크의 작업 부하에 따라 Load Unbalancing을 적용하거나 하지 않는 것이 전력 소모면에서 이득이다. 특히 한 쪽 태스크의 CPU 작업 부하가 적은 경우, Load Unbalancing을 적용하고 추가 코어의 전력을 차단해주어 기존 Hotplug 정책과 비교하여 10% 가량의 전력 소모를 감소시킬 수 있다.

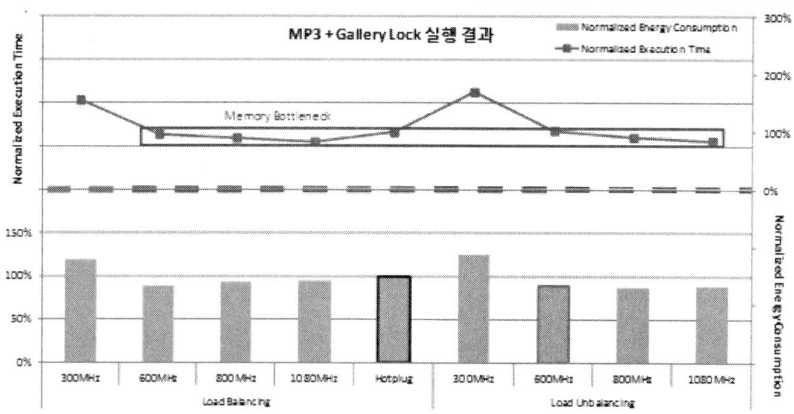

그림 4-30 작업 부하가 적은 Periodic 태스크와 Aperiodic 태스크 수행 1

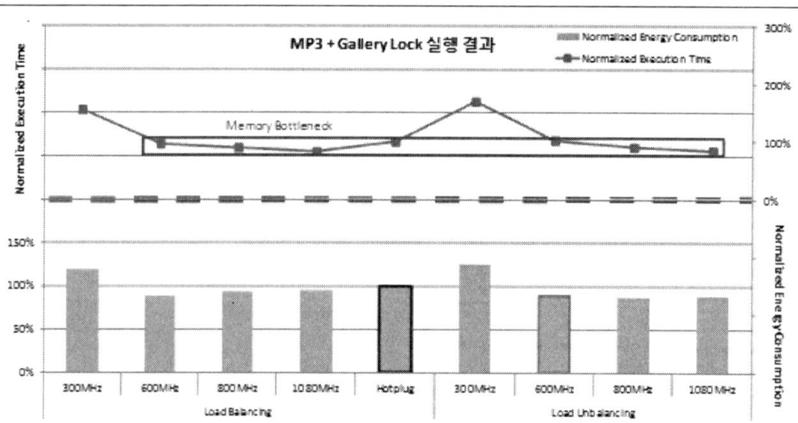

그림 4-31 작업 부하가 적은 Periodic 태스크와 Aperiodic 태스크 수행 2

6.6 CPU 코어의 온도를 고려한 스케줄링 기법

Load Unbalancing 기법을 사용할 때의 문제는 하나의 코어에서 많은 작업을 수행하게 되어 전력 밀도가 증가한다는 것이다. 이 경우 여러 개의 코어에서 작업을 수행하게 될 때와 비교하여 칩의 온도가 상승하여, 정해진 온도 임계점을 넘을 경우 CPU의 하드웨어가 동작을 천천히 하거나 잠시 멈추게 된다. 이를 고려하기 위하여 우선, 수행하려는 태스크의 특성에 따라 달라지게 되는 CPU 코어의 온도 변화 정도를 평가한다.

두 종류의 태스크(CPU-intensive, Memory-intensive)에 대해서 CPU Frequency에 따른 CPU 코어의 온도 변화 정도 및 동적 전력 변화를 측정한다. 또한, 동일한 태스크를 서로 다른 전력 관리 기법에 따라 수행시켰을 때, CPU 코어의 온도가 변화 정도를 평가한다. 동일한 태스크를 서로 다른 전력 관리 기법('ondemand'와 온도를 고려한 DVFS)에 따라 수행시켰을 때, CPU 코어의 온도 변화 및 동적 전력 변화를 측정한다. 또한 태스크의 특성에 따른 CPU 코어의 온도 변화를 고려하기 위해, 두 종류의 태스크(CPU-intensive, Memory-intensive)에 대해서 CPU Frequency에 따른 CPU 코어의 온도 변화 정도 및 동적 전력 변화를 측정한다.

CPU 코어의 온도 변화가 정적 전력 소모에 영향을 미치므로, CPU 코어의 누수 전력(Leakage Power)이 코어의 온도 변화에 의해서 어떻게 달라지는지를 측정한다. 제안된 태스크 스케줄링 기법의 효율성을 평가하기 위해, 두 가지 전력 관리 정책을 통해 동일한 태스크 조합을 수행하였을 시의 CPU의 동적 전력 소모 및 CPU 코어의 온도 결과를 비교, 분석한다. 실험에 사용한 태스크의 조합은 두 개의 Periodic한 태스크와 한 개의 CPU-intensive한 Aperiodic 태스크를 하나의 코어에서 동시에 수행시킨다.

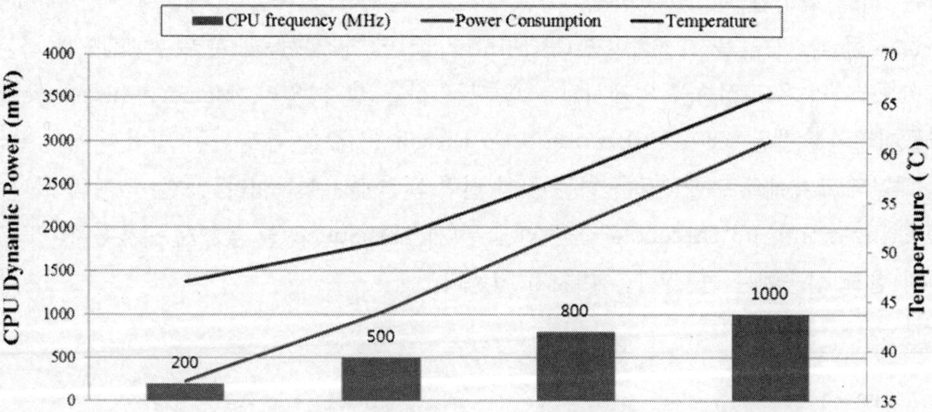

그림 4-32 CPU-intensive한 태스크 수행 시 결과

그림 4-32는 CPU-intensive한 태스크를 서로 Frequency로 수행 시켰을 때, CPU의 동적 전력 소모 및 온도를 보인다. 이를 통하여 CPU-intensive한 태스크의 경우 CPU frequency의 증가에 따른 CPU 코어의 온도 변화가 크다는 것을 알 수 있다. 이러한 결과는 CPU 코어의 온도를 고려한 스케줄링 시, 가급적이면 CPU-intensive한 태스크들끼리는 가급적이면 서로 다른 코어에서 수행되도록 하는 것이 CPU 코어의 온도 상승을 억제시킬 수 있다는 것을 알 수 있다. 또한 Memory-intensive한 태스크와는 같은 코어에서 수행되게 되면 CPU 코어의 온도 상승을 지연시켜줄 수 있다는 것을 알 수 있다.

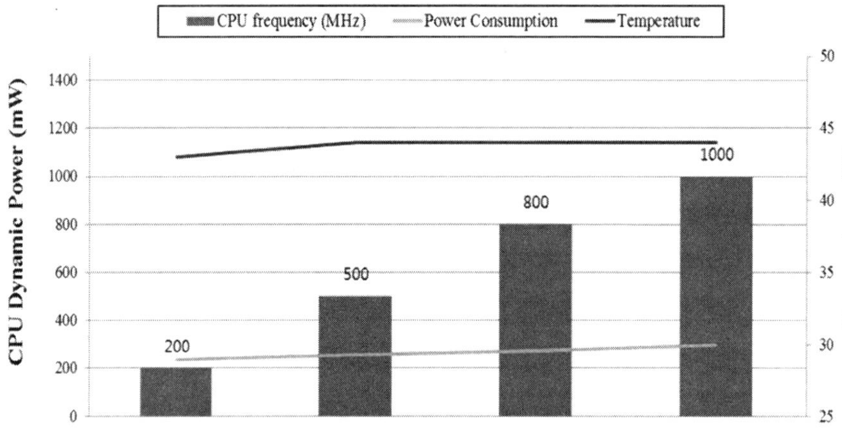

그림 4-33 Memory-intensive한 태스크 수행 시 결과

그림 4-33은 Memory-intensive 태스크를 서로 다른 Frequency로 수행 시켰을 때, CPU의 동적 전력 소모 및 온도를 보여준다. CPU-intensive한 태스크의 결과와는 달리, Memory-intensive한 태스크의 경우 CPU Frequency의 증가에 따른 CPU 코어의 온도 변화가 거의 없다는 것을 확인할 수 있다. 즉, CPU 코어의 온도를 고려한 스케줄링 시, Memory-intensive한 태스크들을 가급적이면 CPU-intensive한 태스크들과 함께 수행되도록 하는 것이 CPU 코어의 온도 상승을 억제시킬 수 있다는 것을 알 수 있다. Memory-intensive한 태스크들끼리의 수행은, CPU Utilization이 up_threshold 값을 넘지 않는 범위 내에서 가급적이면 하나의 코어에서 수행되도록 하는 것이 전력 측면에서 이득이다. 또한, 하나의 코어에서 CPU Utilization이 up_threshold 값을 넘게 된다면 Frequency를 높여서 사용하더라도 CPU 코어의 온도 상승에는 큰 영향을 미치지 않는다.

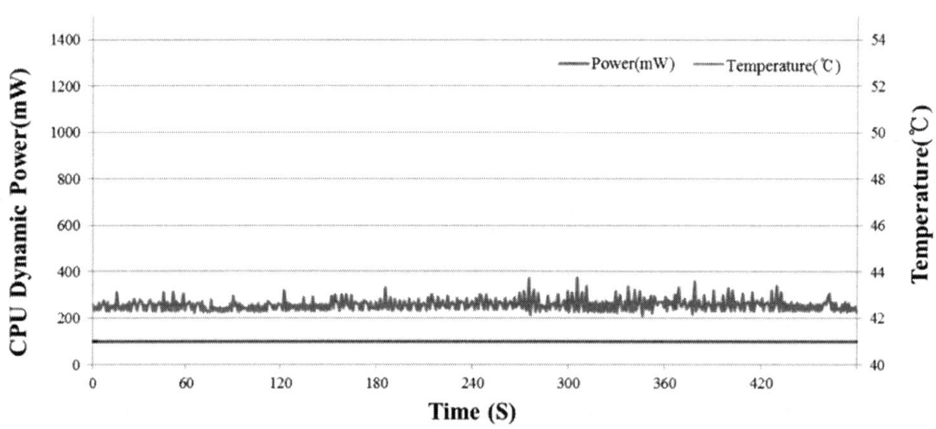

그림 4-34 'ondemand' 전력 관리 정책을 사용하여 Periodic 태스크 수행 시 결과

그림 4-34는 'ondemand' 전력 관리 정책을 사용하여 Periodic한 태스크를 수행하였을 때의 CPU 코어의 온도 및 동적 전력 결과를 보여준다. 'ondemand' 전력 관리 정책의 경우, CPU Utilization이 95%를 넘지 않는다면 적용 가능한 가장 낮은 CPU Frequency를 사용하게 된다. 따라서, 높은 CPU Utilization이 아닌 반복되는 패턴의 CPU Utilization을 보여주는 Periodic 태스크의 경우 가장 낮은 CPU Frequency에서 계속 수행되게 된다. 이러한 이유로 CPU 코어의 온도 변화가 크지 않음을 확인할 수 있다.

그림 4-35는 CPU 코어의 온도를 고려해서 DVFS 전력 관리 정책을 사용하였을 때의 CPU 코어의 온도 및 동적 전력 결과를 보여준다. (Periodic 태스크 수행 시) 'ondemand' 전력 관리 정책과는 달리, CPU 코어의 온도를 참고하여 해당하는 DVFS 단계의 CPU Frequency를 적용한다. 따라서, CPU Utilization이 95%가 안 되더라도, 제일 낮은 단계의 CPU Frequency 보다 높은 Frequency를 사용하므로 성능을 향상시킬 수 있다. 더욱이 Periodic 태스크의 경우, CPU Frequency 상승으로 인한 CPU 코어의 온도 상승이 크지 않기 때문에, 이와 같은 스케줄링 방법은 성능 향상 및 에너지소모를 감소시켜줄 수 있다는 장점이 있다.

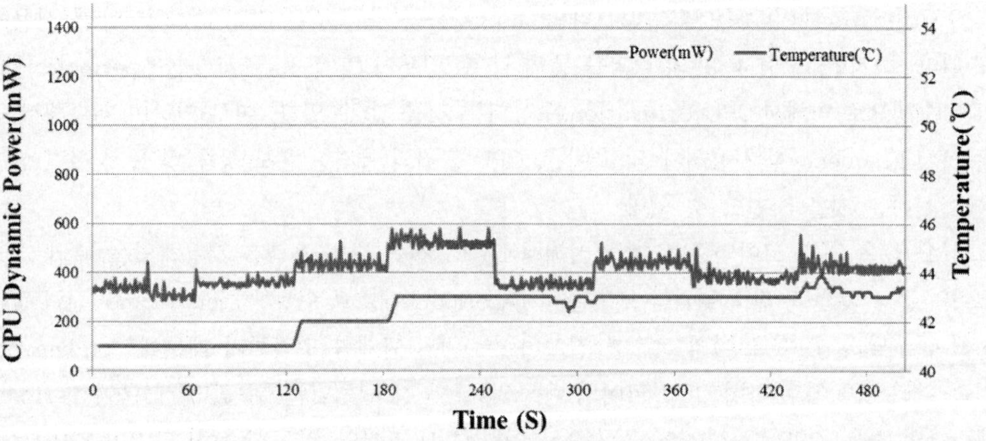

그림 4-35 CPU 코어의 온도를 고려한 DVFS 전력 관리 정책을 사용하여 Periodic 태스크 수행 시 결과

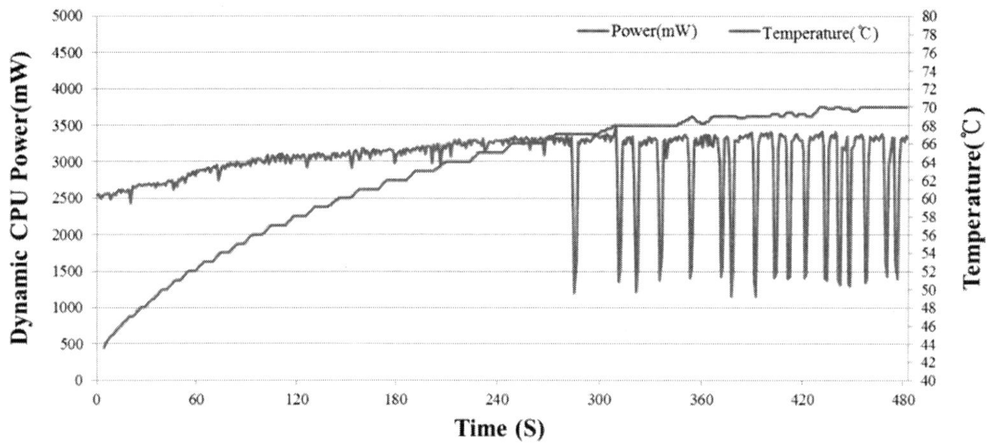

그림 4-36 'ondemand' 전력 관리 정책을 사용하여 Aperiodic 태스크 수행 시 결과

그림 4-36은 'ondemand' 전력 관리 정책을 사용하여 Aperiodic한 태스크를 수행하였을 때의 CPU 코어의 온도 및 동적 전력 결과를 보여준다. 'ondemand' 전력 관리 정책의 경우, CPU Utilization이 95%를 넘지 않는다면 적용 가능한 가장 낮은 CPU Frequency를 사용하게 된다. 하지만, 그림 4-38의 결과를 통해 알 수 있듯이 CPU-intensive한 Aperiodic 태스크의 수행으로 인해서 CPU Utilization이 높다는 것을 알 수 있다. 이로 인하여 계속해서 높은 CPU Frequency를 사용하게 되고 이는, CPU 코어의 급격한 온도 상승 및 동적 전력 상승을 야기하는 것을 확인할 수 있다.

그림 4-37은 CPU 코어의 온도를 고려해서 DVFS 전력 관리 정책을 사용하였을 때의 CPU 코어의 온도 및 동적 전력 결과를 보여준다. (Aperiodic 태스크 수행 시) 'ondemand' 전력 관리 정책과는 달리, CPU 코어의 온도를 참고하여 DVFS 단계를 조절하기 때문에, 'ondemand' 전력 관리 정책에 비하여 CPU 코어의 온도의 상승 정도를 낮출 수 있다. 더욱이 Periodic 태스크의 경우, CPU Frequency 상승으로 인한 CPU 코어의 온도 상승이 크지 않기 때문에, 이와 같은 스케줄링 방법은 성능 향상 및 에너지소모를 감소시켜줄 수 있다는 장점이 있다. 또한 이와 같이 CPU 코어의 온도를 고려하는 DVFS 전력 관리 정책은, CPU 코어의 온도 상승을 막음으로써 누수 전력 감소 및 DTM으로 인한 성능 저하를 줄일 수 있다.

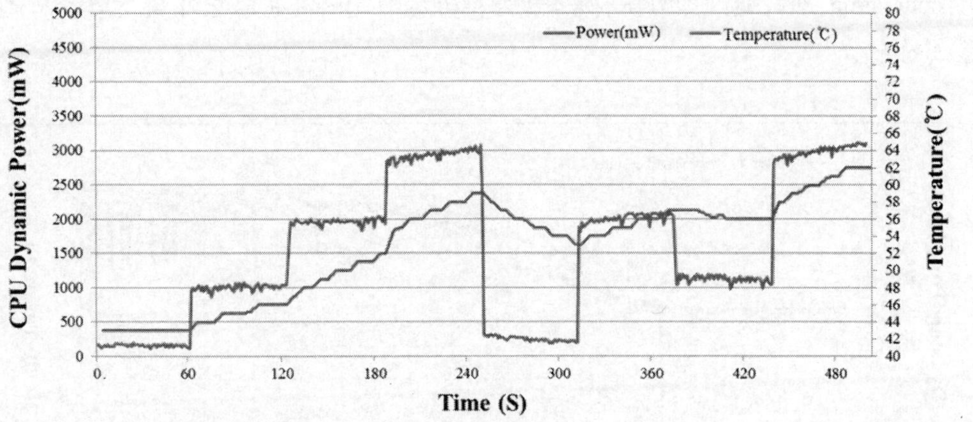

그림 4-37 CPU 코어의 온도를 고려한 DVFS 전력 관리 정책을 사용하여 Aperiodic 태스크 수행 시 결과

CPU 코어의 온도 변화에 따른 누수 전력 변화를 살펴보자. 그림 4-38은 CPU 코어의 온도 변화에 따른 누수 전력의 변화 정도를 보여준다. CPU 코어의 온도가 CPU 코어의 온도가 17℃(61℃에서 44℃)도 감소함에 따라, 누수 전력은 약 4%(2348mW에서 2263mW) 정도 감소하게 된다. 그리고 CPU 코어의 온도 변화가 커질수록 이러한 누수 전력의 차이는 더욱 커진다. 이는 CPU 코어의 누수 전력은 온도의 증가에 지수승으로 증가하기 때문이다.

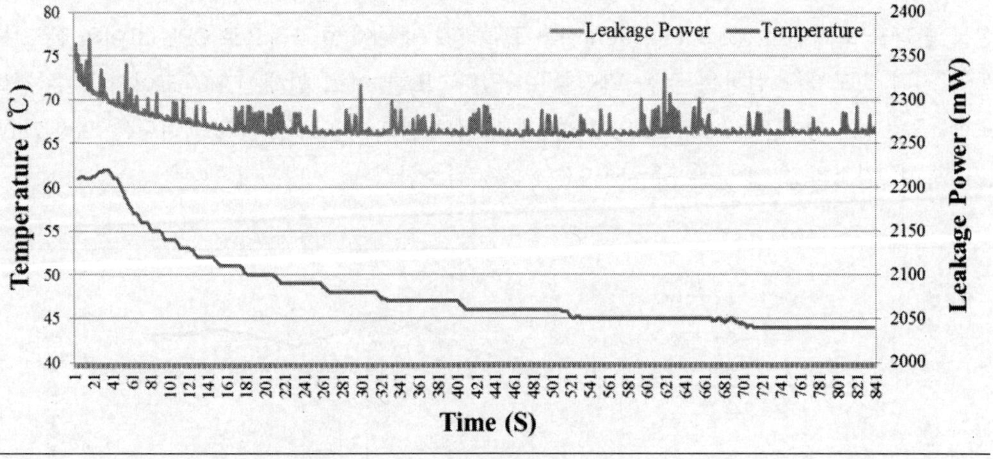

그림 4-38 CPU 코어의 온도 변화에 따른 누수 전력 변화 정도

온도로 인한 성능 저하를 최소화하기 위해서, 온도를 천천히 올리는 저전력 스케줄링 방식을 사용할 수 있다. 효율성을 평가하기 위해서 기존의 'ondemand' 전력 관리 기법을 사용하였을 때의 결과와 비교 분석한다. 이를 위해서 두 개의 Periodic한 태스크와 한 개의 CPU-intensive한 Aperiodic 태스크를 하나의 코어에서 동시에 수행한다. 먼저 그림 4-39에

서 'ondemand' 전력 관리 정책을 사용하였을 때의 CPU 코어의 온도 변화 및 전력 소모 결과를 보인다.

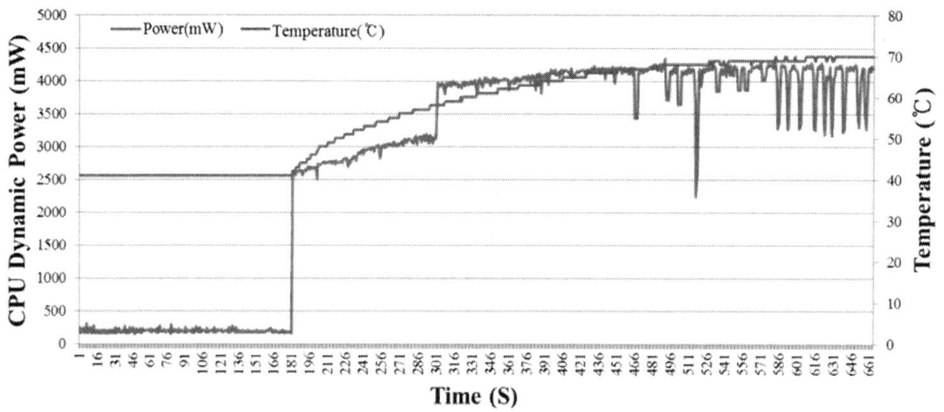

그림 4-39 'ondemand' 전력 관리 정책을 사용하였을 때의 CPU 코어의 온도 변화 및 전력 소모 결과

'ondemand'에서는 CPU Utilization에 의존하여 CPU Frequency를 조절하기 때문에 CPU 코어의 온도 및 동적 전력 소모가 증가하는 것을 확인할 수 있다. 또한, 이렇게 증가된 CPU 코어의 온도는 누수 전력 증가시킨다. 이에 반하여 온도를 고려한 저전력 스케줄링을 할 경우, 그림 4-40에서 보이는 것처럼 기존의 'ondemand' 전력 관리 정책과는 달리 CPU 코어의 온도 변화를 고려해서, CPU Frequency를 조절하기 때문에 효과적으로 CPU 코어의 온도 및 동적 전력 소모를 조절하는 것을 확인할 수 있다. 또한 이로 인해, CPU 코어의 누수 전력 또한 줄일 수 있다. 'ondemand' 전력 관리 정책과의 비교하면, 평균전력은 989.7mW (21.5%)이 감소하고, 평균온도는 51.9℃(4.5%) 감소한다.

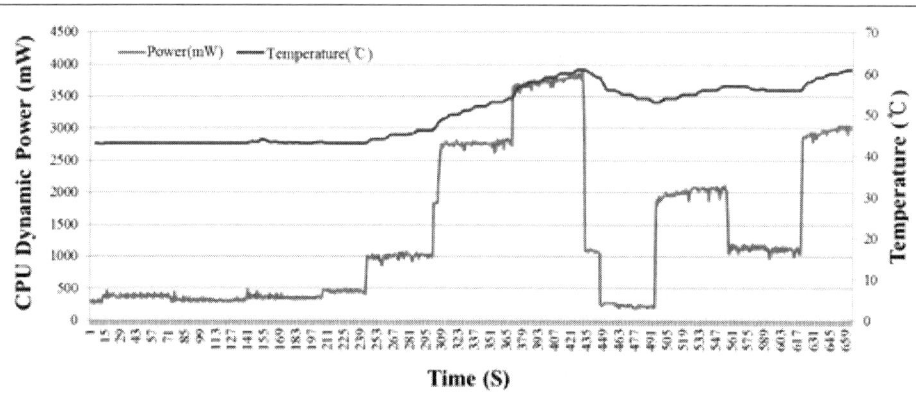

그림 4-40 CPU 코어의 온도를 고려한 DVFS 전력 관리 정책을 사용하였을 때의 CPU 코어의 온도 변화 및 전력 소모 결과

6.7 정리

① 어플리케이션의 특성을 고려한 DVFS

- 어플리케이션이 Periodic 태스크인 경우, 실시간성을 해치지 않는 한도 내에서 최대한 낮은 Frequency로 수행해야 함
- 어플리케이션이 Aperiodic인 경우, 성능 병목 현상이 CPU에서 일어나지 않는 한도 내에서 최대한 낮은 Frequency로 수행해야 함

② 어플리케이션 조합에 따른 Load Unbalancing의 적용

- 함께 수행되는 태스크 중 한 쪽이 CPU 작업 부하가 매우 작다면, 추가 코어를 끄고서 하나의 코어에서 함께 수행하는 것이 전력을 절감할 수 있음
- 함께 수행되는 태스크가 모두 CPU 작업 부하가 일정 수준 이상이라면, 추가 코어를 켜고서 두 개의 코어에 나누어서 수행하는 것이 성능 및 에너지 소모 면에서 이득임

③ 전력 측정 결과

- 제안하는 DVFS 및 Load Unbalancing 기법을 적용하여, 기존 Hotplug 정책과 비교하였을 때 성능 저하 없이 최대 40%에 달하는 전력을 감소시킬 수 있음

7 Troubleshooting

전력 예측 계수 산출 과정 중 측정 전력과 스마트폰에서 얻은 로그의 불일치 현상이 발생한다. 이를 해결하기 위해서 엑셀에서 측정 전력과 스마트폰에서 기록한 로그의 정보를 시간에 대한 꺾은선 그래프로 그린 뒤, 해당 그래프를 참고하면 싱크를 맞출 수 있다.

– 예시(CPU 300MHz 계수 산출 시 싱크 불일치 문제의 해결)

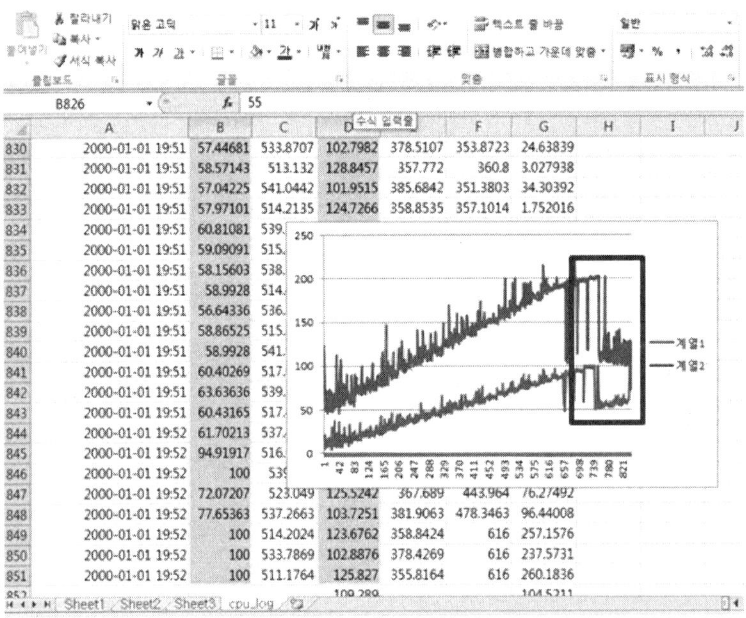

그림 4-41 CPU Utilization과 측정 전력 열(Column)을 선택하여 꺾은선 그래프를 그린 화면

그림 4-41에 보이는 빨간 상자 안의 부분을 보면, 싱크가 맞지 않음을 알 수 있다. 이 때, 그림 4-41의 계열 1(파란 선)은 스마트폰에서 얻은 로그를 나타내고, 계열 2(붉은 선)은 측정한 전력을 나타낸다. 측정한 전력 열(D열)을 앞으로 3~4초 정도 당기게 되면 로그와의 싱크가 일치하게 된다. WCDMA의 경우에 Tx Power를 읽을 수 있는 Android API 및 System Call의 부재하므로, Rx Power를 읽어 Tx Power로 변환하는 것에 관한 아래 논문을 참조하여, 실측을 통해 정확한 관계식을 산출한다.

- Arjun Bhupathi Raju, "Characterization of Uplink Transmit Power and Talk Time in WCDMA Networks", Published by Virginia Polytechnic Institute and State University
- (Tx Power)=−0.86 · (Rx Power)−78.5

산출 계수의 삽입 방법을 위해서 SD card 디렉토리의 modeldata.txt에 삽입한다. 만약 해당 디렉토리에 Modeldata.txt가 존재하지 않으면 프로파일러 실행 시에 Exception이 발생한다. Modeldata.txt 파일이 존재하더라도, 해당 기기 명이 없다면 Exception이 발생하며, 이 경우도 프로파일러 수행이 불가능하다.

엑셀을 사용하여 3G 음성통화 모델의 계수를 구하기 위해서 로그함수(ln)와 선형 회귀분석(Linear Regression)을 사용하는 방법으로 엑셀을 사용하여 3G음성통화 모델의 계수를 엑셀에서 구할 수 있다. 앞에서 설명한 3G 전력 모델의 계수 산출방법을 진행한 뒤, 엑셀 파일에 Tx Power와 측정한 전력을 붙여넣는다. 마지막 열에 측정한 전력에 로그(ln)를 취한 값을 추가로 붙여넣고(그림 4-42), 데이터-데이터 분석-회귀 분석을 클릭한다.

	A	B	C	D	E	F	G	H	I
1		POUT	CURR	POWER	ACLR_M10	ACLR_M5N	ACLR_P5M	ACLR_P10	Y_ln
2	10700	-10.2594	139.5845	516.4626	-54.5051	-49.8283	-49.7568	-54.6489	6.247003
3		-9.21625	140.007	518.0258	-55.2512	-49.9889	-50.2136	-55.4398	6.250025
4		-8.27423	140.228	518.8436	-56.273	-50.1959	-50.5095	-56.1572	6.251602
5		-7.27285	141.3933	523.1552	-56.7286	-48.2773	-47.6506	-56.79	6.259878
6		-6.32767	142.2974	526.5005	-57.5068	-48.9544	-47.9035	-57.2929	6.266252
7		-5.31419	142.3123	526.5556	-57.8798	-49.3785	-48.5222	-57.6439	6.266357
8		-4.27183	141.9419	525.1851	-58.6485	-49.6069	-48.811	-58.5199	6.263751
9		-3.10466	142.7783	528.2798	-59.3704	-50.2612	-48.8894	-59.2074	6.269626
10		-2.07637	143.31	530.2469	-59.6322	-50.3653	-49.1942	-59.6291	6.273343
11		-1.05814	143.7136	531.7404	-60.1882	-49.4637	-48.8203	-60.1793	6.276155
12		-0.09325	144.4642	534.5175	-60.4247	-48.6692	-47.726	-59.9285	6.281364
13		0.859152	145.902	539.8374	-60.6344	-48.8129	-47.5558	-60.5855	6.291268
14		1.801529	147.9395	547.3762	-61.0314	-50.602	-49.2738	-61.0165	6.305136
15		2.762006	149.0175	551.3646	-61.2386	-50.5449	-49.1953	-61.1115	6.312396
16		3.762845	150.2659	555.9838	-60.5262	-49.1833	-47.8065	-59.9073	6.320739
17		4.786039	152.8475	565.5359	-60.7849	-49.0589	-47.4749	-60.2111	6.337774
18		5.797113	155.0064	573.5237	-60.5901	-47.1487	-46.8102	-60.1309	6.351799
19		6.830704	164.5095	608.6852	-61.0366	-45.051	-43.9579	-60.0247	6.411301
20		7.808208	168.3468	622.883	-61.0571	-45.4571	-44.2297	-60.2151	6.434359
21		8.850989	172.7842	639.3017	-61.4554	-45.9086	-44.6269	-59.9577	6.460377
22		9.700974	180.993	669.6739	-61.9263	-44.5827	-46.4416	-61.3345	6.506791
23		10.66978	184.0509	680.9885	-61.5925	-44.7537	-43.6211	-61.1636	6.523545
24		11.61144	191.5896	708.8817	-61.3945	-44.9455	-43.5284	-60.2572	6.563689
25		12.61175	202.4204	748.9556	-61.6807	-44.4451	-43.2159	-61.386	6.61868
26		13.61954	221.0463	817.8715	-61.323	-45.1585	-43.8493	-60.9543	6.706705
27		14.64559	234.8907	869.0956	-60.7528	-44.9635	-43.2579	-60.6614	6.767453
28		15.6235	248.1707	918.2315	-60.0506	-44.1346	-42.6752	-60.0696	6.82245
29		16.66077	276.1392	1021.715	-60.416	-42.3606	-40.8374	-60.4745	6.929238
30		17.60144	300.8399	1113.108	-60.0675	-42.5347	-41.0717	-59.9858	7.014911
31		18.62234	327.882	1213.163	-59.0022	-42.087	-40.5347	-58.9887	7.100986
32		19.60692	408.8427	1512.718	-60.2575	-42.3329	-40.7956	-60.3121	7.321663
33		20.62333	453.3007	1677.212	-58.9878	-41.5192	-39.8341	-59.135	7.424888
34		21.64035	597.5434	2210.911	-59.2512	-40.7655	-39.3318	-59.2687	7.70116
35		22.63497	654.4429	2421.439	-58.1011	-40.2813	-38.7825	-58.0793	7.792117

그림 4-42 맨 마지막 열에 로그를 취한 전력 값을 삽입한 화면

찾아보기

정가 19,000원

모바일 디바이스를 위한 소프트웨어 개발 방법 이론 및 구현

2014년 4월 10일 초판 인쇄
2014년 4월 20일 초판 발행
저　자 : 김철홍 · 김종면 · 정성우 · 황인태
발행자 : 우명찬 · 송　준
발행처 : 홍릉과학출판사
주　소 : 서울시 강북구 인수동 455-60
142-885
등　록 : 1976년 10월 21일 제5-66호
전　화 : (02) 999-2274~5, 903-7037
팩　스 : (02) 905-6729
e-mail: hongpub@hongpub.co.kr
http://www.hongpub.co.kr
ISBN: 979-11-5600-305-2

저자와의
협의하에
인지생략